CB076351

O VERDADEIRO Reagan

Suas Virtudes e Importância

James Rosebush

O VERDADEIRO Reagan

Suas Virtudes e Importância

Tradução:
Eva Salustino

São Paulo | 2023

Título original: *True Reagan: what made Ronald Reagan great and why it matters*
Copyright © James S. Rosebush
Copyright © da edição brasileira – LVM Editora

Os direitos desta edição pertencem à LVM Editora, sediada na
Rua Leopoldo Couto de Magalhães Júnior, 1098, Cj. 46 - Itaim Bibi
04.542-001 • São Paulo, SP, Brasil
Telefax: 55 (11) 3704-3782
contato@lvmeditora.com.br

Gerente Editorial | Chiara Ciodarot
Editor -Chefe | Pedro Henrique Alves
Tradução | Eva Salustino
Revisão | Adriano Barros
Preparação | Marcio Scansani e Pedro Henrique Alves
Projeto gráfico | Mariangela Ghizellini
Diagramação | Décio Lopes

Impresso no Brasil, 2023

Dados Internacionais de Catalogação na Publicação (CIP)
Angélica Ilacqua CRB-8/7057

R716v	Rosebush, James
	O verdadeiro Reagan: suas virtudes e importância / James Rosebush; tradução de Eva Salustino. – São Paulo: LVM Editora, 2023.
	296 p.
	ISBN 978-65-5052-071-7
	Título original: *True Reagan: what made Ronald Reagan great and why it matters*
	1. Reagan, Ronald 1911-2004 – Biografia 2. Presidentes – Estados Unidos - Biografia I. Título II. Salustino, Eva
23-1705	CDD 973.927092

Índices para catálogo sistemático:

1. Reagan, Ronald 1911-2004 – Biografia

Reservados todos os direitos desta obra.

Proibida a reprodução integral desta edição por qualquer meio ou forma, seja eletrônica ou mecânica, fotocópia, gravação ou qualquer outro meio sem a permissão expressa do editor. A reprodução parcial é permitida, desde que citada a fonte.

Esta editora se empenhou em contatar os responsáveis pelos direitos autorais de todas as imagens e de outros materiais utilizados neste livro. Se porventura for constatada a omissão involuntária na identificação de algum deles, dispomo-nos a efetuar, futuramente, as devidas correções.

Para minha extraordinária esposa, Nancy, e filhas amorosas, Claire e Lauren, que estavam comigo na minha aventura na Casa Branca.

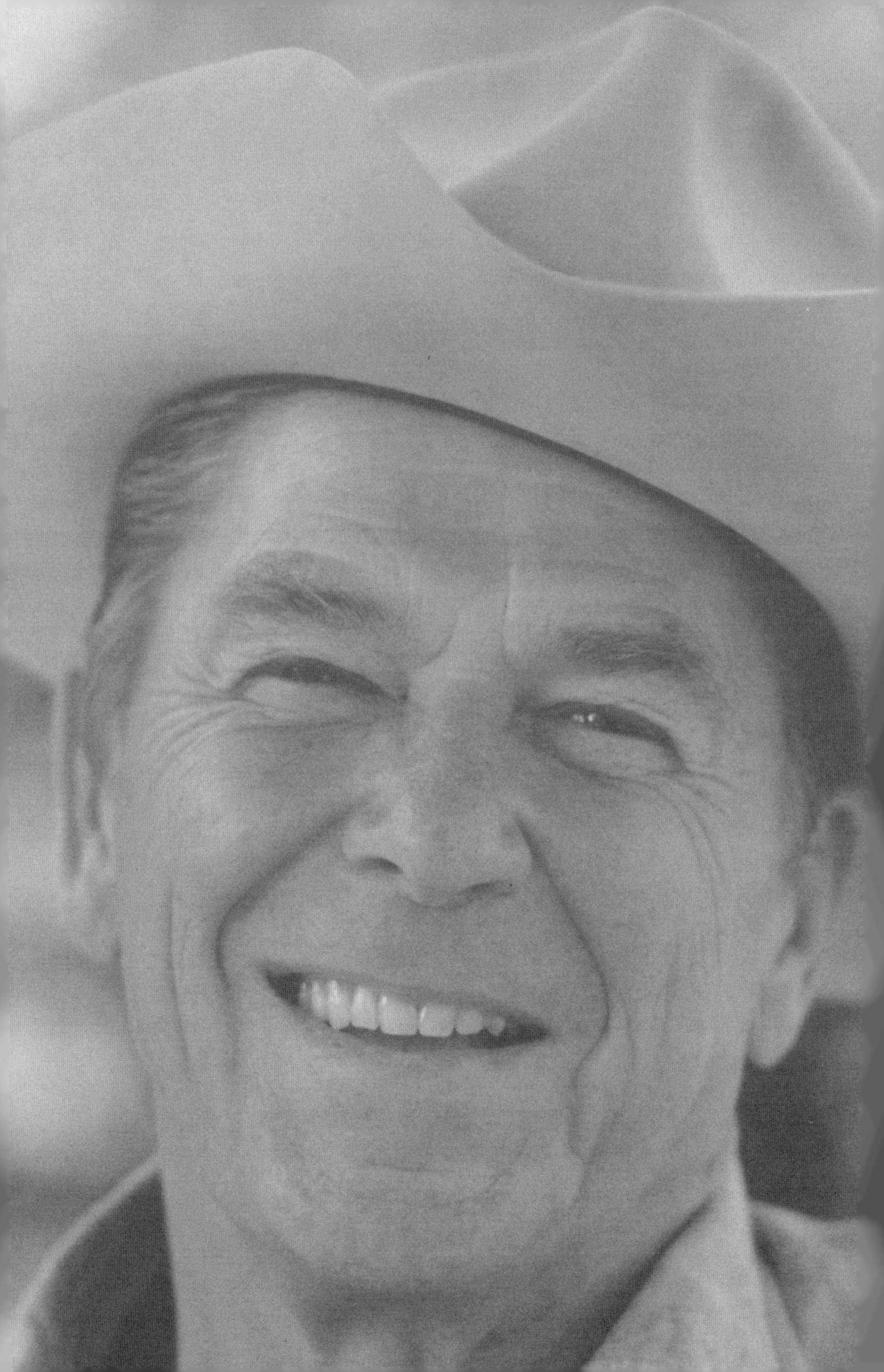

SUMÁRIO

PREFÁCIO À EDIÇÃO BRASILEIRA 9
Ana Paula Henkel

INTRODUÇÃO | Onde está o resto de mim? 19

CAPÍTULO 1 | Suas crenças eram seu arsenal e as palavras, suas armas 29
    Um ponto de vista do qual pode-se aprender sobre seu caráter 41

CAPÍTULO 2 | A fonte de suas crenças fundamentais 49
    Quais eram suas crenças fundamentais? 60

CAPÍTULO 3 | Reagan, focado e autocontido 63
    Reagan, religião e ego 66
    O atentado, a saúde de Reagan e sua aparência 72
    Reagan, valores tradicionais e substitutos da família 78
    Reagan, amigável, porém sozinho 81

CAPÍTULO 4 | O evangelista global 87
    Orientação espiritual de Reagan 95
    Reagan, o pregador em um púlpito global 104
    Preparando-se para a presidência enquanto trabalhava para a GE 106
    A crença de Reagan na América e em sua relação com o resto do mundo .. 116

CAPÍTULO 5 | Palavras que lutam como soldados 121
    O poder das palavras deliberadamente escolhidas 132

CAPÍTULO 6 | Mestre da imagem visual 143
    Colocando a imagem visual e física para funcionar 150
    Permanecendo no controle quando desafiado 157
    Usando a emoção economicamente 161

CAPÍTULO 7 | O Homem de fé em um púlpito secular 167
    Um homem de fé 179

CAPÍTULO 8 | Olhando o mal nos olhos 191
    O resultado do enfrentamento direto do mal 195

CAPÍTULO 9 | Chefe de vendas 205
    Vendendo do salão oval 216
    Vendendo na estrada 219

CAPÍTULO 10 | Tomador de riscos 227
    Coragem e risco são parceiros 236

CAPÍTULO 11 | Excepcionalismo americano e o papel do governo.. 243

CAPÍTULO 12 | Reconstruindo a força americana 257

CAPÍTULO 13 | Homem de filantropia modesta
e cordialidade do Meio-Oeste 263

CAPÍTULO 14 | Os americanos eram seus heróis 277

CAPÍTULO 15 | A maneira como ele disse adeus 283

EPÍLOGO 289
    Há um futuro para Ronald Reagan? 289

AGRADECIMENTOS 293

Prefácio à Edição Brasileira

Ana Paula Henkel

—◆◆—

Nos anos 1980, depois de se dedicar durantes décadas em salas de aula como professor de Matemática, meu saudoso pai, meu norte moral e mestre durante toda a minha vida, passou a comandar como diretor geral e pedagógico uma das instituições mais antigas e respeitadas do sul de Minas; o Instituto Gammon, em Lavras, Minas Gerais, onde estudei por muitos anos. A escola foi fundada por reverendos presbiterianos que migraram dos Estados Unidos para Campinas em 1869, mas foram forçados a transferir a instituição para a minha cidade natal em 1893, devido a um surto de febre amarela no interior de São Paulo.

Pelas raízes americanas, a escola sempre ofereceu um rico e distinto material vindo da América. Livros, panfletos, posters e muita bagagem vinda das melhores instituições de ensino americanas. Como diretor, meu pai tinha acesso a todo esse conteúdo, nem sempre aberto aos alunos, e, por isso, fomos expostos a uma infinidade de histórias e notícias contadas pelos herdeiros do Dr. Samuel Gammon (1865-1928) que sempre vinham dos Estados Unidos. Até a aura e a importância do famoso *In God We Trust,* mote oficial dos Estados Unidos, foi incorporado ao DNA da escola americana em Lavras. Até hoje, o lema da instituição é "Dedicado à glória de Deus e ao progresso humano".

Certo dia, eu devia ter uns doze ou treze anos, meu pai chegou em casa sinalizando que aquela temporada escolar seria particularmente tumultuada devido a ameaça de várias greves de professores em toda a cidade. Lembro de detalhes como se fosse ontem, o telefone de casa não parava de tocar. Professores, sindicatos, pais, políticos, administradores de escolas... todas as conversas, de alguma forma, convergiam para a mesa do meu pai – uma figura forte, porém diplomática e apaziguadora. Os envolvidos haviam escolhido meu pai como o interlocutor e, por isso, testemunhamos conversas intermináveis ao vivo e pelo telefone durante algumas semanas. Apesar da aparente gravidade que a situação de uma greve geral de professores em toda a cidade e região trazia, o professor Monteiro, como meu pai era carinhosamente chamado, sempre encerrava as ligações com calma e serenidade.

Mas, especificamente, naquele dia, ele estava inquieto. Parecia que não havia mais como contornar os ânimos e que as repercussões de uma greve sem precedentes não poderiam ser evitadas. Depois de encerrar uma ligação claramente improdutiva, meu pai, mostrando clara frustração, sentou-se à mesa de almoço onde eu estava com a minha mãe e disse para ele mesmo em voz alta: "O que Reagan faria?"

Achei estranho. Meu pai não tinha nenhum parente ou amigo chamado Reagan. Fiquei com aquele nome na cabeça. Quem era esse homem que o meu pai, meu ídolo, tinha enorme admiração e sempre mencionava em tempos de animosidade, insegurança e incertezas? Bem, aquela greve foi evitada depois de outras tantas conversas e costuras, não me lembro dos desfechos de outras situações semelhantes, mas daquela sim, já que depois do episódio, meus olhos e ouvidos se abriram para as histórias que o meu pai efusivamente contava sobre esse tal de Reagan.

Naquela época, já apaixonada por esportes e assistindo à cerimônia de abertura dos Jogos Olímpicos de 1984, curiosamente em Los Angeles, onde resido hoje, meus olhos grudaram na TV quando meu pai apontou para o aparelho e disse: "Filha, aquele ali é o presidente Reagan!" Por um momento o esporte passou para um segundo plano em minha cabeça, coisa rara na ocasião, diga-se de passagem, e ali despertava uma curiosidade diferente sobre o ator que virou presidente e que hoje é imortalizado por um legado de combate ao comunismo, por políticas fortes de apreço à liberdade e por sua proximidade e amizade com o Papa João Paulo II, outra figura e líder muito presente em minha casa.

Os anos se passaram e a menininha do interior cresceu, saiu de casa, viajou o mundo e devorou uma penca de livros sobre o tal Reagan. Para alguns, apenas um *cowboy* de filmes B, para tantos outros, um dos maiores líderes que o mundo já viu. Há alguns anos, um jornalista me perguntou, numa daquelas entrevistas estilo "bate-bola", com perguntas e respostas rápidas, o que me inspirava no 40º presidente americano. Não hesitei: a coragem. A coragem em tantos aspectos, mas, principalmente, a coragem em defender a liberdade através das políticas domésticas e internacionais, através de discursos inspiradores e pelo exemplo.

Eu imagino que você, assim como milhões de pessoas pelo mundo, já tenha passado pelo vídeo do famoso discurso de Reagan *"Tear Down This Wall",* proferido na Berlim Ocidental perto do Portão de Brandemburgo, em 12 de junho de 1987. Se você chegou até este livro, com certeza já ouviu e se arrepiou uma dezena de vezes com a histórica frase *"Mr. Gorbachev, tear down this wall!"*. Mikhail Gorbachev, então secretário-geral do Partido Comunista Soviético, estava há pouco mais de dois anos no mandato quando Reagan, em seu discurso proferido entre as duas Alemanhas, elogiou as tentativas de reformas do líder soviético (Perestroika e Glasnost) como "uma compreensão à importância da liberdade", mas antes, instou-o a derrubar o muro que mantinha a liberdade fora da vida de muitos alemães.

No discurso, Reagan diz:

> Acreditamos que liberdade e segurança andam juntas, que o avanço da liberdade humana só pode fortalecer a causa da paz mundial. Há um sinal que os soviéticos podem dar que seria inconfundível, que faria avançar dramaticamente a causa da liberdade e da paz. Secretário-geral Gorbachev, se você busca a paz, se você busca prosperidade para a União Soviética e a Europa Oriental, se você busca a liberalização: venha aqui para este portão.

E então, Reagan profere as históricas palavras: "Sr. Gorbachev, abra este portão! Sr. Gorbachev, derrube este muro!"

O apelo do presidente Ronald Reagan em 1987 ao líder soviético Mikhail Gorbachev para derrubar o Muro de Berlim é considerado um momento decisivo de sua presidência – e é simplesmente incrível como esse discurso permanece atual, vivo e pertinente até hoje. Um dos pontos mais importantes desse discurso, no entanto, está nos bastidores e mostra a estirpe da alma de Ronald Reagan. As poderosas palavras que emolduraram o discurso e que carregaram a pressão, o trabalho e a defesa inviolável da liberdade quase não foram ditas. O trecho que inclui a lendária frase "Sr. Gorbachev, derrube este muro!" quase foi cortado depois que os conselheiros do Departamento de Estado e do Conselho de Segurança Nacional acharam que a passagem poderia ser provocativa demais. Um assessor direto da Casa Branca chegou a afirmar que o trecho não era nada "presidenciável" e que poderia causar um grave incidente diplomático.

Mas Reagan foi enfático e afirmou, depois de várias tentativas de corte daquele trecho, que era preciso coragem para dizer o que precisava ser dito. Depois que o Muro de Berlim caiu – em 9 de novembro de 1989 – as palavras de Reagan, proferidas menos de dois anos antes, definiram um ponto de virada nas relações EUA-União Soviética. O que antes era considerado audacioso, e até um certo ponto irresponsável, tornou-se auspicioso e ecoou pelos quatro cantos do mundo como mote de resistência às barbáries dos comunistas. O discurso se tornou retroativamente profético e, depois que o muro foi derrubado, parecia ter resumido, e até previsto, a fase final da Guerra Fria.

Quando assinei um contrato com a LVM para a publicação de meu livro sobre Ronald Reagan (que sairá em breve!), um longo filme se passou pela minha cabeça. Nem em meu mais profundo sonho imaginaria que me tornaria pesquisadora associada à Fundação Reagan aqui na Califórnia, com acesso a documentos, cartas e uma infinidade de imagens e arquivos sobre um dos presidentes mais importantes para os EUA e o mundo. Tampouco poderia imaginar que estaria escrevendo um prefácio de um dos livros indicados por mim à LVM, e que mostra Reagan pela ótica de quem conviveu de perto com o líder, hoje imortal através de seu legado, mas também com o ser humano. Imaginar então Ronald Reagan no Brasil! Querido e absorvido como fonte conservadora e liberal! Revigorante e esperançoso!

Já mergulhei em muitos livros escritos por pessoas próximas ao 40º presidente americano, mas em *O verdadeiro Reagan*, o autor, James Rosebush, mostra que essa obra é comovente exatamente por não ser uma biografia no sentido tradicional. *O verdadeiro Reagan* é um livro de memórias pessoais precioso, quase um diário escrito ao longo dos seis anos em que Rosenbush serviu como vice-assistente do presidente. As incontáveis horas passadas ao lado de Ronald e Nancy Reagan são documentadas de maneira detalhada no precioso convívio que teve com a família. O autor viu, ouviu e viveu experiências de maneira intensa com os Reagans em ambientes públicos e privados, e isso trouxe uma visão extraordinariamente atraente e íntima à obra.

Por mais importantes que fossem suas responsabilidades oficiais, Rosebush era muito mais do que um assistente geral e necessário para organizar as tarefas do presidente e de sua família. Ele foi um braço direito fiel que acompanhou Reagan a muitos dos eventos marcantes de sua presidência, e se tornou um amigo próximo do casal. O que o autor traz de maneira marcante são as qualidades de Reagan: a generosidade, a bondade, os valores cristãos e uma convicção inabalável de que cada americano – e, eventualmente, todo ser humano na terra, por isso a obra estabelece tanta conexão com os brasileiros - merece ser livre para cumprir seu potencial em sua totalidade sem interferência do Estado. Reagan viveu e deixou registrado que todo ser humano merece ser livre para defender e viver seus propósitos dados por Deus em suas vidas. Essa era a crença fundamental do ser humano Ronald e, por isso, impulsionou a agenda econômica do presidente Reagan de cortar impostos, reduzir a carga regulatória sobre os negócios e tirar o Estado das costas dos americanos trabalhadores produtivos e suas famílias.

Há uma máxima aristotélica que diz que a coragem é a primeira das qualidades humanas porque garante todas as outras. O caráter cristão, sem dúvida, foi um atributo essencial e vitalício para o 40º presidente dos Estados Unidos da América. Isso, combinado com a premissa de Aristóteles de que sem a primeira virtude humana todas as outras não reagem, fez com que Reagan fosse admirado até bem antes de se tornar um político, quando mostrou sua coragem em falar contra o comunismo durante seus anos em Hollywood, apesar das ameaças que recebia de que jogariam ácido em seu rosto para arruinar sua boa aparência. A mesma coragem que ele demonstrou em suas negociações presidenciais com os soviéticos, sempre foi parte de sua cadeia genética.

Outro ponto que ajudou a estabelecer o forte legado de Reagan como líder foi o otimismo e Rosebush mostra isso de maneira brilhante sem ser inocente. Reagan enxergava o otimismo como uma força, não uma fraqueza. Enquanto algumas pessoas retratam o otimismo, até hoje, como algo ingênuo ou fora de contato com a realidade, Ronald Reagan entendeu seu poder.

Sua confiança inabalável na capacidade e no destino do povo americano ajudou a conduzir o país através de seu confronto com a União Soviética durante a Guerra Fria, apaziguou divisões internas e contendas graves no exterior.

Hoje, estamos diante de uma geração pessimista, problemática, inexperiente, arrogante e que cresceu sem memórias em primeira mão da batalha de ideologias das Grandes Guerras, da Guerra Fria e do eventual colapso da União Soviética. Para eles, as velhas e vazias promessas do socialismo parecem ter um novo fascínio. Hipnotizados por um canto de sereia, os atuais jovens sequer se dão ao trabalho de colocar a liberdade contra o socialismo no mercado de ideias, e perceber que a liberdade sempre vencerá com base no mérito. No entanto, ela não pode vencer se ninguém estiver fazendo nada. Devemos falar a verdade com ousadia. Devemos defender o caso de forma persuasiva - não com base no medo, mas em fatos e na história. Como afirmava Reagan:

> A liberdade não é apenas o direito inato de poucos, é o direito dado por Deus a todos os seus filhos, em todos os países. Não virá por conquista. Virá, porque a liberdade é certa e a liberdade funciona.

Por isso, em 1987, em um discurso na Convenção Anual da Kiwanis, comunidade global dedicada a melhorar a vida de crianças pelo mundo, Reagan disse:

> A liberdade nunca está a mais de uma geração da extinção. Nós não passamos a liberdade para nossos filhos na corrente sanguínea. Devemos lutar por ela, protegê-la e entregá-la para que façam o mesmo.

Em 2019, tive o prazer de conhecer um dos próximos assessores de Ronald Reagan, Charlie Gerow. Gerow é advogado no estado da Pensilvânia há mais de 40 anos e começou sua carreira na equipe de campanha de Reagan ainda no governo da

Califórnia, continuando seu trabalho político com o presidente na Casa Branca e ao longo dos 25 anos seguintes. Charlie é hoje um importante estrategista político do Partido Republicano e um dos republicanos mais influentes na Pensilvânia. A grande coincidência da minha relação com Charlie, hoje um grande amigo, é que Charlie nasceu no Brasil! Aos dois anos de idade, ele e sua irmã foram adotados de um orfanato em Curitiba por um casal de missionários presbiterianos que viviam no Brasil atendendo às missões cristãs de sua igreja nos EUA. Em uma de nossas longas conversas, perguntei se o presidente Reagan era tudo aquilo que os livros de ex-assessores, ex-secretárias e ex-agentes retratavam, se ele era, de fato, "aquilo tudo". Charlie pausou por um segundo, colocou um leve sorriso no rosto e me disse:

> Não, Ana. Não era. Ele era muito mais. Quando entrávamos no Salão Oval na Casa Branca para conversar com o homem mais importante do mundo, saíamos de lá nos sentido a pessoa mais importante do mundo. Nunca, nada, absolutamente nada era sobre ele, mas sobre os outros.

Servir.
Quando fui convidada para escrever este prefácio, pensei o quão seria difícil escrever sobre Ronald Reagan em apenas três ou quatro mil palavras, ainda mais para quem está escrevendo um livro sobre sua vida, sua obra e seu legado para brasileiros. Creio que a proposta aqui, nestas breves linhas, seja enaltecer, proteger e reafirmar o valor da liberdade, elemento que sustenta pilares sólidos de nações prósperas. Sem ela, não há imprensa, não há boas ideias, não há crescimento econômico. Assim como um homem tem direito a uma voz no governo como as bases da república americana sustentam, todo ser humano certamente deveria ter esse direito na questão pessoal de ganhar a vida, de se expressar, de questionar, de peticionar, de adorar, de defender

sua vida e sua propriedade. Cercear os direitos divinos e a liberdade protegida constitucionalmente, em qualquer forma, é cercear esse direito. E Reagan foi um grande ícone nessa defesa, algo que está muito além de apenas um grande político.

Para protegermos as futuras gerações da nova tirania disfarçada de bondade e tolerância, precisamos enfrentar os novos jacobinos virtuais, os covardes ávidos por cancelamentos e guilhotinas, com a mesma coragem, o mesmo entusiasmo e o mesmo otimismo de Reagan. A obra de James Rosebush mostra parte desse caminho através de histórias comoventes e, principalmente, inspiradoras. Lições de coragem para remar contra o aplauso fácil. Lições de coragem para dizer o que é significativo e não conveniente. Lições de coragem contra o imediatismo fútil e contra a atual dicotomia cega na sociedade. Lições para defender políticas e não políticos. Lições de coragem para derrubar muros e defender a liberdade em várias esferas, porque quem perde a liberdade, perde tudo.

O cowboy estava certo.

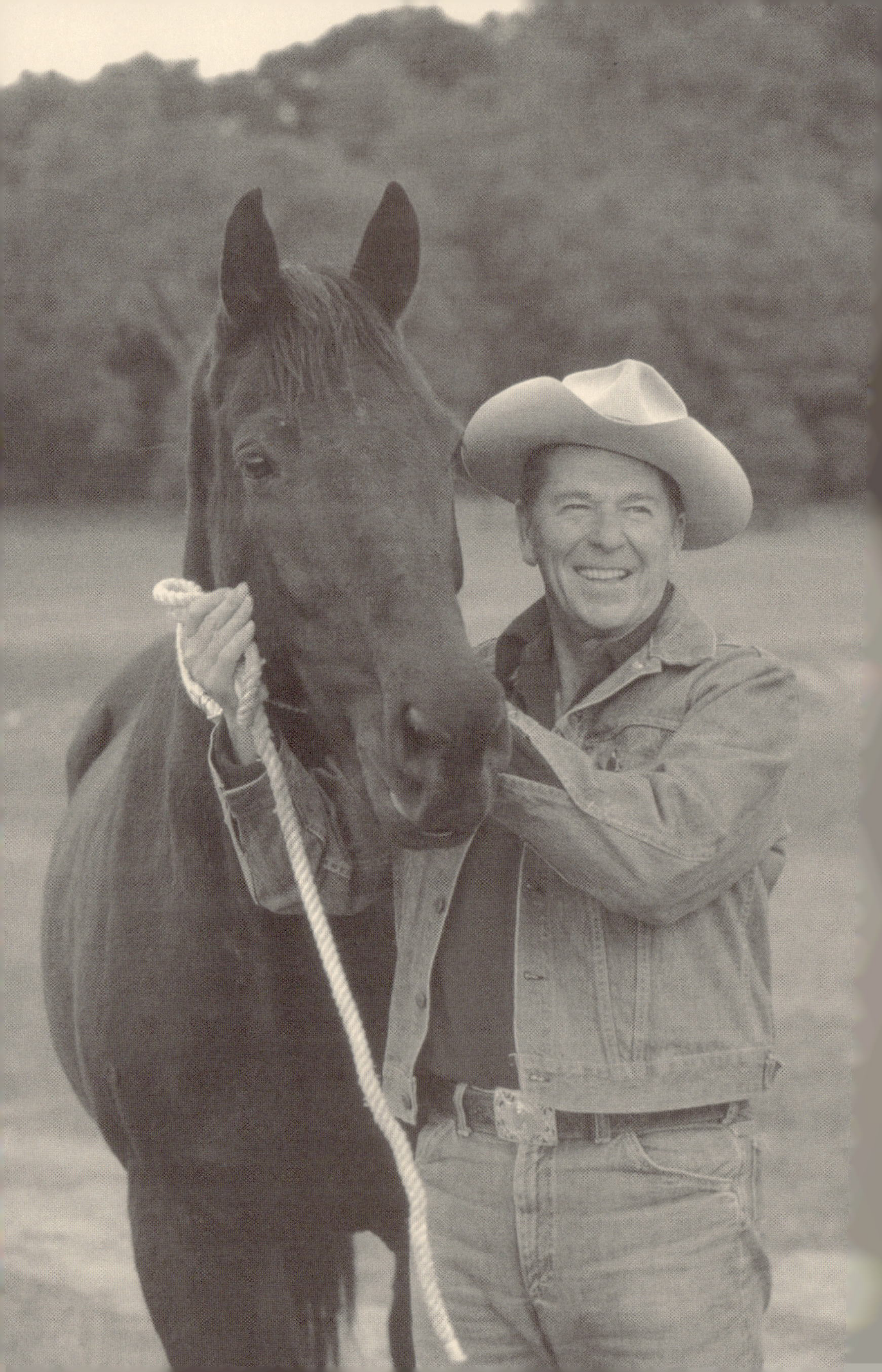

•• INTRODUÇÃO ••

ONDE ESTÁ O RESTO DE MIM?

Faz mais de três décadas que ele saiu da presidência, e ainda hoje o nome de Ronald Reagan é ouvido com frequência. Mesmo que a história desapareça e os detalhes precisos de sua presidência se tornem menos distintos, muitos acreditam que o quadragésimo presidente dos Estados Unidos teria respostas para as questões complexas e quase implacáveis que enfrentamos hoje, ou, no mínimo, ele teria a compostura e a força de caráter para melhorar significativamente as condições da geopolítica mundial. Em nosso mundo extraordinariamente instável, Reagan é lembrado como um líder que poderia lutar verbalmente contra agitadores globais até se submeterem. Algumas pessoas procuram que seus traços de caráter sejam representados nas vozes dos líderes de hoje. Poucos os encontram neles.

Em pesquisa após a pesquisa, Reagan é referido como um padrão-ouro em liderança e comunicação. Sua taxa de aprovação pública é maior agora do que quando ele deixou o cargo. Analisando a média geral, ele ficou no topo do *ranking* daqueles que o público considera serem os maiores líderes americanos. Isso o coloca em boa companhia, ao lado de George Washington (1732-1799), Thomas Jefferson (1743-1826), Abraham Lincoln (1809-1865), Franklin Roosevelt (1882-1945) e John F. Kennedy (1917-1963). A força de sua própria personalidade e seus atos como presidente foram impressionantes o suficiente para permanecerem nos corações e mentes dos cidadãos americanos. Ainda assim, sentimos que há mais neste homem que ainda temos que descobrir. Embora Reagan seja mencionado na mídia com regularidade, também andei pelas ruas de diversas cidades e fiquei surpreso ao ouvir pessoas de todas as idades falando sobre Reagan – geralmente com alguma curiosidade, normalmente com respeito. Quando converso com pessoas que descobrem que trabalhei para Reagan, elas normalmente querem me dizer o quanto o respeitavam e querem saber mais sobre como ele realmente era como um ser humano. Elas desejam mantê-lo vivo e não deixá-lo se tornar uma mera estátua de um local público. É quase como se elas quisessem pensar nele desempenhando um papel contínuo em uma história ainda em desenvolvimento da América que ele amava tanto.

  A realidade é que Reagan não está vivo hoje para revelar os segredos de como ele alcançou esse status icônico em liderança e comunicação – como também não está disponível para propor uma plataforma de propostas legislativas e políticas para resolver os vários problemas persistentes enfrentados pelo mundo na era pós-Reagan. No entanto, ele nunca revelou seu segredo para alcançar o sucesso nessas disciplinas enquanto estava vivo. Ele evitava a introspecção do público e confundia a maioria das pessoas que tentaram decifrar a fonte de sua simpatia. Poucos percebiam que, por baixo desse comportamento silencioso, havia de fato um estrategista de longo prazo com um grande plano. Ele estava disposto a deixar as pessoas pensarem o que quisessem sobre ele. Por dentro, traçava um curso para si mesmo e para o mundo com base em crenças que estabeleceu em sua juventude. Ele não buscava popularidade pessoal. *Ele queria que os valores americanos fossem populares*[1]. Ele se apegou a esses valores como se estivesse segurando o pito de uma sela enquanto aumentava a popularidade pública por causa de sua

---

1. Em várias ocasiões no decorrer do livro o autor usa do itálico a fim de enfatizar uma ideia, ocorrência biográfica ou análise; com o intuito de respeitar o estilo de escrita do autor mantivemos os itálicos tal como no original. (N. E.)

destreza política. Foi uma estratégia brilhante que os líderes americanos, desde Reagan, quase deixaram de usar. Esta era sua genialidade. O jeito Reagan. Não encontrado em nenhum livro didático, em nenhum site ou treinamento político e, no entanto, simples, direto e acessível.

As pessoas me perguntaram: o que Reagan faria se estivesse vivo hoje – sobre um dos muitos pontos problemáticos do mundo? Como ele lidaria com esses conflitos? Que respostas ele teria? Que tipo de pronunciamento ele faria no Salão Oval para nos fazer sentir melhor sobre a situação? Como ele administraria as relações bilaterais e multilaterais dos EUA? Como ele assumiria o controle e exerceria a força necessária para impedir agressões contra os EUA e seus aliados? Como ele nos uniria ao invés de nos dividir?

A única resposta razoável para este tipo de especulação é olhar para trás, para sua história, prática e princípios. Destes, podemos discernir que, uma vez que Reagan provou ser um estrategista brilhante – embora não tenha sido considerado como tal enquanto estava na presidência –, um competidor feroz no campo de batalha verbal, eficaz no desenvolvimento e manutenção de relacionamentos pessoais úteis com outros líderes e um ávido delegador de responsabilidade, ele teria uma resposta poderosa para os desafios contemporâneos. Acredito que Reagan teria oferecido uma dissuasão poderosa aos líderes que violassem os valores universais que ele considerava mais importantes e defensáveis – liberdade individual do controle opressivo e abrangente do governo e liberdade pessoal. Qualquer líder político e qualquer sistema que atrapalhasse esses direitos dados por Deus, como Reagan os via e se referia a eles, ele considerava como o inimigo ou o mal.

Sim, ele protegeu os americanos, mas, além disso, seus esforços foram projetados para ajudar indivíduos que sofriam sob regimes totalitários em qualquer lugar do mundo. Os fatos confirmam isto. Os beneficiários políticos de Reagan são encontrados em muitas partes do mundo. Reagan amava a América e acreditava em seu excepcionalismo, mas também queria que todos no mundo desfrutassem do que os americanos desfrutam. Ele queria que a luz da "cidade brilhante sobre a colina"[2] que ele acreditava que a América representava se derramasse ao redor do globo. Ele sabia que salvaguardar e espalhar a democracia fora dos Estados Unidos era a melhor maneira de proteger os americanos e as liberdades que desfrutamos. Ele nunca recuou. Nunca cedeu autoridade a ninguém que não operasse no melhor interesse do povo americano e dos valores americanos. Ele amava demais seu país e seus compatriotas para não mantê-los seguros.

    Desde que Reagan ocupou o Salão Oval, ninguém na política americana foi capaz de igualar sua habilidade oratória e assumir o manto de *Grande Comunicador*, como ele foi apelidado pela mídia. Mas ganhar essa honra foi devido a mais do que ser um mero ator de teatro efetivamente murmurando os pensamentos às vezes grandiosos e pitorescos de outros. Reagan escreveu centenas de seus próprios discursos à mão em blocos de papel amarelo (que sobrevivem até hoje), pesquisou seu conteúdo e falou de seu coração e de sua mente – muito antes de haver a bordo quaisquer escritores de discurso profissionais. Na verdade, Reagan foi o Grande Comunicador muito antes de se mudar para a "casa em cima da loja" – como ele e outros presidentes chamaram a Casa Branca. A partir do início da década de 1950, Reagan explicava publicamente sua visão para a América em todos os lugares em que era convidado e em alguns lugares onde não era – principalmente em Hollywood.

---

2. A "cidade brilhante sobre a colina" é uma metáfora presente em Mateus 5,14 durante o Sermão da Montanha. O colono puritano, John Winthrop, utilizou este versículo em um sermão antes dos colonos embarcarem para fundar a cidade de Boston. *Esta* metáfora foi primeiro utilizada na política para descrever os Estados Unidos em 1961 pelo presidente John F. Kennedy e posteriormente foi muito empregada por Ronald Reagan em seus discursos. (N. T.)

Suas crenças não eram artifícios políticos inventados de repente para suas campanhas presidenciais. Elas eram perceptíveis em suas comunicações antes mesmo de ele sonhar em concorrer à presidência.

As pessoas tendem a pensar em Reagan como tendo tido uma única carreira antes de chegar à Casa Branca – a de ator de cinema – e embora essa experiência de trabalho tenha sido útil em sua posição final, foi em um papel de origem muito anterior, crescendo como filho de um pregador em pequenas cidades do Meio-Oeste, que deu a Reagan suas habilidades básicas e mais duráveis de comunicação – bem como seus princípios pessoais. Ele aprendeu cedo a copiar e adotar as habilidades de oratória de sua mãe, que era uma pregadora substituta e atriz de cidade pequena, e de maneira limitada, ele também imitava seu pai, que era rápido com seu humor irlandês e um contador de histórias pitorescas sempre disponível. Reagan desenvolveu suas capacidades e ideais para liderar e se comunicar em casa enquanto crescia; ao longo de sua vida, ele os expandiu e refinou em seus trabalhos como salva-vidas, radialista esportivo, ator de cinema, organizador e líder sindical, porta-voz corporativo, intérprete de boates de Las Vegas e governador de dois mandatos.

O que escrevi é baseado no que vi e ouvi durante meus dias trabalhando para os Reagan. Também estou compartilhando o que o presidente me revelou pessoalmente, cara a cara. Esses encontros individuais moldaram e informaram minha visão de como ele obteve essas crenças ou padrões fortemente sustentados, bem como a coragem incomum de empregá-los ousadamente para o benefício da sociedade. Até Reagan ocupar a Casa Branca, o mundo não tinha visto essas qualidades exatas em um estadista do século XX desde Winston Churchill (1874-1965), nem as vimos desde então. Como Churchill, a história de Reagan é toda sobre seus valores e caráter: como ele os desenvolveu e testou; como ele sofreu para estabelecê-los; e, por fim, como ele criou, influenciou e entregou políticas governamentais com base neles – e, assim, mudou a história.

Grande liderança e comunicação carregam e entregam uma mensagem e energia moral. A capacidade de alcançar mudanças positivas depende fundamentalmente dos valores e do caráter do líder. Em última análise, os líderes são lembrados pelos efeitos ou resultados de seu trabalho e pelos exemplos que deixam para trás. Muitas vezes, eles são mais completamente compreendidos depois de deixarem o cargo. Foi o que aconteceu com Winston Churchill, que, apesar de ter levado a Inglaterra à vitória na Segunda Guerra Mundial, foi chocantemente expulso do cargo político ao final da guerra, mas agora é universalmente idolatrado por suas realizações gigantescas, por sua oratória transcendente e inspiradora e por seu caráter.

Mas Churchill, um personagem mais inusitado que esteve no serviço público por muito mais tempo, definiu-se muito melhor do que Reagan por meio de seus prolíficos escritos publicados, seus milhares de discursos públicos que incluíam reflexões pessoais e confissões de seus próprios medos e vulnerabilidade, e sua liderança dos britânicos para a vitória na Segunda Guerra Mundial. Embora nascido em um palácio, Churchill viveu uma vida de serviço público e muitas vezes era acessível aos homens comuns, especialmente durante a guerra. Como resultado, escrever sobre Churchill tem sido muito mais fácil para os biógrafos e entender Churchill tem sido muito mais fácil para o público geral – embora mesmo no próprio Churchill também permaneça um grau de mistério.

Reagan, com um currículo muito mais simples do que Churchill, tornou-se mais difícil de entender porque ele não era publicamente introspectivo, era relativamente inexpressivo, em grande parte livre de escândalos, deixou poucos escritos genuinamente interpretativos ou entrevistas e não conduziu uma nação no início ou no fim de uma grande guerra. No entanto, embora grande parte de sua personalidade privada permaneça inexplorada, sua posição pública continua a subir. O fato é que, embora poucos realmente entendam Reagan de dentro para fora, ele se tornou um padrão com o qual outros líderes de agora são comparados – ou seja, ele estabeleceu um padrão, em algumas categorias, de um presidente americano ideal.

Este livro revela e define algumas dessas características únicas e vitais, mas ocultas, de Reagan e estabelece uma ligação entre seu histórico de liderança e os valores e sistemas de crenças humanos, morais e espirituais nos quais ele construiu uma carreira política bem-sucedida. Para compreender os padrões e preceitos pelos quais ele viveu, liderou e se comunicou, precisamos começar descobrindo mais sobre o funcionamento interno do homem. Isso ajuda a enquadrar e iluminar o pano de fundo único que formou os princípios de Reagan pelos quais ele viveu e definiu seu próprio credo único como líder. Sua vida e seus valores são inseparáveis do que ele foi capaz de realizar em cargos públicos, e essa é a maior lição de liderança de Reagan de todas. As crenças de Reagan fornecem um mapa para seu núcleo genuíno. Mesmo que ele já tivesse sido uma celebridade e estivesse na mídia há décadas, ele nunca poderia escapar completamente das características de sua educação, que exaltava a virtude e suprimia o ego. De certa forma, ele nunca deixou o Rio Rock em Dixon, Illinois, onde passou sete verões como salva-vidas adolescente. Durante esse período, ele salvou setenta e sete nadadores em risco de morte por correntes e, às vezes, por águas agitadas. Acredito que ele sempre se viu como um salva-vidas – no final das contas, em um rio muito maior – em uma missão maior. Reagan, *o Salva-vidas*. Explica muita coisa.

Outro papel apto e figurativo que se encaixava em Reagan era o de porta-estandarte. Os porta-estandartes, ao longo da história, literal e mitologicamente lideraram o ataque nas batalhas, sempre carregando o estandarte ou bandeira do exército atacante. Como um tipo de porta-estandarte, Reagan era um guerreiro em prol de suas crenças. Ele carregava uma proclamação do que entendia serem os melhores valores americanos. Foi corajoso em sua disposição de ir para a batalha em prol de ideais – quando ele pensava ser justificado – pela causa da liberdade e da democracia no mundo. Reagan carregava essa bandeira com clareza de propósito, com orgulho e com amor pelo país que ele representava. Ele também quase sacrificou sua vida por este país como alvo de um assassino.

Este é um livro sobre o futuro como também sobre o passado. Houve mudanças sísmicas na cultura americana e na política global desde que Reagan viveu na Avenida Pensilvânia nº 1600[3], mas os preceitos morais, espirituais e intelectuais de grande liderança não devem ser trancados como características pitorescas do passado. São elementos exigidos de todos os tempos e de qualquer sociedade livre. Este livro não é tanto uma visita ao passado, mas um exame dos componentes de liderança necessários para o futuro – tudo baseado no caráter e registro de Reagan.

As pessoas têm seus próprios pontos de vista sobre o que fez Ronald Reagan ser grande – ou não. No entanto, minha esperança é que o que escrevi pelo menos desperte uma discussão sobre os componentes essenciais da grande liderança e como eles podem se tornar uma parte mais proeminente de nossa comunidade global atual e futura. O que realmente fez Reagan grande – e ele dificilmente seria tão grande de outra forma – era seu caráter, que era fornecido e nutrido por suas convicções, padrões e crenças interiores. A vida e a liderança de Reagan forneceram um exemplo útil da profundidade de pensamento e compromisso pessoal, implantados de forma impessoal e humilde, que são necessários nas comunidades locais, bem como no cenário mundial.

Reagan foi chamado por seus oponentes de indiferente, sem amigos, frio e descompassivo, da mesma forma que

---

3. Endereço da Casa Branca em Washington, D.C. (N. T.)

Abraham Lincoln foi caricaturado. Reagan também foi retratado como intelectualmente inferior por causa de sua profissão pregressa, assim como foi Lincoln por sua falta de educação formal. Reagan foi até ridicularizado pelos conservadores por não ser suficientemente conservador. Alguns desses rótulos eram invenções políticas. Alguns merecem consideração. Neste livro, uma discussão sobre seu caráter interior abordará algumas das dúvidas persistentes e questões sobre sua capacidade de liderança. Este livro irá expor de onde veio seu dom para a liderança, como ele se preparou para isso, quão duro ele realmente trabalhou para isso, quão competitivo ele era e, em última análise, por que ele está alcançando uma posição mais alta na opinião mundial, em que muitas das características tradicionais da liderança que ele tinha estão desaparecendo rapidamente.

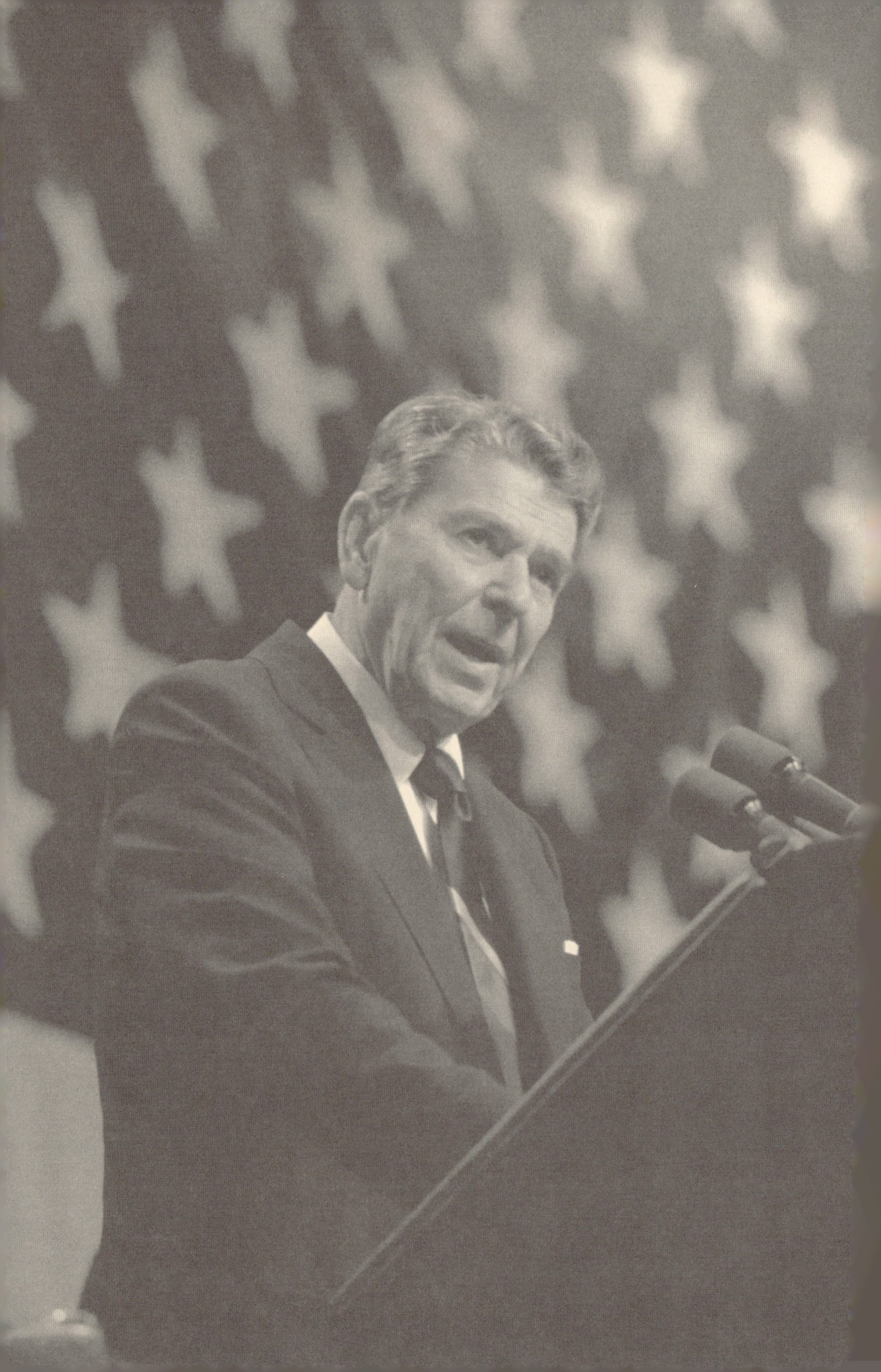

❖❖ CAPÍTULO 1 ❖❖

SUAS CRENÇAS ERAM SEU ARSENAL E AS PALAVRAS, SUAS ARMAS

---❖❖❖---

Em 1º de setembro de 1983, no terceiro ano do seu primeiro mandato como presidente, enquanto Reagan estava de férias em seu amado rancho em Santa Barbara, na Califórnia, a União Soviética decidiu despertar um mundo sonolento com a derrubada terrorista do voo 007 da Korean Air Lines. O Boeing 747 era um jato de passageiros que voava de Nova York para Seul, Coreia do Sul, transportando um membro do Congresso dos Estados Unidos e 268 outros passageiros e tripulantes de vários países. Depois de parar em Anchorage, Alasca, para reabastecimento e após uma mudança de rota, o avião desviou por engano para dentro do espaço aéreo soviético e, depois de uma curta troca de comunicações de rádio, foi abatido por um piloto de caça russo sobre o Mar do Japão. Este ato inesperado e deliberado por parte dos soviéticos veio na esteira do discurso de Reagan, agora icônico, mas ferozmente controverso na época, "Império do Mal". Esse discurso havia sido proferido alguns meses antes em Orlando, Flórida, em 8 de março, e foi o perfeito presságio e enquadramento para esse incidente. Os soviéticos haviam agora entregue provas irrefutáveis a Reagan e ao resto do mundo de que eles eram de fato um império do mal. Este incidente ajudou a confirmar a acusação feita no discurso de Reagan.

Mike Deaver (1938-2007), seu amigo e ajudante mais próximo de longa data, relatou-me depois que pressionou um Reagan infeliz para um retorno antecipado de sua estadia cortando madeira e juntando galhos em sua pequena casa de rancho em estilo colonial espanhol no alto das pitorescas Montanhas Santa Ynez, de volta à lúgubre e grave Sala de Crise da Casa Branca, sem janelas e com painéis escuros – localizada em um bunker no porão da Ala Oeste. Uma vez lá, Reagan, em surpreendente oposição à impaciência de seus conselheiros, não foi rápido em autorizar quaisquer ordens de ação de retaliação imediata e específica. Reagan normalmente tinha uma visão de longo prazo da história ao tomar decisões políticas de curto prazo. Ele frustrou os oficiais reunidos – que estavam pedindo uma ação decisiva e imediata do líder americano – sugerindo que o melhor caminho a se tomar era esperar e avaliar como o resto do mundo receberia e responderia a esse ato violento e, em seguida, determinar a retribuição, se houvesse alguma, de outros quadrantes em vez de tomar qualquer ação ousada. O falcão belicista, como ele era considerado por alguns, virou-se em direção de usar outros países e vozes multilaterais em todo o mundo para transmitir seu próprio choque e alarme, mas não por muito tempo.

Ele foi estratégico ao tomar essa medida de resposta global porque viu esse ato deliberado de terror como uma abertura para não apenas condenar essa ação específica, mas também para vinculá-la ao mal mais amplo do comunismo. Ele usou seu capital político para dar outra pancada no que ele havia caracterizado como um sistema maligno e fazer uma lição de sala de aula em todo o mundo a partir dele. Ele preferiu olhar para esse incidente no contexto de seu plano de longo prazo para derrotar o comunismo – ou melhor, deixá-lo se derrotar, com alguma ajuda dele, de seu governo e de um pequeno grupo de outros líderes mundiais e religiosos.

Mas o mundo não teve que esperar muito tempo para ouvir de Reagan sobre este incidente, nem ele poupou palavras quando falou diretamente do Salão Oval com a nação por dezesseis minutos dramáticos. Em suas observações, ele desenhou uma imagem vívida da imprudência e imoralidade desse ato chocante. Reagan tinha se sentido assim sobre o que os soviéticos fizeram desde o momento em que foi-lhe relatado por seu conselheiro de segurança nacional. Ele esperou, no entanto, pelo momento certo para responder, quando outros líderes tivessem terminado de se pronunciar, para lançar sua saraivada verbal de desgosto. Não havia um modo de disfarçar como ele se sentia quando ia diante das câmeras, no Salão Oval, para resumir o que pensava.

Ele parecia sério e preocupado. Esta não foi uma declaração diluída e desconcertada. Suas palavras eram como mísseis de confronto que procuravam calor. Suas palavras, e suas crenças mais ainda, travaram no alvo e o atingiram. Os ataques verbais foram específicos e inequívocos. Ele incluiu uma lista substancial de ações que estava tomando e ações que estava pedindo às Nações Unidas e aliados em todo o mundo para iniciarem como resultado da queda do voo KAL 007. Sua apresentação ao povo americano no dia 5 de setembro foi um reflexo de sua visão de que os padrões de comportamento humano haviam sido quebrados, padrões que ele apoiava de modo inabalável. Ele também tocou habilmente a fita dos pilotos no avião de ataque soviético, o que demonstrou claramente que eles tinham executado um ato deliberado enquanto descreviam-no em detalhes para uma equipe de suporte terrestre alarmada.

Era fundamental que Reagan tocasse essa fita após a contínua negação soviética de sua cumplicidade na trágica queda. Novamente, ele estava tentando deixar um sistema maligno se autodestruir desmascarando-o dramaticamente e expondo-o aos olhos do mundo. Ele estava apostando no repúdio moral generalizado de um público moral. Ele deixou o atentado soviético ser processado no tribunal da opinião pública global. É importante ressaltar que Reagan acreditava em dar poder ao seu eleitorado por meio de sua oratória porque ele os respeitava. Era um unificador. Ele tentava, em cada pronunciamento, unir os americanos para projetar uma posição de força para o mundo. Sabia que precisava de mais do que o poder de suas palavras para conseguir o que queria no teatro da opinião global. Ele precisava do povo americano junto com ele e apoiando-o.

Para colocar esse incidente em um contexto global, que era típico de sua estratégia com a maioria das questões, Reagan disse naquela noite do Salão Oval os seguintes trechos que reordenei para enfatizar sua importância:

> E não se enganem, este ataque não foi apenas contra nós mesmos [...]. Isto é a União Soviética contra o mundo e os preceitos morais que guiam as relações humanas entre as pessoas em todos os lugares. Foi um ato de barbárie provindo de uma sociedade que desrespeita desavergonhadamente os direitos individuais e o valor da vida humana e procura constantemente se expandir e dominar outras nações [...].
>
> Deixe-me dizer o mais claramente possível: não havia absolutamente nenhuma justificativa, legal ou moral, para o que os soviéticos fizeram [...].
>
> Mas, apesar da barbaridade de seu crime, da reação universal contra ele e das evidências de sua cumplicidade, os soviéticos ainda se recusam a dizer a verdade [...]. Na verdade, eles nem sequer informaram ao seu próprio povo que um avião foi abatido.

Durante suas observações, ele se referiu ao Congresso dos EUA com respeito como "aquele órgão distinto" e continuou sua conexão bipartidária[4] citando o ex-senador democrata do estado de Washington, Henry Jackson (1912-1983), conhecido como "Scoop", e também do presidente John F. Kennedy. Por fim, buscando aproximar os ouvintes e uni-los, terminou assim:

---

4. Nos Estados Unidos, só há dois partidos com representação nacional. (N. T.)

> Tenhamos fé, nas palavras de Abraham Lincoln: "Que o direito faz a força e, nesta fé, ousemos até o fim cumprir nosso dever como o entendemos". Se o fizermos, se ficarmos juntos e avançarmos com coragem, a história registrará que algum bem veio desse ato monstruoso que carregaremos conosco e lembraremos pelo resto de nossas vidas.

Quem era esse presidente que tinha a habilidade incomum de assumir uma posição tão corajosamente e com tamanha convicção? Poucas pessoas entenderam o homem capturado pela lente da câmera posicionada atrás de sua enorme mesa de carvalho, mas puderam concordar que ele tinha a capacidade de envolver os expectadores com sua mensagem.

Reagan permaneceu na morte como era em vida: visto por fora, um líder mundial excepcionalmente convincente e extraordinariamente talentoso, mas com um interior enigmático. Sua vida – isto é, sua personalidade – era inquietante e incompreensível para alguns biógrafos. Seu caráter interior costumava ser silencioso e parecia ininteligível para eles. Para a maioria das pessoas, incluindo até mesmo algumas que trabalhavam para ele e que o conheciam há anos, ele era simplesmente difícil de entender. Não era que ele fosse extraordinariamente complicado; era que ele geralmente era descomplicado. O problema vinha do fato de que ele nunca falava sobre si mesmo, especialmente de modo que revelasse o que ele estava pensando. Ele não levava uma vida muito introspectiva – pelo menos pelo que apreendemos das pistas deixadas por ele sobre o que se passava em sua mente e as coisas que compartilhava comigo individualmente, em reuniões oficiais, e no que dizia à esposa na minha presença. Ele mantinha uma distância mental, isolando-se e frustrando seu sofrido biógrafo oficial, Edmund Morris (1940-2019), que uma vez ergueu as mãos em exasperação por um tema que descreveu à jornalista Lesley Stahl como um dos homens mais estranhos que já viveu. Ninguém ao seu redor o entendia. Eu e cada pessoa que entrevistei, quase sem exceção, eventualmente diríamos: "Sabe, eu nunca consegui realmente entendê-lo".

Isso apesar de Morris ter conduzido milhares de horas de entrevistas e pesquisas que resultaram em um livro igualmente estranho de oitocentas páginas sobre o quadragésimo presidente.

Minha experiência com Reagan e minha interpretação de seu caráter foi decididamente diferente da de Morris e de alguns outros escritores bem-intencionados e eruditos. Como eu tinha a responsabilidade de iniciar o programa de política interna que mais refletia os valores pessoais de Reagan, ele tomou uma quantidade extraordinária de tempo para me explicar quais eram esses valores. Como eu também viajava pelo mundo com o presidente e a primeira-dama, tive a oportunidade de interagir com eles em certos pontos de reflexão e perguntar a ele, especialmente, sobre suas visões pessoais e às vezes não oficiais sobre vários tópicos, e assim, sua personalidade inacessível e complicada parecia mais acessível para mim.

Reagan quase nunca refletia publicamente ou discutia o que estava acontecendo dentro de sua mente discreta, e ainda hoje ele é conhecido não tanto por quem ele era, mas pelo que realizou. *E era assim que ele queria*. A razão, no entanto, de que é crucial definir o interior deste homem é que é aqui que seus princípios se originaram – a partir de preceitos adotados cuidadosamente, aprendidos e adquiridos no início da infância, adolescência e faculdade, depois refinados, testados, revisados e colocados em prática ao longo da vida. Esses princípios embasaram e moldaram as decisões que ele tomou como americano e líder global que afetaram milhões de pessoas. Para completar a figura de Reagan como um líder, precisamos unir esses dois lados do homem.

Embora alguns chefes de Estado sejam medidos apenas por suas ações, políticas ou intelecto, foram o caráter pessoal de Reagan e seus sistemas de crenças particulares os fatores de seu sucesso como presidente. Ele teria sido um fracasso na liderança política sem eles. E, no entanto, mesmo com esses elementos de caráter tão críticos para seu sucesso, pouco ainda se sabe sobre esses pilares sólidos de seu pensamento, com os quais ele estava tão irresistivelmente comprometido. Esse olhar introspectivo – definindo Reagan por seus princípios e definindo seus princípios entendendo seu caráter interior – é o tipo de avaliação de Reagan que foi perdida em maior parte, mesmo por muitos que o conheciam e trabalhavam com ele. O próprio Reagan foi de pouca serventia para aqueles que poderiam tê-lo definido. Até Mike Deaver, que o conheceu por 35 anos, intitulou seu livro sobre Reagan *A Different Drummer* ["Em um Ritmo Diferente].

Nunca me esquecerei da revelação inicial do retrato oficial da Casa Branca do presidente – uma grande pintura a óleo. Infelizmente, teve que ser enviada de volta para o artista, rejeitada por causa de sua óbvia dessemelhança com o verdadeiro Reagan. Na verdade, a Biblioteca Reagan tem uma galeria de retratos de Reagan que tentaram, mas muitas vezes não conseguiram capturar a essência exata do presidente. Uma boa pintura de retrato geralmente transmite algo do caráter do sujeito, além de uma semelhança física precisa ou representacional. Muitos artistas tiveram dificuldade em pintar Reagan com sucesso. Ele é tão desafiador para descrever na realidade física quanto na topografia metafísica.

Agora, pela primeira vez, há uma geração inteira para a qual Reagan é apenas uma figura histórica arquetípica ou um ícone. Para eles, ele não é reconhecível por meio da experiência direta. Uma vez que o Reagan pessoa física foi deixado em grande parte despercebido por si mesmo ao longo de sua vida e ficou quase totalmente em silêncio sobre isso durante sua presidência, é mais difícil entender como ele realmente era. No entanto, essa disposição silenciosa dele fornece pistas indiscutíveis quanto aos princípios intrínsecos pelos quais ele vivia e que afetavam diretamente suas ações extrínsecas. É por isso que sou perguntado com tanta frequência: "Como era realmente Reagan?".

Como a maioria dos funcionários públicos, Reagan deixou um rastro de evidências oficiais documentadas – registros que detalham suas ações, bem como registros que falam sobre seu caráter; no entanto, ele não juntou as peças do quebra-cabeça de seu caráter, nem revelou, direta ou interpretativamente, muito sobre sua identidade privada ou sua lógica para tomar decisões. Ele nunca pintou um autorretrato literário particularmente revelador, embora tenha escrito biograficamente sobre os fatos de sua vida – por necessidade, em textos de estilo de campanha. Ele deixou para nós a tentativa de criar uma imagem mais completa das qualidades pessoais que definiam seu caráter – e essas características, reunidas com seu registro oficial, resultam em uma imagem total do homem. Poucos líderes são sempre unidimensionais – inclusive Reagan. No entanto, o que algumas figuras históricas realizaram na vida pública e deixaram no registro público satisfaz um apetite por retratações biográficas.

Todos os líderes tomam decisões com base em suas visões subjetivas, opiniões, valores, educação, experiências pessoais e crenças. Reagan não era exceção. Essas crenças formaram, fundamentaram e trouxeram energia diretamente aos seus atos como presidente. Para Reagan, porém, sua fé e dependência cotidiana em um Poder Maior e seu amor pela América foram tão fundidos e tecidos em sua liderança e estilo de comunicação que ele poderia ser mais bem caracterizado como um missionário político, o filho de um pregador, do que um chefe de governo político.

Reagan se via como um evangelista dos preceitos e ensinamentos morais nos quais acreditava e pelos quais vivia; no entanto, ele comunicava principalmente suas crenças citando as palavras dos outros – palavras que ele empregava de maneira cuidadosa e deliberada de formas estratégicas para um propósito político.

Ele repetia frequentemente citações de pensadores históricos, patriotas ou escritores para garantir que seu público entendesse a importância de sua mensagem. Usando essa técnica – citando livremente figuras grandiosas, confiáveis e universalmente aceitas e renomadas – resultou em ter uma mensagem entregue mais *por meio* dele do que realmente *por* ele. Foi, no entanto, decididamente eficaz, e acrescentou poder e importância aos seus discursos utilizar-se de outros pensadores que desfrutam do amplo apoio que a história às vezes concede. Desta forma, ele também estava utilizando uma técnica de atuação eficaz para se tornar um personagem confiável e crível que emprega as palavras do roteirista – nunca ou raramente as suas próprias. No entanto, no caso de Reagan como presidente, ele usava as palavras de outras pessoas que refletiam suas *próprias opiniões*. Mas Reagan nunca poderia ter sido bem-sucedido em vender sua poderosa marca de política se proferisse palavras que outros pensavam ou escreviam para ele. Para ele, as palavras que ele falava eram extensões diretas de suas próprias crenças.

Esta ferramenta única da comunicação de Reagan é observável em quase todos os discursos e declarações que fez durante seus dois mandatos. Neste exemplo, em comemoração à Semana das Nações Cativas em 1983, ele disse:

> Vinte e cinco anos atrás, a Declaração dos Direitos Humanos das Nações Unidas proclamou que: "todos os seres humanos nascem livres e iguais em termos de liberdade e direitos". Isso reafirmou uma verdade eterna que Thomas Jefferson em 1776 escreveu em nossa própria Declaração de Independência. Outro grande pensador, Edmund Burke, observou simplesmente que "a causa da Liberdade é a causa de Deus". Cerca de 25 *séculos antes, o profeta Isaías admoestou o mundo a* "acolher os de coração partido, a proclamar liberdade aos cativos.[5]

---

5. Trecho do livro de Isaías 61,1. (N. T.)

E, novamente, ao anunciar sua própria Declaração de Direitos Econômicos em 1987, Reagan disse:

> Jefferson, em seu primeiro discurso de posse, representou o pensamento de seus compatriotas quando ele disse: "Um governo sábio e frugal, que impeça os homens de ferir uns aos outros, que os deixe livres para regular suas próprias atividades de indústria e melhoria e que não tire da boca do trabalhador o pão que ele ganhou". Isso, disse ele, *"é a soma do bom governo"*. Bem, essa visão da América ainda guia nosso pensamento, ainda representa nossos ideais.

Reagan empregava essas citações de outros com abundância para reforçar um ponto de vista, para um efeito dramático, e para ganhar força suficiente para permitir que ele tomasse as ações que achava corretas enquanto estava no cargo. Ele usou algumas dessas citações famosas como defesa política – brilhando com luz emprestada daqueles que já eram aclamados em maior parte.

Muitas vezes ouço as pessoas dizerem, quase com um suspiro de resignação: "Sempre soubemos a posição de Reagan sobre uma questão e gostávamos disso, concordando ou não com ele. Ele não era um alvo móvel". Geralmente, as pessoas veem e respondem bem à estabilidade e à força. Elas se sentiam assim sobre Reagan porque ele costumava explicar sua posição sobre uma questão em termos simples e repetidas vezes, a repetição deliberada acaba sendo a marca de um comunicador eficaz. Reagan nunca oscilava e raramente invertia seus pontos de vista sobre princípios básicos gerais. Normalmente, ele explicou cuidadosa e detalhadamente a sua justificativa para agir, quase ao ponto de entediar seu público, em um esforço para educar o ouvinte e construir uma base de apoio. Essa prática contrasta fortemente com a da maioria dos líderes que não explicam adequadamente suas ações ou justificativas, talvez porque eles próprios não as entendam.

Em um artigo publicado em uma revista chamada *Strategist*, o consultor profissional de comunicação C. Peter Giuliano chamou Reagan de "um mestre da comunicação clara, concisa e convincente". Em seguida, disse: "Reagan sempre tinha certeza de seu propósito. Ele mantinha uma visão segura da América e do que queria realizar. Ele mantinha suas mensagens curtas e claras. Seus discursos não eram carregados de mais fatos e dados do que as pessoas conseguiriam rapidamente absorver. Se ele tivesse sido um CEO corporativo, sua visão do que ele queria que sua empresa alcançasse e de como queria que ela operasse seria clara".

Mesmo o antecessor imediato de Reagan, o presidente Jimmy Carter, não sofrendo muito com a derrota depois de apenas um mandato na Casa Branca, disse de Reagan:

> [Ele] forneceu uma voz inspiradora para a América quando nosso povo estava procurando uma mensagem clara de esperança e confiança [...]. Ele tinha crenças inabaláveis e foi capaz de expressá-las de forma eficaz, tanto na América quanto no exterior.

Enquanto homens e mulheres comuns também elogiaram Reagan por suas habilidades de comunicação, profissionais da oratória, treinadores de palestrantes públicos e até mesmo seus oponentes políticos também saudaram a capacidade do quadragésimo presidente de falar. Minha amiga Merrie Spaeth, uma ex-atriz de cinema que já trabalhou para Bill Paley (1901-1990), o lendário presidente da CBS, e que agora é, ela mesma, uma treinadora de mensagens e comunicação profissional muito procurada em Dallas, Texas, me disse que Reagan

> acertava em tudo sem nem parecer tentar. Ele nunca esmerava-se em suas palavras, mas falava por convicção. Ele era comedido, mas nunca inseguro. Sua voz tinha um tom moderado e confortável, não forçado, que atraía o ouvinte. Isso o diferenciava do típico político que tende a falar gritando, possivelmente imitando o pior tipo de

pregador itinerante ou televangelista. Sua fraseologia era perfeita. Com isso, o ouvinte captava a mensagem logo de primeira. Eu o uso como um modelo todos os dias na formação de empresários e outros profissionais.

O quadragésimo presidente dos Estados Unidos estabeleceu um alto padrão com sua extraordinária capacidade de falar e ser ouvido. Ele comovia e motivava as pessoas por meio de sua comunicação e principalmente por causa de suas crenças fortes e sinceras e sua capacidade de entregá-las de modo verbal e não verbal. Desde o fim de seus dias na presidência, outros líderes políticos e oradores públicos muitas vezes procuraram imitar a capacidade de Reagan para inspirar seus ouvintes; no entanto, a maioria deles falhou. Para os aspirantes ao serviço público em qualquer partido político, Reagan tem sido um modelo. Os republicanos, em especial, procuram aderir-se a ele, pois era um vencedor gigantesco das campanhas políticas. Os rótulos são muitas vezes aplicados a presidentes, incorporando-se a eles por intermédio da história e são perpetuados de geração em geração como uma ferramenta de referência rápida. George Washington foi "Pai de uma Nação". Abraham Lincoln foi um "Libertador". Franklin Delano Roosevelt era um "Reformador". Eisenhower foi um "Presidente Soldado". Reagan, cujo primeiro rótulo foi "Presidente Ator", assumiu "Grande Comunicador" e "Presidente de Teflon" como seus rótulos durante e após seus dois mandatos no Salão Oval.

O rótulo de Grande Comunicador foi ainda mais usado em referência a ele após se aposentar. Foi nesta época que mais de seus próprios escritos pessoais, incluindo cartas pessoais e rascunhos de discursos escritos à mão, foram descobertos – quase acidentalmente – por pesquisadores da Universidade de Stanford. Esses documentos forneceram evidências de que Reagan escreveu centenas de seus próprios discursos e cuidadosamente construiu, testou e validou suas crenças em palavras e apresentações públicas. As ideias eram dele mesmo. A escrita era dele mesmo. Até mesmo suas cartas de amor pessoais para sua esposa, Nancy, foram publicadas – revelando como o homem se sentia e se comunicava dentro de seu casamento. Isso estava longe da caracterização de Reagan como antipático e sem sentimento – a de uma pessoa que apenas reproduzia as palavras extraordinárias de escritores de discurso brilhantes.

Sua prática de redação e pronunciamento de discursos autorais começou de maneira estruturada e formal antes e durante seu longo mandato como membro do conselho do Sindicato dos Atores de Audiovisual e depois como seu presidente. Isso continuou durante seus anos como porta-voz público da General Electric (GE) – no que foi chamado no circuito dos jantares de "purê de batata" e no portão da fábrica da GE – bem como mais tarde em seus dois mandatos como governador da Califórnia e, por fim, como presidente americano. Ele tinha uma mão proeminente na elaboração e criação de seus discursos, bem como na edição deles – como muitos rascunhos de discurso com suas notas manuscritas substanciam.

UM PONTO DE VISTA DO QUAL PODE-SE APRENDER SOBRE SEU CARÁTER

Quando me juntei ao governo Reagan e ao pessoal do presidente em 1981, não sabia quase nada sobre o presidente e a primeira-dama. Eu tinha lido sobre eles e os vi na televisão, mas isso foi de pouca ajuda quando se tratava de trabalhar diretamente para eles todos os dias. Votei em Reagan, é claro, e minha esposa e eu fomos convidados da campanha de Reagan a um dos debates presidenciais formais de 1980 realizados em Cleveland, onde vivíamos na época. Eu também não tinha sido apresentado aos Reagan pessoalmente, ou a qualquer um dos californianos de seus dias em Sacramento e Los Angeles, os quais sabiam muito mais sobre eles e estavam familiarizados a seus hábitos e personalidades.

Embora essa falta de experiência me colocasse em desvantagem em vários aspectos, ela também provocou um pouco mais de curiosidade sobre meus novos chefes e me forneceu uma determinação para desvendá-los – sem nenhum outro motivo senão manter meu emprego e ser mais eficaz ao trabalhar para eles na Casa Branca. Comecei minha formação com Reagan ouvindo atentamente as palavras do presidente e da primeira-dama e observando-os atentamente – e, com o tempo, eles se revelaram para mim, às vezes involuntariamente e às vezes por sondagem intencional da minha parte. Em última análise, fui deixado à minha própria sorte para formar uma noção melhor de quem eles eram, o porquê das decisões que tomaram e como viviam. Formei essa noção inicialmente a partir do meu cargo gerenciando o programa de políticas internas favorito do presidente.

O programa de Iniciativas do Setor Privado (PSI), o programa governamental de política interna mais próximo do coração de Reagan fez parte de sua plataforma de campanha em 1980 e também foi incluído no massivo manual de mil páginas da Fundação Heritage, *Mandato para a Liderança: Gestão das Políticas em uma Administração Liberal*. Também descobri mais tarde que Reagan, nos anos anteriores à chegada a Washington, havia utilizado informalmente a expressão *"iniciativas do setor privado"* em discursos hoje disponíveis na Biblioteca Presidencial Ronald Reagan. Esta era a expressão que ele criou para expressar o fato de que o setor privado fornece muitas vezes melhores soluções para os problemas sociais do que poderia o governo por si só. Por fim, depois de ser eleito presidente, Reagan teve a oportunidade de converter essa ideia em um programa real – programa que eu tive o privilégio de iniciar e gerenciar para ele.

Uma vez situado em meu escritório na Casa Branca, escrevi um plano abrangente e um Memorando de Decisão Presidencial para a adoção formal da PSI. Esta iniciativa deveria incluir uma pequena equipe e uma Comissão Presidencial de elite. Apresentamos o plano ao presidente num fim de semana em Camp David[6]; ele o apoiou totalmente e prometeu dar-lhe sua atenção pessoal e diária. Para ressaltar a importância deste programa para o presidente, Jim Bakker, Mike Deaver e Ed Meese – os três homens mais poderosos da Casa Branca na época – viajaram comigo no *Marine One*, o helicóptero do presidente, até o lendário retiro nas Montanhas Catoctin para fazer a apresentação para o presidente durante o almoço. Para ser claro, havia muitas outras iniciativas criticamente importantes sendo gerenciadas fora da Ala Oeste e em todas as agências do Gabinete, e com uma urgência muito maior – e, mesmo assim, esse minúsculo programa, em comparação com os outros, carregava o selo do caráter pessoal de Reagan.

O objetivo da PSI era estimular o setor privado, inclusive líderes empresariais e filantrópicos, a encontrar maneiras novas e inovadoras de atender às necessidades públicas, como educação, habitação e saúde, de forma mais eficaz do que o governo agindo sozinho. Esta era uma prioridade genuína de Reagan, e ele a via como um elemento-chave de seu programa de política interna. Por coincidência e para a minha felicidade, também foi o foco de ambas as minhas carreiras filantrópica e profissional antes de ingressar na gestão Reagan. Foi esse programa que ajudou a introduzir o termo *parcerias público-privadas* em um papel mais proeminente nas políticas públicas e, por meio de um decreto presidencial, conseguimos direcionar uma pequena porcentagem do orçamento discricionário de cada agência do Gabinete para promover essas parcerias como uma melhor maneira de usar o dinheiro do contribuinte e garantir um melhor retorno sobre o investimento de fundos públicos.

---

6. Camp David é a casa de campo oficial da Presidência na região das Montanhas Catoctin onde os presidentes dos Estados Unidos frequentemente tiram férias. (N. T.)

Meu envolvimento com este programa, tão alinhado com o caráter pessoal e ainda pouco compreendido de Reagan, foi o que começou a abrir uma janela para mim e despertou minha curiosidade sobre o sistema de crenças de Reagan. Como Reagan se sentia sobre a PSI e o que ele discutiu comigo sobre essa iniciativa ajudou a desvelar para mim um pouco do mistério sobre seu caráter. Também acrescentou transparência à sua personalidade comedida e silenciosa por dentro, mas falante por fora.

Durante o segundo ano do primeiro mandato de Reagan, Mike Deaver também me pediu para assumir um papel adicional como Chefe de Gabinete da primeira-dama. Esta foi a primeira vez na história da Casa Branca que um Chefe de Gabinete na equipe da primeira-dama também ocuparia um cargo sênior com o presidente. Isso funcionou bem porque ajudou a criar uma boa relação de trabalho entre a Ala Oeste e a Ala Leste, e acalmou o que descobri ter sido um ponto de atrito nas administrações presidenciais anteriores entre os dois gabinetes. Também funcionou especialmente bem para esta equipe específica de presidente e primeira-dama devido ao grande interesse dela na agenda e atividades oficiais dele e porque os outros conselheiros do presidente muitas vezes queriam solicitar e ouvir a opinião dela sobre várias questões. Neste papel expandido, eu era parte da equipe sênior do presidente e um assistente adjunto, servindo na equipe de agendamento de longo prazo, da equipe "Tema para o Dia" e as equipes de negociação prévia para visitas de Estado no exterior; também participava dos encontros e reuniões matinais da equipe sênior convocadas pelo Chefe de Gabinete do presidente. Esses deveres incluíam gerenciar a vida oficial da primeira-dama, gerenciar a equipe da Ala Leste, acompanhar em viagens e trabalhar com ambos os Reagan.

Entre as coisas que aprendi sobre o casal presidencial e como eles trabalhavam foi que quando faziam parte do sistema de estúdio da indústria cinematográfica, eles tinham uma equipe para direcioná-los, vesti-los, iluminá-los, fotografá-los, dar-lhes sinais de direções, roteiros e pautas, divulgá-los e promovê-los. O sistema de estúdio[7] várias vezes fornecia uma série desses tipos de pessoas e serviços para apoiar os atores quando eles estavam trabalhando em um filme – e isso não tinha nenhum custo financeiro para os atores pessoalmente; era apenas a maneira como os filmes eram feitos. Isso se traduziu mais tarde em uma equipe da Casa Branca que desempenhava funções semelhantes.

Em última análise, aprendi mais sobre as semelhanças entre Hollywood e Washington, D.C., onde as principais performances são de políticos, não atores, e onde há indústrias inteiras de serviços para auxiliá-los – tão onipresentes quanto aquelas que trabalharam nas coxias e nos estúdios de produção da indústria cinematográfica. Uma vez que eu descobri isso sobre Hollywood, Washington e os Reagan, foi mais fácil para mim me sentir confortável e aceitar a maneira como eles pensavam e trabalhavam.

Sua experiência na indústria cinematográfica também lhes deu uma grande vantagem em saber como *dirigir* a presidência americana – algo que faltava ao antecessor imediato de Reagan, que era um respeito particular pelas ferramentas de *performance* da presidência. Mais tarde, o próprio Bill Clinton seguiu o manual de Reagan sobre como *ser* um presidente americano – quase uma cópia. Ele empregou a estratégia de comunicação de Reagan de forma eficaz, e por meio de sua introdução diária de novos programas e iniciativas políticas, ele dominou as notícias como Reagan fez com sua estratégia "Tema para o Dia".

---

7. O sistema de estúdios de Hollywood foi o modelo de negócio da indústria do cinema americano entre as décadas de 1920 e 1960 em que as filmagens eram feitas principalmente dentro dos estúdios de gravação das produtoras, os funcionários trabalhavam sob contratos de exclusividade de longo prazo para as empresas. Toda a divulgação e distribuição dos filmes era feita pelas produtoras. (N. E.)

O modelo autoproclamado de Clinton era John F. Kennedy, e os Kennedy também tinham a capacidade de encenar a presidência. Esta foi uma das razões pelas quais percebia-se semelhanças entre os Kennedy e os Reagan. Um sentimento mútuo de respeito e interesse era frequentemente compartilhado entre eles, como vi em primeira mão em vários eventos e em outras comunicações entre eles, algumas das quais vieram por meio do meu escritório.

Vi evidências dessa relação várias vezes, como durante a comemoração do vigésimo quinto aniversário do Programa de Olimpíadas Especiais, o qual os Reagan organizaram para a família Kennedy no Gramado Sul da Casa Branca em 1983. Vi essa amizade novamente durante a visita do presidente à casa de Kennedy em McLean, Virgínia, para uma arrecadação de fundos para a Biblioteca Presidencial John F. Kennedy. Havia uma afinidade e compreensão fáceis que vinham talvez de algumas das influências de Hollywood que ambas as famílias compartilhavam, e também de uma sensação de que ambas as gestões eram sobre novas plataformas e ideias, bem como uma percepção da força e exuberância da presidência americana que fazia parte de ambas as famílias.

Com uma compreensão e respeito pelo poder das palavras e das imagens que as acompanham, Reagan, assim como Kennedy e posteriormente Clinton, as implantou de forma eficaz e para fins políticos. O próprio presidente Lincoln, embora não tivesse televisão para transmitir suas ideias e tivesse proferido apenas cem discursos durante seu governo, usava- de acordo com a *Morgan Library*, em Nova York, que hospedou uma homenagem sesquicentenária a ele em 2015 – "palavras que apelassem à razão, não à mera emoção [...] [e] escrita que fosse clara e convincente, e que, quando falada, fosse agradável ao ouvido [...]". "Lincoln via o poder da repetição rítmica [...] [e] não tinha gosto por grandiloquência e vaidade". Com seus dois poderosos discursos, um em Gettysburg e o outro de sua segunda posse, Lincoln juntou-se a Reagan como um homem também de origens humildes. Ambos nasceram no estado de Illinois; ambos passaram seus primeiros anos de vida memorizando a Bíblia e contemplando seu conteúdo, não apenas como verdade, mas como um padrão luminoso e inspirador para a comunicação. Eles compartilharam um legado único e respeito pela linguagem – seus usos e seu poder.

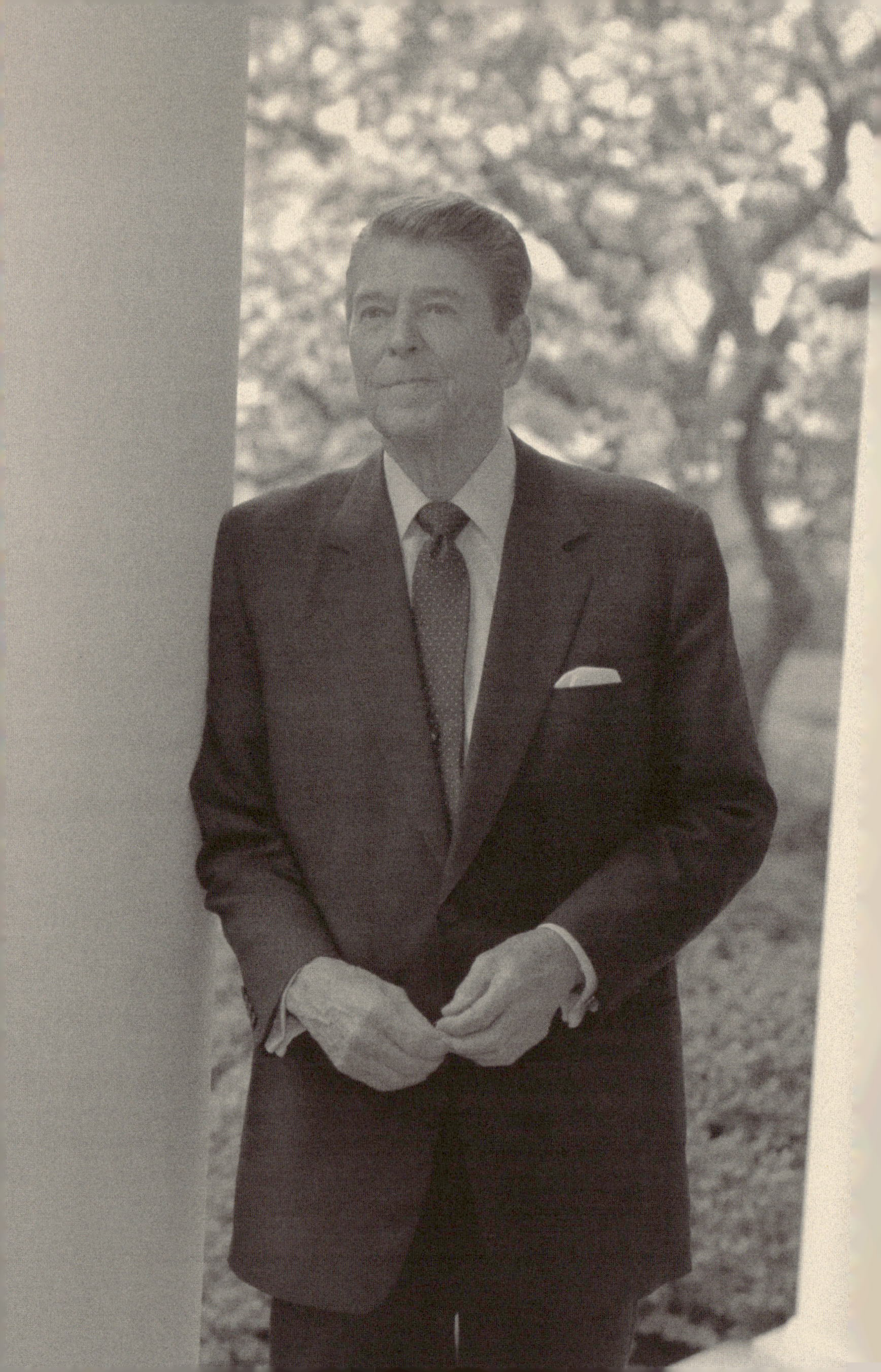

CAPÍTULO 2

A FONTE DE SUAS CRENÇAS FUNDAMENTAIS

Era uma tarde de outono incrivelmente quente em Washington, D.C. quando saíamos juntos do Salão Oval, atravessando o Jardim de Rosas, e em direção à comitiva presidencial de doze carros ociosos alinhados na entrada circular do Gramado Sul. Reagan dava passos largos, como se estivesse sempre calçando botas de caubói, o que ele não calçava, e meio que deslizava para onde quer que estivesse indo de um jeito viril e gracioso.

Ao caminhar com ele, como eu estava naquele dia, eu tinha que me esforçar para alcançá-lo o tempo todo do mesmo jeito que você fazia ao andar com seu pai quando tinha cinco anos de idade. Seus sapatos refinados e elegantes, porém duráveis, sempre tinham um brilho perfeito; embora ele tivesse mordomos para engraxá-los, eu sempre imaginei que os sapatos brilhantes eram apenas uma parte de sua identidade, mesmo antes de caminhar pelas dependências da Casa Branca. Seu caminhar fazia parte de sua comunicação. Era poderoso. A redatora de discursos Peggy Noonan comentou sobre isso em seu livro *When Character Was King* ["Quando o Caráter Era o Mais Importante", em tradução livre] na passagem a seguir:

> Quando comecei a trabalhar para Reagan, em 1984, eu costumava observá-lo do outro lado do Jardim de Rosas, ou enquanto ele caminhava da Casa Branca para o Edifício do Antigo Gabinete Executivo[8], ou enquanto ele se dirigia

---

8. Atualmente, chama-se Edifício do Gabinete Executivo Eisenhower *(Eisenhower Executive Office Building)*. (N. E.)

para a Sala Leste para um almoço. E o que sempre me impressionou foi sua simpatia graciosa, sua alegria no agora e nas outras pessoas e sua compreensão intuitiva do estilo de discursos da presidência. Ninguém é treinado para ser presidente, e em geral um presidente entra [na Casa Branca] entendendo-a ou não. Alguns aprendem o papel ao longo do caminho, outros nunca aprendem. Reagan sempre se portava como se conseguisse isso tão facilmente, tão sem esforço e sem perceber que tinha isso.

No outono de 1981, estávamos prontos para revelar os detalhes de seu programa de Iniciativas do Setor Privado, e haveria um lançamento inicial em Nova York e Washington. Em Nova York, o presidente anunciou a iniciativa no ornamentado e espaçoso salão de baile branco e dourado do Waldorf Astoria, onde a Parceria de Nova York estava reunida. A Parceria foi fundada por David Rockefeller (1915-2017) e um grupo de líderes empresariais que estavam ajudando a financiar a melhoria de quase tudo na cidade de Nova York. Isso fez da cidade um lugar sensato para introduzir um programa pelo qual Reagan era apaixonado e acreditava que melhoraria a qualidade de vida em todas as cidades, não apenas em Nova York. Mas antes da reunião de Nova York, a primeira inauguração foi realizada em 5 de outubro em Washington, D.C., em uma convenção nacional da Aliança Nacional de Negócios.

Nosso destino naquela tarde abafada de Washington ERA o salão de baile do histórico Sheraton Wardman Park Hotel, onde o presidente iria falar com uma plateia de centenas de participantes da conferência. Enquanto esperávamos a comitiva sair das dependências da Casa Branca, houve um atraso, possivelmente relacionado ao controle de tráfego na rota da comitiva pela Avenida Connecticut passando pelo Parque Rock Creek até o hotel, e como éramos apenas o presidente e eu no banco de trás do pesado Cadillac blindado de preto, começamos a conversar.

Aproveitando cada minuto do atraso, comecei a rever com o presidente o que faríamos no evento do hotel. Achei que era o que um bom conselheiro presidencial deveria fazer. Reagan teve uma ideia melhor. Ele já havia sido totalmente informado sobre o cronograma do dia por Dave Fischer, seu assessor pessoal muito competente, então o presidente assumiu meu lugar e explicou por que ele achava que esse programa era tão importante. Claro que havíamos discutido minuciosamente a abrangência e os objetivos dessa iniciativa em conversas em Camp David e em reuniões subsequentes, então eu não tinha certeza de qual novo material ele citaria durante a viagem de carro. Mas o que ele me disse me pegou de surpresa. Acabou sendo a minha formação sobre Reagan – uma introdução às raízes e origens de seu sistema de crenças – a qual traçou um histórico para eu entendê-lo que tem sido excepcionalmente valioso desde então.

Ele começou me contando detalhada e extensamente sobre sua mãe, Nelle (1883-1962). Na verdade, a maior parte dessa conversa foi sobre sua mãe. Ele descreveu seu trabalho como uma pregadora chamada substituta do pastor regular para a Igreja dos Discípulos de Cristo – e em outras igrejas nas cidades rurais próximas de Illinois onde sua família morava à época em apartamentos e casas alugados. Ele me contou que quando era um menino, ela lia a Bíblia para ele, e ela realmente o fazia ler várias vezes e exigia que ele memorizasse passagens-chave, depois relatasse a ela o significado delas. Ele disse que ela também tinha praticado seus sermões na frente dele e pediu-lhe por seus comentários e críticas, e em seguida, levava-o com ela quando era chamada para o púlpito. Ele também me disse como ela o levava junto em suas visitas domiciliares para famílias que precisavam de ajuda, como também o levava em visitas às prisões para ministrar aos detentos e a hospitais para visitar os doentes. Nelle entrava em ação sempre que percebesse que havia uma necessidade em qualquer família em sua comunidade, incluindo fazer não apenas suas próprias roupas, como também roupas para os indigentes aos quais ministrava. Enquanto o presidente continuava falando, pude ver que Nelle era seu ideal e que ela tinha sido a pessoa mais importante em sua vida.

Como aspirante por um breve período a atriz de cidade pequena, Nelle também escrevia peças didáticas sobre temas morais, e ela fazia seu filho se apresentar nelas. Nelle sentia uma vocação não só para pregar, mas também para ministrar aos menos afortunados, para orar por eles, e até mesmo para realizar curas neles, as quais o presidente descreveu para mim. Sua mãe começou a costurar para fazer face às despesas. Ele passou a me dizer o quanto admirava o trabalho social dela porque, na verdade, sua família era tão pobre quanto qualquer uma das outras que ela ministrava.

Perguntei-lhe se ele se incomodava que sua mãe tenha dado tanto aos outros quando sua própria família precisava de ajuda. Ele disse que era apenas uma parte de quem ela era, e ele não parecia se importar, pois ela lhe deu atenção suficiente e as ferramentas para sobreviver. Ele teve que compartilhar sua mãe com outras pessoas, e sua família também teve que compartilhar os poucos bens de sua vida com outras famílias. Ele disse que, embora admirasse seu pai por certas coisas, como sua habilidade para contar histórias, seu pai era uma grande decepção para ele por causa de seus problemas com álcool. Sua mãe, no entanto, deu-lhe uma sensação de segurança por causa de seus princípios fundamentais: amor a Deus, conhecimento da Bíblia e desejo de ajudar as pessoas.

Com o que ele me contou, comecei a enxergar os valores que o moldaram e o levaram ao cargo mais alto do país. Também pude ver que entre as virtudes de Nelle, as quais ele explicou manterem-se muito depois de ele ter saído de casa e quase até o dia em que ela morreu, estava a abnegação. Embora Reagan tivesse desviado um pouco desse princípio devido às exigências de seus vários cargos públicos, ele nunca abandonou a ideia de que falar sobre si mesmo era um tanto pecaminoso. É por isso que ele contava estórias para desviar o interesse na sua pessoa, e para se proteger da exposição pessoal.

Quando comecei a encaixar essas peças, mais tarde descobri que Nelle também havia dado ao filho de onze anos de idade, "Dutch" (como ele era conhecido quando criança), um romance para ler para ajudá-lo a lidar com os problemas de álcool de seu pai. Este livro foi tão profundamente influente e impactante em sua vida que, depois de lê-lo várias vezes, ele anunciou que queria moldar sua vida como a do jovem protagonista do livro – um protagonista que também foi para Washington e entrou na política nacional depois de lidar com os problemas de seu próprio pai com o álcool. Quanto mais eu aprendia sobre este livro, mais eu também podia ver que sua tese moral formava o modelo para muitas das ideias de políticas públicas de Reagan, incluindo o próprio programa PSI que eu estava executando. O livro, *That Printer of Udell's* ["O Livreiro de Udell], foi escrito pelo ex-pastor dos Discípulos de Cristo, Harold Bell Wright (1872-1944), um defensor do cristianismo prático e da teologia das boas obras. Este romance foi uma chave de leitura para entender a vida e o caráter que Reagan construiu para si mesmo.

Para Reagan, este não foi um livro que ele leu e depois jogou em uma estante. Ele proporcionou um modelo para a vida que Reagan queria. Ele não só o leu várias vezes, como o recomendou a outros e até o trouxe para Washington quando foi eleito presidente todos esses anos depois. A vida de Reagan se encaixa no padrão de alguns filhos de alcoólatras que se recriam ou estabelecem novas identidades como um mecanismo de enfrentamento. Reagan achou o ator principal neste livro tão admirável que assumiu os objetivos do personagem para si, bem como as maneiras do personagem de lidar com a decepção ao longo de uma carreira no serviço público. Essa incorporação por parte de Reagan da vida do protagonista do livro incluiu seguir a mudança do personagem principal para a política nacional. O protagonista trabalhava na comunidade e nas igrejas que ajudavam os pobres. Ao ajudar os outros, o protagonista tornou-se um líder comunitário e fez de sua vida um exemplo. Isso foi o que Reagan se esforçou para imitar, e depois de ler este livro, foi fácil discernir o padrão que Reagan seguia – embora a vida de Reagan tenha tido suas próprias voltas e reviravoltas únicas. É, no entanto, como Reagan passou a adotar a visão da liderança como servo.

  Uma vez que eu aprendi sobre este livro e o papel que desempenhou no desenvolvimento de Reagan, uma luz se acendeu em minha própria mente. Agora pude entender por que ele tinha tanto carinho pelo projeto PSI e por que isso significava tanto para ele. Também pude ver por que ele dedicou um tempo para me explicar suas crenças como a pessoa responsável por gerenciar o que era, naquele momento, uma de suas principais realizações. A PSI era sua oportunidade de trazer à tona suas crenças pessoais sobre pessoas ajudando as pessoas – do fundo do poço às estrelas. Esta era uma das principais lições no livro de Harold Bell Wright que teve um grande impacto sobre este presidente. Reagan falou do livro de Wright ao longo de sua vida e voltava a ele de vez em quando para ver como sua vida estava se moldando em relação ao seu modelo, o protagonista no livro.

  Naquela viagem da comitiva para o hotel, ele continuou a falar sobre como sua mãe continuou suas boas obras depois que ela e seu pai se mudaram para a Califórnia após a aposentadoria e para uma casa que Reagan comprou para eles em Los Angeles – a primeira casa própria do casal. Ele me disse que admirava a mãe porque ninguém tinha que dizer a ela ou mesmo pedir a ela para agir assim; ela tinha uma motivação instintiva para dar aos outros. Ele via esse altruísmo como um traço tipicamente americano, e ele queria ampliar isso e encorajar os outros a seguirem o exemplo dela. Essa mulher virtuosa que ele tanto admirava decerto foi a pessoa mais influente em sua vida e as qualidades que ela expressava – seu caráter, valores e fé – marcaram-no pelo resto de sua vida. Nelle era sua rocha, e seus valores tornaram-se os valores dele e o ajudaram a lidar com um pai muitas vezes ausente e com outros desafios encontrados ao longo de sua vida. Ele me contou como se apegou às crenças que Nelle incutiu nele, tentou nunca se desviar delas e como elas formaram um ideal ao qual aderir-se. Ele se orgulhava do fato de nunca ter tido um período em sua vida que ele abandonasse ou se rebelasse contra sua criação na igreja.

O ativismo e o exemplo confiante de Nelle também deram a Reagan um respeito e uma capacidade de trabalhar e ter relacionamentos com mulheres fortes. Pela maneira como Reagan falou sobre sua mãe no carro naquele dia, pude ver que ela forneceu um porto seguro de estabilidade para ele no início, coisa que seu pai não fez. Reagan encontrou segurança na adoção das crenças espirituais e religiosas de base bíblica de sua mãe. Ele também mencionou algo que desde então eu leio nas descrições de seu ambiente familiar: não havia preconceito, nenhum comentário racial era permitido, nenhum ódio a ninguém era expresso em sua casa. Dificuldades financeiras sérias, instabilidade e alcoolismo estavam presentes naquela casa; no entanto, por causa da determinação e fé de Nelle, havia um otimismo inesperado de que, de alguma forma, o bem sempre venceria.

Creio que isso foi algo que Reagan agarrou e nunca largou. Era seu próprio local seguro de fortaleza, conhecido apenas por ele e raramente revelado a outros. Essa atitude de otimismo não faria sentido nas circunstâncias e condições de vida dos Reagan. Esta revelação foi a que mais me interessou. Eu sabia que Reagan era um otimista, e o vi lidar com a tentativa de assassinato com uma atitude extraordinariamente positiva. No entanto, naquela ocasião, eu estava incerto sobre de onde vinha essa perspectiva, que o sustentava mesmo sob os maiores desafios. Mas agora eu sabia.

Muitos presidentes dos EUA tiveram mães excepcionalmente fortes que moldaram os valores de seus filhos. Na verdade, a maioria dos presidentes que serviram no século XX teve essa poderosa influência, e eles incluem (especialmente) Franklin Roosevelt, Harry Truman (1884-1972), John F. Kennedy, Jimmy Carter, Bill Clinton, ambos os Bush e Barack Obama. Esta conversa na comitiva não foi, é claro, a primeira vez que Reagan falou ou escreveu sobre sua própria mãe e sua influência sobre ele, mas esta foi a primeira vez que eu ouvia isso pessoalmente. O que ele me disse começou a desvelar mais sobre o caráter de Reagan e levou a mais conversas sobre as raízes dessa fé, profunda perspectiva espiritual e sistema de crenças inabaláveis. Por mais pessoal que fosse essa conversa, também havia nela uma certa sensação de impessoalidade porque ele contava sua história ao mesmo tempo com sentimento e com uma distância objetiva. Algumas pessoas ficariam emotivas falando sobre suas mães. Reagan falou sobre ela em um tom respeitoso, como se ela estivesse no carro conosco, mas sua descrição não era emotiva. Esta sobriedade no falar era um traço único da personalidade de Reagan.

Quando compartilho essa história com outras pessoas, elas costumam reagir com alguma surpresa e talvez também com descrença porque ela traz uma visão diferente de Reagan para elas. Sua imagem sofria por não mostrar o suficiente sobre suas verdadeiras crenças pessoais, bem como por não mostrar suas ações silenciosas nos bastidores. Por mais que não seguisse o caminho de Jimmy Carter – que, durante seu mandato, falava abertamente sobre suas crenças cristãs, escreveu lições de igreja e ensinou na Escola Dominical – o silêncio do presidente Reagan não representava necessariamente o que estava acontecendo dentro do homem. Por outro lado, sua reserva em mostrar esses componentes de sua personalidade foi provavelmente, em perspectiva, algo que contribuiu para que ele fosse percebido como um líder forte e não vulnerável e garantia que ele não fosse marginalizado politicamente por suas crenças.

Quando chegamos à entrada dos fundos da cozinha do auditório do hotel naquela tarde úmida, o local mais seguro que o Serviço Secreto encontrou para a chegada da carreata, ele entrou no salão de baile, foi apresentado à plateia e começou seu discurso. Este foi um discurso que eu tinha visto e revisado durante a semana anterior; no entanto, agora eu pude entender, pela primeira vez, a principal razão pela qual ele era considerado um comunicador eficaz. Foi basicamente porque ele estava genuinamente falando sobre suas crenças pessoais, como fez em outros momentos, e isso deu ao que ele estava discutindo uma paixão, uma autenticidade e uma honestidade sentidas pelo público.

Foi isso o que ele fez durante a maior parte dos oito anos de sua presidência: expressar, ilustrar e explicar seus princípios imutáveis e profundamente arraigados. Era isso. Ele sabia o que falar desde que se relacionasse com as crenças que ele trouxe para a Casa Branca em 1981. Podia ser um discurso sobre impostos, defesa nacional, habitação pública ou transporte – mas seus discursos eram fundamentalmente sobre suas crenças pessoais e é isso que os tornava críveis. Como o assessor sênior de comunicação de Reagan, David Gergen, explicou: "Reagan sempre queria que suas anedotas ilustrassem a história maior americana na maneira como ele a enxergava. Elas eram uma parte essencial de sua conexão com seus seguidores – tão essencial quanto os valores que ele enfatizava. Os dois andavam juntos: os valores davam respaldo às histórias e as histórias davam vida aos valores".

Vejamos alguns discursos-chave em que Reagan empregou suas crenças de forma mais completa e evidente para apoiar objetivos políticos específicos. Para a política interna, retornemos ao seu discurso sobre a economia ao Congresso em 1981:

A questão é: vamos simplesmente seguir o mesmo caminho que seguimos antes, esculpindo um programa especial aqui, outro programa especial lá? Não acho que é isto que o povo americano espera de nós. Mais importante, acho que não é isso que eles querem. Eles estão prontos para retornar à origem de nossa força.

A substância e a prosperidade de nossa nação são construídas pelos salários trazidos para casa das fábricas e das indústrias, das fazendas e das lojas. Elas são os serviços prestados em 10 mil cantos da América: o juro na poupança de nosso povo e os retornos por sua tomada de risco. A produção da América é a posse daqueles que constroem, servem, criam e produzem.

Por muito tempo agora, removemos de nosso povo o poder de decisão sobre como desfrutar do que eles criaram. Nós nos desviamos dos primeiros princípios. Temos que alterar nosso curso.

O poder tributário do governo deve ser usado para fornecer receitas para fins governamentais legítimos. Não deve ser usado para regular a economia ou trazer mudanças sociais. Já tentamos isso e certamente devemos ser capazes de ver que não funciona.

Reagan era um mestre da repetição. Creio que ele esperava que, se pudesse declarar seus princípios com frequência suficiente, eles seriam aceitos e talvez até adotados por outros como seus próprios. Aqui neste discurso sobre a reforma tributária, ele está tecendo, como fez em quase todos os seus discursos, o que chamo de suas "frases de crença", como, por exemplo: "origem de nossa força", "fins governamentais legítimos", "primeiros princípios" e outras, algumas das quais também provinham diretamente da Constituição dos EUA, reverenciada por ele. Reagan também sentia que se pudesse inspirar as pessoas a adotarem suas ideias, ele galvanizaria, se não unificaria por completo, o movimento político conservador e o que ele considerava ser, naquela época, o modo de pensar fundamentalmente conservador da maioria dos americanos. Primeiro, vinham seus valores e segundo, as iniciativas políticas para se construir em cima deles.

No domínio da política externa, seu discurso de 1982 no Palácio de Westminster em Londres foi um exemplo claro de comunicação a partir dessas crenças:

> Se a história ensina alguma coisa, ensina que a ilusão diante de fatos desagradáveis é loucura. Vemos hoje à nossa volta as marcas do nosso terrível dilema – previsões do juízo final, manifestações antinucleares, uma corrida armamentista na qual o Ocidente deve, para sua própria proteção, ser um participante relutante. Ao mesmo tempo, vemos forças totalitárias no mundo buscando causar subversão e conflito em todo o globo para promover seu ataque bárbaro ao espírito humano. Portanto, qual é o nosso destino? A civilização deve perecer em uma chuva de átomos ardentes? Deve a liberdade murchar em uma acomodação silenciosa e mortífera com o mal totalitário?
>
> Sir Winston Churchill recusou-se a aceitar a inevitabilidade da guerra ou até mesmo que ela fosse algo iminente. Ele disse: "Eu não acredito que a Rússia soviética deseje guerra. O que eles desejam são os frutos da guerra e a expansão indefinida de seu poder e de suas doutrinas". Mas o que temos de considerar aqui hoje, enquanto ainda há tempo, é a prevenção permanente da guerra e o estabelecimento de condições para a liberdade e democracia o mais rapidamente possível em todos os países.
>
> Bem, esta é precisamente a nossa missão hoje: preservar a liberdade e a paz. Pode ser difícil de enxergar isso; mas acredito que vivemos atualmente em um ponto de virada.

Aqui, novamente, Reagan, o pregador, usa alusões religiosas ao Armagedom para inspirar o ouvinte com base em seu conhecimento da doutrina do fim dos tempos. Ele também se associa a Churchill, o grande orador e líder, o que foi especialmente adequado para a ocasião porque este discurso foi proferido em solo britânico, e sua própria luta contra a agressão do expansionismo soviético não era diferente da que Churchill viu e vivenciou com o nazismo. Aqui, as crenças de Reagan estavam enquadrando o debate e moldando sua comunicação.

QUAIS ERAM SUAS CRENÇAS FUNDAMENTAIS?

Então, quais *eram* as crenças claras, simples e únicas de Reagan, aquelas que transpareciam tão claramente em cada um de seus discursos e davam peso e impacto à sua comunicação? Eu as resumiria nos seguintes pontos – pontos esses tomados diretamente do que ele mesmo disse, em público e privado, diversas vezes, mas que são de minha própria interpretação. Pode haver outros, mas estes são os que se destacam para mim da vida e comunicações de Ronald Reagan:

1. O universo foi criado e continua a ser governado por um Deus benevolente, amoroso, carinhoso, redentor, inteligente e cognoscível;
2. O homem é feito à Sua imagem e, portanto, seu direito por nascença é a liberdade, não a dominação;
3. Deus é acessível e misericordioso; Ele ouve nossas orações e as responde;
4. Cada vida humana está destinada a ser usada por um Poder Superior para Seu propósito;
5. Os governos humanos devem ser projetados, estruturados, mantidos e gerenciados para serem subordinados à vontade do

povo. O governo recebe do povo o consentimento e poder para governar. Quando o governo impede a autodeterminação de seu povo, ele é mau. O governo é servo, não mestre. A oportunidade de melhorar o bem-estar humano é criada principalmente pelo setor privado por meio de negócios e filantropia, como também nas famílias, igrejas e organizações comunitárias onde pessoas possam ajudar outras pessoas;

6. O homem é inerentemente bom e tem o dever de cuidar de seu próximo;

7. Há uma marcha inevitável para o progresso e melhoria humana. Tudo é possível. Apesar da perturbação, guerra e ódio que aparecem, os melhores dias da humanidade sempre estão por vir. Há esperança para o futuro;

8. A América tem um destino e uma responsabilidade de salvaguardar as liberdades e a liberdade em geral, características de sua Constituição e fundação, e de estender essa liberdade por todo o mundo por meio de reformas democráticas;

9. Força, convicção e solidariedade são os melhores métodos para impedir definitivamente a guerra e o conflito;

10. Como um país fundado em ideais que protegem e servem a liberdade individual, a América é a melhor e última esperança do mundo. É uma "cidade brilhante em uma colina". Se esta luz escurecer, o resto do mundo sofrerá.

Reagan, o comunicador e líder, adquiriu suas crenças quando criança, adolescente e jovem adulto a partir dos ensinamentos de sua mãe e de sua comunidade, tanto os religiosos quanto outros ensinamentos. Ele agarrou-se a eles, testou-os, colocou-os em bom uso em suas funções de líder e comunicador e nunca se desviou deles. Para ele, não haveria definição ou direção para sua liderança, e nenhuma inspiração, autenticidade, significado ou profundidade para seus discursos sem esse fundamento. Dois terços de todos os seus discursos são compostos de palavras que falam dessas crenças.

Surge a pergunta: por que importa quais eram os princípios pessoais de Reagan? Se quisermos saber por que Reagan está associado a uma liderança forte e eficaz, é aqui que precisamos procurar: suas crenças pessoais. As pessoas obtêm seus sistemas de crença por meio da criação, tragédia, luta, casualidade, recrutamento, educação ou por simples tentativa e erro. Para completar, não é fácil hoje em dia navegar ou adotar os tipos cada vez mais diversos e dinâmicos de sistemas de crenças. Reagan teve menos dificuldades neste departamento porque adquiriu suas crenças no início da vida e manteve os preceitos e princípios considerados dominantes na cultura americana na época de sua juventude e durante sua presidência.

◆◆ CAPÍTULO 3 ◆◆

REAGAN, FOCADO E AUTOCONTIDO

―――◆◆―――

Uma anedota que revela muito sobre a discrição de Reagan vem diretamente da minha amiga e experiente jornalista, Susan Waters. Quando Susan foi designada pela *W Magazine* para conduzir uma entrevista individual cara a cara com Reagan no Salão Oval, ela pediu ao seu editor, o grande John Fairchild (1927-2015), uma boa pergunta para fazer ao presidente que de fato conseguisse extrair o interior de Reagan, abordar novos assuntos e rendesse matérias. Seguindo a sugestão dele, ela formulou sua pergunta da seguinte forma: "Então, sr. presidente, você pode me dizer", Susan começou cautelosamente, "sabendo, como todos nós, o quanto gosta de passar longas horas limpando o mato do seu rancho na Califórnia e fazendo outras tarefas [...]. No que você realmente *pensa* quando está cortando toda aquela madeira?". Sua esperança por algo até mesmo ligeiramente introspectivo e esclarecedor foi frustrada quando, logo após sua pergunta, sem titubear, veio sua resposta: "Na madeira!". Susan me disse que levou alguns momentos para se recompor e continuar no ritmo anterior da entrevista e admitir a derrota em obter qualquer insight sobre o pouco conhecível Reagan.

"Na madeira!". Com duas palavras, Reagan não disse nada e, no entanto, revelou tudo sobre si mesmo ou, pelo menos, o que eu acho que são três características distintamente suas. Primeiro: ele era focado, resoluto e ferozmente determinado a evitar dizer qualquer coisa possivelmente introspectiva. Segundo: ele seria bem-sucedido em simplesmente cortar a madeira devido ao seu foco. Terceiro: ele tinha uma mente lúcida e desinibida. Susan diz que nunca se esquecerá daquela sessão pelo que ela mostrou e não revelou sobre o Reagan interior. Este tipo de encontro acrescenta um certo mistério à figura do homem.

Reagan era genuinamente sincero, mas nunca abria seu coração para se mostrar vulnerável ou emotivo ao público. Ele era formal, cortês e cavalheiresco. Além disso, nunca sofreu o tipo de constrangimento pessoal que, às vezes em algumas presidenciais, força personalidades privadas e silenciosas a emergirem à superfície e expõem mais as peculiaridades da pessoa que reside na mansão presidencial. Ele nunca falou sobre seus problemas para criar simpatia pessoal ou obter empatia, adulação ou atenção do público da maneira que muitos políticos e celebridades fazem.

Muitas vezes, durante meus anos na Casa Branca, senti que Reagan errava em não definir melhor seu caráter para o público. Eu pensava comigo mesmo, de vez em quando, se ele não falasse e se explicasse, ele seria permanentemente definido por um grupo de jornalistas e biógrafos que fariam com que o que o público soubesse do quadragésimo presidente seria aquilo que eles queriam que o público soubesse. Por que a reticência? Por que o silêncio da parte dele? De certa forma, isso era algo que Reagan e sua esposa, Nancy (1921-2016), tinham em comum: eles controlavam e gerenciavam com força quem eram e a quem se revelariam – ou seja, o que revelariam sobre seus pensamentos e vulnerabilidades mais íntimos. Até onde pude descobrir depois de passar inúmeras horas em Washington e viajar ao redor do mundo com eles, não havia nada de devastador a esconder, nem grandes demônios a desencadear. Essa era apenas a abordagem deles: lidar com suas personas públicas, ou o que hoje chamamos de marca.

O presidente carregava consigo um ar de mistério que chegou a todos, exceto apenas ao observador mais desatento.

Contudo, o mistério também torna as figuras públicas mais sedutoras e fascinantes – embora isso possa parecer um pouco confuso, considerando as enormes quantidades de exposição às quais as celebridades se sujeitam ou até mesmo trazem para si mesmas. Aquelas que suportam a exposição e se tornam lendas geralmente carregam também um elemento de mistério sobre si.

Isso pode ser afirmando, por exemplo, sobre Abraham Lincoln, Franklin Roosevelt, ou tanto o presidente quando a sra. Kennedy, que controlavam firmemente suas imagens e permanecem misteriosos até hoje – embora fossem bastante documentados, infinitamente analisados e frequentemente retratados. Jacqueline Kennedy (1929-1994) foi tão longe na gestão de sua marca a ponto de nunca dar uma entrevista formal a uma jornalista. A única exceção foi sua turnê televisiva da Casa Branca em fevereiro de 1962 com o jornalista veterano, Charles Collingwood, o qual apresentou as imagens que ela queria mostrar na maneira que queria mostrar no edifício mais poderoso do mundo. Após o assassinato de seu marido, ela passou a controlar a marca Kennedy, definindo seus mil dias no cargo como uma Camelot moderna.

Os Kennedy foram a prova de que estar em constante exibição pública não necessariamente desmistifica uma pessoa. Em termos da potência da liderança, a visibilidade não se equipara necessariamente à força, e a familiaridade do público nem sempre se equipara à confiança do público. Também há evidências de que os líderes que desaparecem da opinião pública – mesmo que por um breve período de tempo, e especialmente durante uma crise ou controvérsia – não se mantêm acessíveis aos seus eleitores, também sofrem com a opinião pública. Reagan estava lá, presente e visível, durante todos os dias de sua presidência, mas muitas vezes internamente inacessível.

REAGAN, RELIGIÃO E EGO

Como presidente, Reagan não aparentava ao público ser especialmente devoto de algum grupo religioso específico – e essa atitude provou ser realmente preferível para a maioria de seus constituintes. Afinal, os americanos elegem um líder governamental e não um líder religioso – embora a maioria tenha preferido que seus líderes, em geral, sejam pelo menos pessoas que oram e que saibam como recorrer a um Poder Superior em momentos de crise nacional e que se sintam subordinadas a Ele, mesmo que para nada além do que verificar suas ambições e promover a humildade. Se Reagan tivesse que ser colocado em qualquer instituição religiosa quando adulto, ele certamente teria um lugar confortável na Igreja Presbiteriana. Ele tinha uma boa relação com seu pastor, Donn Moomaw, o gregário e imponente ex-jogador, zagueiro da UCLA e pastor da Igreja Presbiteriana de Bel Air, onde Reagan foi membro por três décadas. Na cidade de Washington, seu pastor era o reverendo Louis Evans (1926-2008), um antigo pastor californiano e pastor sênior da Igreja Nacional Presbiteriana.

Reagan recorreu a Evans e sua equipe para pedir ajuda especial durante seus mandatos, inclusive para participar da Santa Ceia após a tentativa de assassinato. Moomaw também era frequentemente convidado à Casa Branca, e conduziu orações em ambas as inaugurações de Reagan.

Reagan usou do púlpito presidencial para dar efeito dramático ao compartilhar suas crenças, mas ele não era pedante ou pregador. Ele fez pregações – não com vestes clericais, mas com o terno e a gravata de um leigo. Ele deixou o ensino da Escola Dominical para trás décadas antes, quando partiu de sua cidade natal, Dixon, no estado de Illinois.

Ao contrário da maioria das celebridades que têm pouco a promover além de suas personalidades, Reagan deixou sua *im*pessoalidade defini-lo. Reagan assumiu a presidência; a presidência não o assumiu. Ele se inscreveu para um papel e o cumpriu bem. Afirmou com frequência e para todos que podiam ouvi-lo que ele "morava no trabalho" e era apenas o ocupante temporário da casa que teve bom uso com os vários moradores prévios. Essas foram afirmações tanto modestas como também "autoenfatizantes". Como respeitava o Gabinete do Presidente em um grau tão alto, Reagan não impôs sua personalidade ao local; no entanto, trouxe seus sistemas robustos de crenças para ele, e utilizou-se deste pódio para anunciar seus valores.

Reagan era um evangelista pela liberdade, um Estado pequeno, liberdade individual e muito mais, no entanto, não era um evangelista de si mesmo. Ele não precisava ser. Os ideais que comunicava eram grandes o suficiente. Portanto, Reagan raramente usava as palavras *nós* ou *eu* em seus discursos, e frequentemente fazia discursos sem nenhum desses pronomes. Reagan não praticou isso por qualquer adesão estrita à tradição gramatical; era sua tendência natural de não buscar o crédito por suas ideias.

Reagan vivia e respirava a citação na placa de couro entalhada à mão em relevo dourado exposta proeminentemente na frente de sua enorme mesa de carvalho do Salão Oval: "Não há limite para o que um homem pode fazer ou para onde pode ir, se ele não se importar com quem recebe o crédito". Em todas as provações em sua vida e em suas ações na Casa Branca, Reagan seguiu esse credo – enquanto a pessoa comum, mesmo a bem intencionada, sentiria um desejo instintivo de receber pelo menos algum crédito. Nem passava pela cabeça de Reagan pensar se ele recebeu ou não crédito por suas conquistas. Ele nunca buscava crédito nem mostrava carência por atenção. Mesmo que ele trabalhasse em duas das indústrias mais motivadas pelo ego – a do cinema e a política – Reagan parecia imune a esse traço humano ou mesmo a de ter um ego próprio. Quando ele estava no auge do estrelato no cinema, procurava minimizar a adulação feminina promovida pelo estúdio. O próprio fato de que ele também mantinha uma segunda placa em sua mesa com a mensagem "*Isto PODE ser feito*" representa uma personalidade ao mesmo tempo humilde e ousada, tanto autodepreciativa quanto ambiciosa, uma combinação rara de traços de caráter propriamente sua.

Não havia dúvida de que Reagan era competitivo – porém mais consigo mesmo do que com os outros. Ele teve a determinação e a vontade no início da vida de deixar a pobreza e a incerteza para trás e de frequentar a faculdade com uma bolsa de estudos parcial e participar da equipe de futebol americano – uma marca séria de sucesso para ele – e depois avançar na indústria de radiodifusão. Mais tarde, ele lutou para ser considerado um ator de talento. Longe de ser passivo, buscava se destacar e tomar seu espaço, mas não necessariamente motivado por vaidade pessoal ou uma busca por aclamação. Ele teve a determinação de vencer as eleições quando incentivado por amigos a concorrer para o cargo de governador; mais tarde, ele pensou que poderia fazer algo de bom para o mundo ao se candidatar ao cargo mais alto do Executivo. Depois de uma relutância inicial, ele também pensou que era a profissão ideal para alguém como ele.

Sabemos ainda que seu desejo de ir longe também entrou em jogo de uma forma mais incomum quando seus planos de carreira profissional se misturaram com sua ambição espiritual. Ainda na época em que morava com sua família em Dixon, Illinois, Reagan até considerou seguir o caminho de um amigo próximo que se matriculou na escola de Divindade – o que poderia ter resultado em um pastor Reagan, o qual poderia ter pregado a centenas de pessoas. Por ironia do destino, seus sermões alcançaram milhões. Sua maior conquista foi desempenhar o duplo papel de líder político e evangelista espiritual ao mesmo tempo. Uma revisão de todos os seus discursos confirma esse fato. No Guildhall de Londres, sentei-me à direita do pódio onde estavam os assessores em bancos muito parecidos com os de igreja ouvindo um discurso que só poderia ser classificado como um sermão. Eis aqui um pouco do que Reagan disse:

> Nossa jornada também é uma peregrinação, uma peregrinação rumo às coisas que honramos e amamos: a dignidade humana, a esperança da liberdade para todos os povos e para todas as nações. E eu sempre cultivei a crença de que toda a história é uma jornada de peregrinação e que nosso Criador, embora nunca nos negue o livre-arbítrio, nos guia com uma mão sábia e providente ao longo dos séculos, guiando a história e lentamente extraindo o Bem do Mal – levando-nos sempre tão lentamente, mas de forma tão implacável e amorosa a um momento em que as vontades do Homem e de Deus sejam novamente uma só.

Não seria difícil ouvir palavras assim em uma bela pregação em uma igreja. Mas aqui era Reagan em uma plataforma política e de relações internacionais fazendo uma pregação para o mundo inteiro, pois ele também sabia que suas palavras seriam imortalizadas na História ou, no mínimo, gravadas no registro público.

Então, no discurso de 5 de maio de 1985 no campo de concentração de Bergen-Belsen, na Alemanha, onde se encontra o túmulo de Anne Frank (1929-1945), ouvimos Reagan pregando novamente:

> Em todos os cantos aqui estão as memórias – puxando-nos, comovendo-nos, fazendo-nos entender que elas jamais poderão ser apagadas. Tais memórias nos levam aonde Deus pretendia que Seus filhos fossem – *à aprendizagem, à cura e, acima de tudo, à redenção. Elas nos evocam dentro das extensões intermináveis de nossos corações para o compromisso consciente de que a vida de cada indivíduo pode mudar o mundo e torná-lo melhor.*
>
> Somos todos testemunhas disso; nós compartilhamos da esperança reluzente que repousa em cada alma

humana. A esperança nos leva, se preparados estamos para nela confiar, ao que nosso presidente Lincoln chamou de "os melhores anjos de nossa natureza". E então, erguendo-nos para além toda essa crueldade, além desse tempo trágico e de pesadelo, além da angústia, da dor e do sofrimento eternos, nós podemos e devemos prometer: nunca mais.

Essa abordagem churchilliana na linguagem e pronunciamento dramático são características raramente encontradas nos discursos de hoje. O que Churchill e Reagan sabiam era que as palavras eram bem recebidas nas mentes e corações do público quando tinham um propósito ou intenção. Ambos os homens sentiam uma vocação e uma habilidade única de elevar o espírito humano para alcançar resultados políticos. O vocabulário empregado e o pronunciamento dramático apelavam para uma capacidade superior humana de sonhar, de fazer acontecer, e até mesmo, no caso de Churchill, de sobreviver. Nem todos os discursos podem ser elevados, mas a maioria dos discursos deles foi. Alguns dos discursos de Franklin Roosevelt e John F. Kennedy também alcançaram essa sublimação espiritual e dramática.

Por ser altamente introvertido, menos chamativo e mais contido, Reagan teve menos livros publicados sobre ele do que muitos outros presidentes. Vinte anos depois de Reagan deixar o cargo, havia um número menor de grandes biografias acadêmicas escritas sobre ele – sem incluir as autobiografias de auxiliares e funcionários de Reagan. De um modo geral, os presidentes associados a alguma uma grande guerra, um escândalo ou uma depressão econômica tendem a ter atraído mais escritores para avaliá-los e relacioná-los com os altos e baixos da história americana. Reagan não teve nenhum desses picos ou vales especialmente marcantes, embora uma recessão econômica tenha configurado grande parte de seu primeiro mandato, assim como seu foco no Oriente Médio e na União Soviética.

De acordo com pesquisas de opinião pública, Reagan e Kennedy estão crescendo em popularidade quanto mais tempo se passa de seus mandatos na Casa Branca. De acordo com Scott Farris, autor do livro intrigante e esclarecedor, *Kennedy e Reagan*, "A popularidade de ambos os homens está realmente aumentando com o tempo". Quando o instituto de pesquisa Gallup perguntou aos americanos sobre seus maiores presidentes, os principais eleitos foram Lincoln, Reagan e Kennedy – curiosamente, essas também eram três das personalidades mais elusivas e misteriosas da história da presidência dos Estados Unidos, e cada um deles foi alvo de um assassino. Uma pesquisa da ABC News descobriu que

> mais entrevistados listaram Lincoln como nosso maior presidente... seguido logo atrás por Kennedy, com Reagan terminando em quarto lugar atrás de FDR [...]. Quando uma pesquisa do instituto Gallup de 2009 juntou Reagan especificamente com Kennedy contra os três homens normalmente classificados pelos historiadores como nossos maiores presidentes – Washington, Lincoln e FDR – Reagan e Kennedy superaram todos os três.

Outra pesquisa do Gallup descobriu que a taxa de aprovação de performance geral de Reagan chega ao valor invejável de 74%, o mais alto dos últimos presidentes, embora durante os oito anos de sua presidência sua aprovação tenha sido na média dos 53%. Esses números podem refletir a imagem do homem em relação aos eventos atuais ou a sua presença contínua da mídia. A grande visibilidade do presidente Kennedy na mídia, em parte por causa de seu assassinato e a controvérsia contínua em torno dele, contribui significativamente para sua popularidade hoje. Ainda há milhões de pessoas vivas que eram vivas durante as presidências Kennedy e Reagan, e suas opiniões sobre esses homens também aparecem nas pesquisas. Embora eu não tenha conhecido Kennedy, conheci Reagan o suficiente para saber que se estivesse vivo hoje, ele ficaria tão surpreso e lacônico pelo aumento em sua popularidade quanto ele teria na época em que era vivo.

O ATENTADO, A SAÚDE DE REAGAN E SUA APARÊNCIA

Uma oportunidade surgiu para mostrar ao público como era a convivência com Reagan quando houve o atentado contra sua vida em 30 de março de 1981. Descobrimos sobre sua capacidade de perdoar seu assassino e de seu uso de humor enquanto estava deitado numa maca sendo conduzido à sala de cirurgia no hospital. Mesmo nesta adversidade extrema, mais perto da morte do que o secretário de imprensa da Casa Branca estava autorizado a divulgar, ele não mencionava seu sofrimento para a equipe do hospital além do que os médicos precisavam saber dele. Ele desviou a atenção de si mesmo. Por dentro, ele poderia estar com medo, mas por fora, seu eterno otimismo o dominava, e isso era tudo o que ele estava disposto a mostrar ao público. Embora eu tenha certeza de que a Nancy Reagan terrivelmente abalada, parada ao seu lado no hospital, não viu graça quando Reagan brincou para o mundo "Querida, eu me esqueci de me esquivar" e "Espero que o cirurgião seja um republicano" de sua cama na sala de emergência do Hospital da Universidade George Washington. Sua visão obstinada de que o bem de alguma forma prevaleceria sobre o mal lhe deu a capacidade de ajudar o resto do mundo a lidar com essa tragédia. A resiliência exemplar de Reagan foi testada em seu próprio leito no hospital.

A aparente capacidade de Reagan de perdoar John Hinckley, o homem que tentou assassiná-lo, nos trouxe outra perspectiva sobre seu caráter. Sua personalidade de Teflon não impediu o plano desconcertante de um jovem perturbado ou o alojamento de uma bala em seu corpo, mas ela impediu que esse crime complicasse a visão de Reagan quanto a sua missão – na verdade, como a adversidade muitas vezes faz com as pessoas, ela esclareceu sua visão. Sobre seu perdão a Hinckley, Reagan contou mais tarde:

> Sim [Eu o perdoei] [...]. Eu o mencionei em minhas orações que, bem, se eu queria paz para meu coração [então...] talvez ele devesse receber um pouco de paz para o seu coração.

A filha de Reagan, Patti Davis, escreveu que seu pai havia dito a ela que "Eu sei que minha paz depende de eu perdoá-lo [Hinckley]". O pastor Louis Evans contou em 2004 que, quando ele foi dar a Ceia do Senhor a Reagan na Casa Branca após o tiroteio, o presidente lhe disse sobre estar no hospital: "Eu estava sofrendo muito e não sabia se iria sobreviver. Deus me disse para perdoar Hinckley. E assim fiz. Então eu o perdoei. E imediatamente comecei a respirar melhor". Lembro-me da discussão iniciada por Reagan sobre como ele se encontraria com Hinckley cara a cara para perdoá-lo. A ideia foi eventualmente descartada pelos médicos do agressor por ser possivelmente perturbador demais para o jovem problemático. Em 13 de julho de 1985, Reagan passou por uma cirurgia oncológica. Aconteceu de eu ser o único funcionário sênior com ele quando estava sendo preparado para o procedimento no Hospital Naval Bethesda no subúrbio de Washington. Minha filha de cinco anos havia desenhado para ele uma pequena imagem de algumas nuvens e um arco-íris, na esperança de animá-lo (como se Reagan, o eterno otimista, precisasse se animar), junto com a frase: "Eu te amo. Beijos e abraços, Claire". Reagan e eu conversamos brevemente sobre a cirurgia que ele estava para enfrentar e então coloquei a mão no bolso e dei o desenho a ele. Ele olhou para o desenho por um minuto e, apesar de ter sido chamado pelos médicos para ser conduzido à sala de cirurgia, disse: "Jim, você poderia me dar uma folha do meu papel timbrado pessoal?". Eu não tinha certeza do que ele queria fazer com o papel verde-claro com relevo dourado, que era para uso pessoal do presidente, mas o vi escrever: "Querida Claire, muito obrigado pelo cartão. Você foi muito gentil em pensar em mim e sou grato. Eu também a amo. Sinceramente, Ronald Reagan". Ele assinou e me pediu para entregar a minha filha.

Poucos minutos depois, caminhei ao lado da maca do hospital no meio do corredor em direção à sala de cirurgia. Então me virei para sair do hospital, sem saber o que me esperava. Quando abri as portas oscilantes, havia todo o corpo de correspondentes da Casa Branca e a imprensa internacional – quer dizer, um monte de câmeras e jornalistas – todos enfileirados e ávidos para obterem anedotas pessoais e informações factuais sobre o espírito e o humor do presidente quando ele entrou na sala de cirurgia.

Finalmente tive certeza que eu poderia oferecer-lhes alguma visão real sobre o homem. Enquanto eu deixava os detalhes clínicos para os médicos e questões constitucionais legais (sobre a transferência temporária de poder para o vice-presidente enquanto o presidente estava sob anestesia) para o Conselho da Casa Branca, os informei de seu estado de lucidez e estado de espírito positivo. Também compartilhei a pequena história sobre sua carta para Claire, que, por sua vez, foi amplamente divulgada na mídia em todo o mundo. Isso adicionou um toque de calor humano muito necessário à sua personalidade e à maneira como o público o via.

No dia seguinte, tive outro vislumbre pequeno, porém comovente, do âmago de Reagan. Por alguma razão, o presidente não havia planejado uma troca de roupa para seu retorno à Casa Branca após sua internação em Bethesda. Mais uma vez, eu estava em seu quarto, e ele me perguntou se eu me importaria de voltar para os aposentos da família na Casa Branca para escolher uma roupa para ele usar quando saísse do hospital no dia seguinte. Claro que fui direto para um dos carros da Casa

Branca, que estavam estacionados do lado de fora do hospital, entrei em um dos sedãs Chrysler azul marinho que estavam esperando e fui conduzido por vinte quilômetros de volta para o 1600 da Avenida Pensilvânia.

Quando cheguei, subi diretamente para os quartos da família e para o closet dele. Esta área abrangia o espaço entre o grande quarto do casal presidencial com um mural pintado à mão no papel de parede e uma sala que ele usava como seu escritório doméstico. Este escritório era onde os Reagan também jantavam em mesas dobráveis e assistiam à TV nas raras noites em que não estavam realizando algum evento no Primeiro Andar ou viajando.

O closet era organizado e tinha poucas roupas. Lá, para minha surpresa, encontrei os pertences pessoais de um homem muito simples.

Sim, as roupas eram de boa alfaiataria e tecido, mas não extravagantes em seu número. Havia um terno preto, um terno marrom, um terno azul e dois ternos xadrez. Um cinto marrom e um cinto preto. Um par de sapatos em cada cor com os acessórios que você imagina, mas de forma alguma luxuosos e sofisticados. Fiquei em silêncio por alguns minutos em frente ao closet aberto para contemplar o que estava vendo e pensar para mim mesmo:

> Eis aqui o líder do mundo livre que, para todas as aparências, é um homem de riqueza e substância, e ainda assim parece que ele é realmente desapegado dos bens materiais da vida e nem um pouco parecido com como ele é retratado pela mídia ou compreendido pelo público.

Eu pude ver que Reagan era um homem de gostos simples do Meio-Oeste dos Estados Unidos – tanto no vestuário como em outros aspectos. Ele não era materialista, mas sabia o que queria e não comprava nada além disso.

Então, lembrei-me da minha tarefa e escolhi rapidamente uma camisa casual, calças, meias, sapatos e assim por diante, entre as opções simples à minha frente. Eu levei as roupas de volta ao hospital, ainda tentando entender o que tinha visto sobre o homem a partir desta tarefa cotidiana pequena, porém esclarecedora.

Uma vez sugeri ao presidente que ele pareceria mais jovem se começasse a usar colarinhos mais altos em seu pescoço para cobrir alguns dos sinais flácidos de envelhecimento. Ele concordou em tentar minha ideia, e saí para comprar uma camisa nova para um teste junto com uma gravata nova de listras cinza e vinho. Comprei ambos os itens com a ajuda de um vendedor amigável que não sabia para quem eram na Britches of Georgetowne, minha loja de roupas masculinas favorita de Washington. O vendedor deve ter presumido que eu estava comprando esta camisa para o meu pai quando pedi por uma com gola de quarenta e um centímetros de circunferência – ele sabia que meu tamanho era dois centímetros menor.

No dia seguinte, deixei a camisa para o presidente lá em cima nos aposentos da família com um bilhete. Eu pensei que ele iria apenas experimentá-la e dizer-me o que achava dela. Depois de vários dias esperando vê-lo com esse novo visual mais jovem, fiquei desapontado quando ele não disse nada sobre minha compra, e então finalmente perguntei a ele o que havia acontecido.

"Jim", disse ele com franqueza

> eu realmente tentei e queria que funcionasse, mas o colarinho estava tão alto e apertado no meu pescoço e simplesmente não consegui me acostumar. Gosto da forma como meu colarinho fica mais baixo no meu pescoço. É mais confortável assim. Obrigado, mas você poderia devolver a camisa?

A camisa foi devolvida, mas notei que ele não devolveu a gravata. Mais tarde, percebi que ele usava aquela gravata específica com maior frequência do que as outras e ele comentou sobre isso para mim em uma carta pessoal que me enviou.

Suponho que ela combinava com ele e era apropriadamente sóbria e presidencial.

Reagan era uma criatura de hábitos e não achava que precisava de uma aparência jovem para impressionar alguém ou melhorar seus números nas pesquisas. Ele se vestia de forma apropriada e com confiança, e isso, em troca, gerava confiança de seus eleitores e colegas. Ele se vestia com respeito à ocasião. Não havia dúvida de que Reagan queria cumprir a liturgia do cargo e ele o fez, mas as roupas eram apenas um adereço para ele e não algo sobre o qual ele pensava muito.

Ele gostava especialmente de usar jeans azul e botas de caubói.

Uma noite, quando os Reagan organizaram um churrasco no Gramado Sul para os membros do Congresso e suas famílias, ele e eu saímos dos aposentos da família em jeans azuis. Reagan se divertiu com isso, mais tarde escrevendo para mim: "A Casa Branca pode ser divertida se você se vestir com a roupa certa".

Lembro-me de uma noite quando estávamos nos preparando para sair para uma viagem oficial ao exterior – uma viagem de cerca de dez dias. Eu estava nos aposentos da família enquanto as araras das roupas dos Reagan estavam prestes a serem transportadas para o bagageiro do *Air Force One* para uma partida da Base Aérea Andrews pela manhã. Vi longas araras de roupas da primeira-dama em sacos de vestido cuidadosamente etiquetados, e então me virei para o presidente e o incitei a terminar de arrumar suas próprias roupas para que os ajudantes de ordens pudessem levar tudo para o avião naquela noite. Ele estava sentado em seu escritório em uma das duas poltronas de flores vermelhas em frente à sua mesa, lendo os pesados livros de pauta pretos em espiral preparados pelo Conselho de Segurança Nacional e pelo Departamento de Estado para a viagem. A porta estava aberta para um corredor de comunicação entre as salas com carpete amarelo a alguns metros de distância, e ele me respondeu apontando para a extremidade da arara de roupas e disse: "Mas, Jim, eu terminei de fazer as malas há muito tempo, e se você olhar para lá, verá os resultados. Aquela é a minha mala ali na ponta".

Então eu fui lá para ter certeza de que estava tudo lá. Para meu espanto, no final da longa fila de vestidos e trajes da primeira-dama havia um saco de terno comparadamente bem fino e compacto para suas roupas – apenas o que era necessário e nem uma peça a mais. Um par de ternos e o número exato de camisas e gravatas para a viagem. Eu sempre pensei que sua bagagem compacta refletia sua personalidade compacta e contida. Ele sabia exatamente do que precisava e fez sua mala por conta própria. Sem titubear.

Reagan, valores tradicionais e substitutos da família

No início do primeiro mandato, em meados de 1981, escrevi um memorando de "Valores Familiares" para Mike Deaver, o guardião da marca Reagan, que juntamente com Nancy Reagan se saiu bem como uma equipe – não muito diferente da parceria entre Arthur Schlesinger (1917-2007) e Jacqueline Kennedy que criou o mito de Camelot[9] para polir a era Kennedy. No meu memorando, sugeri a Mike que precisávamos mostrar os Reagan de uma maneira que alcançasse toda a família, falar sobre valores tradicionais e trazer mais famílias para dentro da Casa Branca – mesmo que elas não tivessem o sobrenome Reagan.

Mike, a única pessoa que os conhecia melhor, reagiu com descrença em minhas sugestões e disse que essas ideias nunca funcionariam porque não seriam autênticas. "Os Reagan não

---

9. Camelot era o nome do castelo da história do Rei Artur. Após a morte de seu marido, o presidente Kennedy, Jacqueline Kennedy trabalhou para remeter a imagem de seu marido a do mítico Rei Artur, benevolente e corajoso. Neste mito, a presidência de Kennedy é conhecida como Camelot, um período de nobreza de espírito e esperança. (N. E.)

podem falar sobre a família perfeita quando eles não têm uma, e, além disso, trazer o assunto à tona só chamaria a atenção para essa realidade", disse-me ele com franqueza.

Fiquei realmente desapontado com sua reação, pois pensei que isso ajudaria os americanos a se identificarem mais facilmente com os Reagan. Mas me enganei. Da mesma forma, eu havia instado erroneamente Nancy Reagan a ser fotografada na cozinha da família no andar de cima com um avental quando ela rapidamente revelou a mim que ela nunca tinha cozinhado uma refeição em sua vida, pondo fim ao meu esquema fotográfico. Assim, ela e Mike me ensinaram lições valiosas sobre autenticidade e como se faz para comunicá-la, e eu fui o aluno deles.

Durante meu tempo na Casa Branca, havia um desejo natural e persistente da mídia de saber tudo sobre o presidente e a primeira-dama – para realmente dar a eles uma identidade pública mais interessante e com mais controvérsia. Havia várias razões para isso. Os Reagan eram relativamente desconhecidos em Washington na época das eleições de 1980 e sua chegada foi precedida por uma série de reportagens pouco lisonjeiras sobre eles vindas de jornalistas políticos da Califórnia e de outros lugares.

No lado não político das comunicações – tão importante quanto o lado político – sofremos por não termos a imagem idealizada de uma família tradicional com crianças na Casa Branca. Como resultado, fui um de um pequeno grupo de assessores seniores que propôs uma solução simples, embora não completamente satisfatória: um cão! É fácil de perceber que ao longo da história da presidência, os fotógrafos e biógrafos dos moradores da Casa Branca preferem a temática de crianças e reuniões de família. As crianças ajudam a definir o caráter da Casa Branca e de seus moradores e faltava esse elemento fundamental para criar um cenário perfeito. Tínhamos apenas dois adultos em vez de uma típica família americana com crianças. Os filhos de

Reagan já eram adultos com vidas próprias e que valorizavam sua independência e privacidade – não concedendo nenhuma das duas facilmente. Isto foi uma dificuldade para os Reagan.

Com exceção de Maureen, a filha extrovertida e politicamente ativa de Reagan com Jane Wyman (1917-2007), por quem a mídia realmente não se interessava muito, seus irmãos não se mudaram para a Casa Branca e raramente os visitavam, assim como tantos filhos de presidentes em governos anteriores. Maureen muitas vezes podia ser encontrada hospedada no Quarto Lincoln por longos períodos de tempo quando estava trabalhando no Comitê Nacional Republicano ou liderando a Conferência das Nações Unidas da Década das Mulheres que ocorreria na África. O irmão de Maureen, Michael, que me pareceu ser um filho bem-humorado e maravilhosamente solidário, era raramente visto na Casa Branca. Os outros filhos dos Reagan, Ron e Patti, eram mais conhecidos por não concordar com as posições políticas de seu pai e não podiam ser contados com frequência suficiente para fornecer uma amorosa rede de apoio, exceto no Natal. Os Reagan eram essencialmente bons filhos e bons pais que entraram na Casa Branca com problemas familiares. Então começamos a procurar por cães. Afinal, os Roosevelt, Kennedy, Johnson e Nixon tinham cães durante seus mandatos.

O primeiro cachorro dos Reagan foi um Bouvier des Flandres que ficou maior e mais travesso do que prevíamos. Apesar das sessões de adestramento no escritório do chefe da residência, Lucky, como era chamado, não estava interessado em ser um cão de colo – a menos que você goste ter em seu colo trinta e seis quilos de rebeldia peluda. As palhaçadas de Lucky eram divertidas e satisfizeram os fotógrafos e escritores – *por um tempo*. Isso não duraria muito, no entanto, e logo Lucky foi levado para o rancho para viver seus dias observando as belas vistas do pôr do sol no alto das Montanhas Santa Ynez acima de Santa Barbara. Mais tarde, a vaga para cães foi preenchida por um King Charles Spaniel mais domesticado chamado Rex. Este cão não foi muito visto pelo público e nosso experimento não trouxe grandes frutos. A lição reconhecida naquele momento é de que os líderes precisam fornecer elementos de interesse humano à mídia para humanizá-los. Crianças, cães, esportes, artes, férias presidenciais – todos ajudam a pintar um quadro completo da vida do líder e a revelar mais de sua personalidade. A família Reagan não contribuiu em nenhuma dessas categorias.

REAGAN, AMIGÁVEL, PORÉM SOZINHO

Durante minhas muitas viagens à Califórnia com os Reagan, almocei algumas vezes no restaurante da Paramount Pictures com o lendário produtor A. C. Lyles (1918-2013), um dos amigos mais antigos do presidente e o executivo de estúdio mais antigo ainda empregado na Paramount. Ele me disse:

> Ronnie era um pouco solitário em Hollywood, sempre impessoal; mas era hábil em fazer amigos por causa de sua disposição alegre. Ele se destacava por causa de suas maneiras quase corteses e charme cavalheiresco... e, no entanto, sempre desviava o interesse em sua pessoa contando piadas e histórias, e como resultado, ele sempre tinha uma pequena turma ao seu redor. Ele tinha uma espécie de aura sobre si mesmo e já naquela época se percebia que tinha um ideal. Você poderia dizer que ele era diferente – em um bom sentido.

Lyles foi especialmente útil para mim durante essas conversas. Ele me ensinou muito sobre os Reagan. Forneceu-me informações valiosas sobre quem eles realmente eram, como viviam, os problemas que tinham com seus filhos e o que os motivava – tudo com base no que ele tinha visto sobre eles e sua família de sua longa relação ao longo de muitas décadas.

Durante seus dias na indústria cinematográfica, Reagan havia aprimorado propositadamente suas habilidades em dizer ao público o que ele queria que eles ouvissem e soubessem sobre ele – e essa é uma habilidade utilizada até hoje por muitas estrelas de cinema bem-sucedidas. No momento em que entrou na política, ele sabia o que revelaria de natureza pessoal (não muito), o que estava disposto a compartilhar (ainda menos) e o que sentia ser eficaz e necessário para o público saber sobre ele (pouco). Durante seus anos na Casa Branca, os Reagan continuaram a ter uma boa relação com certos colunistas de fofoca que tinham o que os Reagan consideravam ser uma atitude simpática e politicamente útil em relação a eles e suas personalidades.

Levou a mim (uma pessoa que havia sido educada para pensar nas fofocas como sinistras) muito tempo para entender isso. Eu podia vê-los repetindo um padrão de suas carreiras no cinema: eles cortejavam a mídia, que escrevia sobre sua vida pessoal, sem ter que revelar muito sobre si mesmos ou serem temas de polêmica. Essas interações geralmente levavam certos escritores a relatar abertamente sobre o charme, sinceridade, inteligência e senso de diversão de Reagan. Mas além do que Reagan compartilhava com esses colunistas, havia nele algo de enigmático, algo pelo qual os jornalistas não estavam terrivelmente interessados de qualquer maneira. Até sua própria esposa, Nancy, escreveu: "Há um muro ao redor dele. Ele me deixa chegar mais perto do que qualquer outra pessoa, mas há momentos em que até eu sinto essa barreira".

Em minhas interações a sós com o presidente, ele era sempre gentil, jovial, educado, interessado, sério, convincente, enérgico, generoso e focado. No entanto, ele nunca realmente se abriu, até mesmo quando me telefonava. Observei que também era assim que ele tratava os outros – muitos dos quais trabalhavam para ele há muito mais tempo e o conheciam muito mais do que eu. Reagan poderia oferecer à minha esposa o olhar mais gentil e caloroso e a conversa mais charmosa e escrever pessoalmente à minha filha a carta mais carinhosa e sincera, mas quando você deixava a presença dele, você sabia que ele não estava pensando em você – ele não estava envolvido em sua vida.

Eis aqui o resíduo e o efeito de sua infância que resultou em um traço de caráter que finalmente percebi ser um dos fatores mais críticos, porém geralmente não reconhecidos e subestimados, para ele ter se tornado um líder com autoridade global. Poucos têm essa impessoalidade única ou invulnerabilidade ao orgulho ou ao ego. Se ele tinha um ego, ele era invisível para estranhos. Reagan havia isolado uma parte de sua personalidade da ameaça de decepção na infância e, como resultado, não ocupava sua mente com a vida de outras pessoas ou com o que pensavam dele. Ele era solidário com as pessoas que estavam sofrendo, como ilustrado em suas cartas pessoais e doações modestas para aqueles em apuros, mas sempre manteve uma distância segura deles.

Eu teria pensado que o público seria capaz de avaliar o homem apenas por suas palavras, mas alguns viam Reagan como muito formal e ensaiado. No entanto, no caso do presidente Reagan, o "roteiro", seus discursos, e a mente do homem estavam em harmonia quase perfeita, e isso fazia parte da sua genialidade na comunicação. Mas a mídia queria, pensava eu que até justificadamente, conhecê-lo de forma menos roteirizada e casual, e por conta de eles, em grande parte, não terem tido acesso a isso, eles o tratavam com suspeita e ceticismo. Lembro-me de alguém da assessoria de imprensa da Casa Branca entrando em meu escritório um dia e exclamando: "Quando que eles [os Reagan] vão parar de representar um papel e apenas ser o presidente e a primeira-dama?". Silenciosamente, pensei comigo mesmo: "Espero que nunca, porque eles estão fazendo um ótimo trabalho assim".

O rótulo de *ator* nunca o deixou, e foi usado de forma pejorativa por seus oponentes para sugerir que um ator é menos intelectual ou moralmente capacitado para ser presidente do que, por exemplo, um advogado – profissão de tantos outros presidentes (e nem todos bons). Embora Reagan fosse famoso em sua geração por ter estrelado em filmes, o fato era que seu currículo incluía muito mais empregos do que apenas aparecer em filmes – todos eles o preparando e levando ao seu papel principal como presidente.

Reagan foi presidente por oito anos, mas o mundo nunca o conheceu intimamente. O mundo nunca teve um pedaço dele como tinha de alguns outros líderes que tiveram momentos de suas vidas privadas expostas em público. Ele fez muitos de nós se sentirem melhor e mais seguros quanto a nossas próprias vidas, mas nunca fomos convidados para a dele. De acordo com Fouad Ajami (1945-2014), da Universidade de Stanford, "a presidência de Reagan era sobre a América, e nunca sobre Ronald Reagan".

Isso soa muito nobre e pode muito bem ser verdade; no entanto, depois que seus dois mandatos terminaram, ficamos com um desejo persistente de saber mais do que apenas dados biográficos sobre o homem que desafiou o sr. Gorbachev (1931-2022) a derrubar o Muro de Berlim; o homem que foi capaz de perdoar seu suposto assassino, John Hinckley, na mesma hora e viver para contar a história. O mundo tinha que entender quem Reagan era como líder e comunicador por meio do que ele dizia e fazia em um palco mundial e não aprendendo sobre seu caráter pessoal profundamente privado, o qual ele protegia dos olhos do público.

O sucesso de Reagan como líder público foi construído com base em suas crenças privadas, e isso lhe deu a capacidade de liderar no maior palco de todos. Em discurso após discurso como presidente, Reagan ofereceu ao público uma grande dose de alusões literárias e referências específicas a suas crenças espirituais e patrióticas, mas essas citações representavam mais do que elegância conveniente e artisticamente incorporada em discursos escritos por assessores esperançosos e extraordinariamente talentosos. Para um presidente americano, Reagan empregou com frequência significativamente acima da média e de forma excepcional escritos e ditos bíblicos como também outros clássicos em seus discursos. Essa estratégia funcionou especialmente bem para ele porque esses ditos representavam o que estava de fato em sua mente e coração e não eram apenas truques para serem usados para impressionar uma plateia, subir nas pesquisas ou ganhar votos.

Por exemplo, quando Reagan, no final de cada discurso televisivo do Salão Oval para a nação, despedia-se com "Deus abençoe a América", muitos espectadores sentiram que Reagan *queria* que Deus abençoasse a América. A razão pela qual eles teriam sentido isso era precisamente porque Reagan *realmente* queria que seu país fosse abençoado por um Poder Maior e que ele próprio orou para que isso acontecesse. Era sua própria bênção final para o que era mais frequentemente como um sermão eclesiástico do que um discurso – proferido a partir da grande mesa de carvalho antiga esculpida que também tinha sido usada por John F. Kennedy. Reagan sentia a autoridade de seu escritório e a respeitava. Pode-se dizer que ele pertencia à escola de virtudes de seu amigo, o ator James Stewart (1908-1997), a qual alguém deveria viver a vida seguindo esta ordem de prioridades: (1) amor a Deus; (2) amor à família; (3) amor ao país. Isso era o que havia no interior daquele homem. Reagan não era uma pessoa plácida e insensível. Ele só tinha medo de deixar as pessoas (incluindo até alguns membros da família) chegarem perto demais para sentir o que ele sentia.

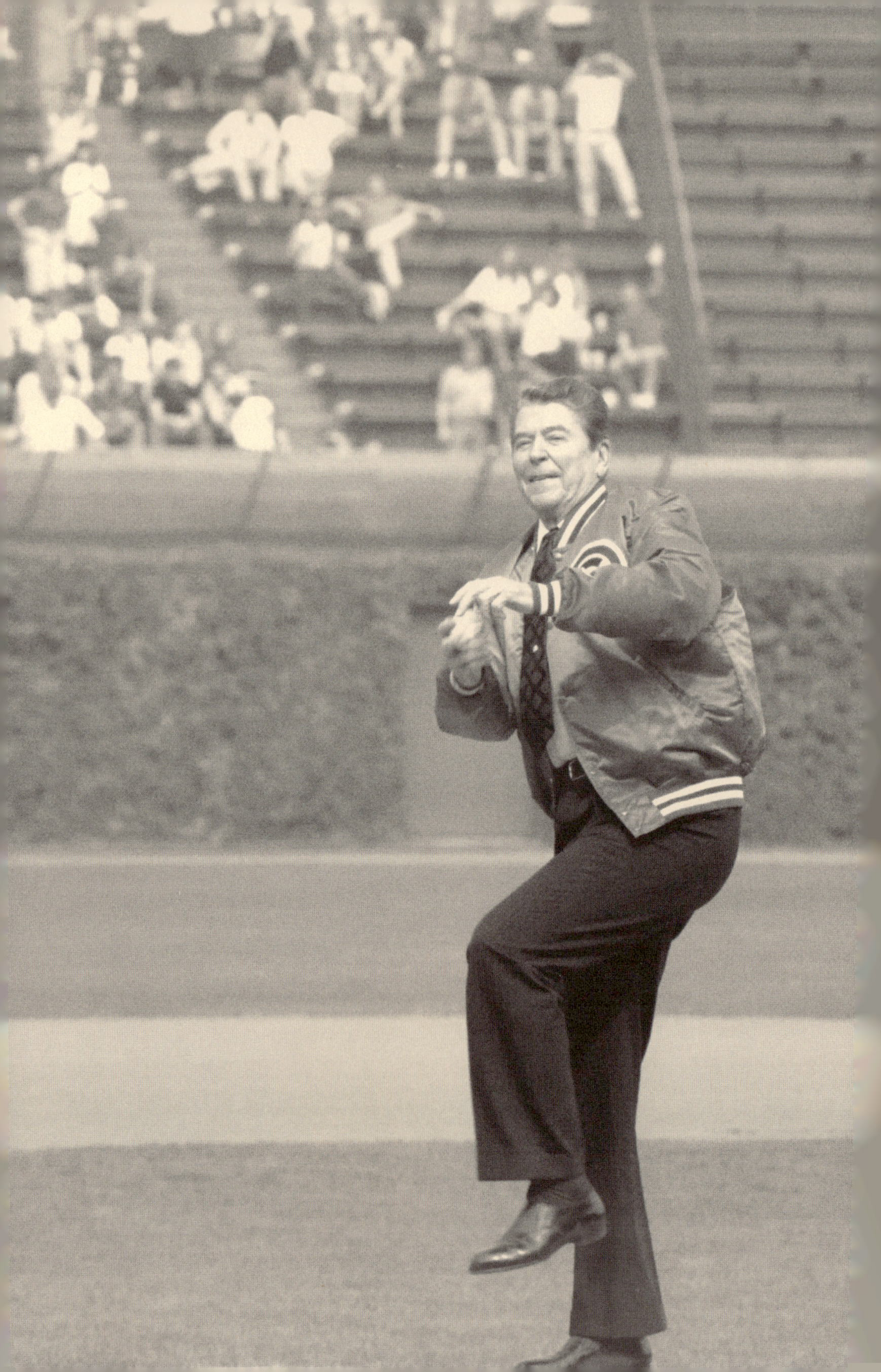

◆◆ CAPÍTULO 4 ◆◆
O EVANGELISTA GLOBAL

Reagan, o comunicador talentoso, era o sonho de todo redator de discursos. Cada uma de suas apresentações públicas foi resultado de um esforço em equipe entre o presidente e os redatores – nenhuma das partes teria sido tão bem-sucedida sem a outra. Reagan tinha grandes expectativas para sua equipe de redatores da Casa Branca e conseguia resultados extraordinários com eles. Eles eram os únicos que poderiam realmente adentrar a alma deste homem mais do que qualquer outra pessoa na equipe do presidente. Eles frequentemente procuravam por ângulos narrativos para os discursos e por anedotas nos manuscritos de Reagan, depois iam adiante cuidadosamente com as orientações dadas, edições e revisões. Ele fornecia direção, inspiração, edição e, por fim, execução brilhante dos discursos. Era ele que fazia acontecer. Ele fazia a palavra escrita ganhar vida.

Tony Dolan, o talentoso redator de discursos Reagan de longa data, disse que

> um exame histórico mais atento da escrita de Reagan antes da presidência, bem como a extensão de seu envolvimento em seus discursos presidenciais, revela que ele era mais do que apenas um grande comunicador, mas também um homem de ideias, um presidente inteligente.

Josh Gilder, outro redator talentoso do Reagan, comentou que

> [...] a presença de Reagan era simplesmente... sei lá... notável. Íamos lá todos ainda nervosos por conta de conflitos entre a equipe ou por causa do jeito que os pesquisadores

não estavam fazendo seu trabalho. Poderíamos até estar preocupados com algo importante para variar, como os sandinistas ou a situação no Oriente Médio. Então Reagan nos acalmava. Ele era doce e sereno.

Muitos presidentes, em especial George Washington, Abraham Lincoln, Thomas Jefferson e John Adams (1735-1826), empregavam com frequência referências bíblicas, alusões e citações de grandes escritores e pensadores durante seus mandatos. Mas teríamos que voltar ao nosso primeiro e ao nosso décimo sexto presidentes para encontrar o mesmo número de vezes em que a Bíblia foi citada nos discursos proferidos pelo quadragésimo presidente. Em *The God Strategy* ["A Estratégia de Deus", em tradução Livre], Kevin Coe e David Domke concluíram que Reagan "alterou a natureza da religião e da política na América". Eles descobriram que, até Reagan, os presidentes mencionavam Deus em uma média de 46% de todos os discursos que fizeram. As referências de Reagan a Deus e à Bíblia aumentaram para incríveis 96% de todos os seus discursos. Como escreveu o renomado biógrafo Paul Kengor, a fé de Reagan era "fundamental para uma presidência que, na mente de Ronald Reagan, era sustentada por algo muito mais profundo do que a mera política". Uma resenha da autobiografia de Reagan observou: "*An American Life* ["Uma Vida Americana", em tradução livre], é cheia de referências religiosas. Reagan menciona repetidamente sua profunda confiança em Deus e seu frequente apelo à oração".

Por que isso funcionou para Reagan em um cenário global? Com exceção de seu aliado, o Papa João Paulo II (1920-2005), nenhum outro líder mundial na época falava como Reagan. Por que ele não tinha a menor relutância em empregar tão frequentemente parábolas, histórias e citações da Bíblia, bem como de grandes patriotas, pensadores, escritores e poetas clássicos? Uma resposta simples é que esses são os recursos usados na boa oratória, e eles serviram de forma eficaz e eloquente para sustentar pontos importantes que ele estava tentando argumentar. Na época de seu mandato, a Bíblia era o texto mais frequentemente referenciado e estudado nas escolas – se não usada para fins religiosos, era usada até mesmo como texto literário. Naquela época, mais pessoas eram familiarizadas com seus ensinamentos consagrados no tempo, fossem eles religiosas ou não. Essas referências funcionaram excepcionalmente bem para Reagan, porque ele não estava apenas inspirado pelas citações que ele recitava e acreditava pessoalmente, mas era uma maneira convincente e *impessoal* para ele se definir *pessoalmente*. Se você procura por Reagan, aqui é onde você o encontrará – bem nas citações bíblicas e patrióticas que ele tanto empregava.

Quando ele citava ou se referia à Bíblia – coisa que ele fazia em quase todos os seus discursos – era como se ele estivesse falando em terceira pessoa e fazendo parceria com os profetas e apóstolos a quem ele estava citando. Este foi um dispositivo de comunicação eficaz que lhe deu a oportunidade de brilhar através da luz "emprestada" destas figuras. Suas referências a essas grandes ideias e pensadores faziam seus discursos se destacarem. Além disso, ao citar a Bíblia com tamanha liberalidade, Reagan adentrava em um território muito familiar a ele porque ele próprio foi um estudante da Bíblia e era familiarizado com o material de modo conceitual, prático e literal. Novamente, se você quiser conhecer Reagan, apenas aceite o que ele disse na plataforma pública por meio das vozes de indivíduos citados por ele como a melhor e mais precisa caracterização dele.

Talvez o mais significativo de tudo, que vemos acontecer por meio do emprego contínuo de Reagan dessas referências bíblicas, bem como de citações de gigantes seculares, era um pouco como um projeto de engenharia. Ele cria o alicerce de uma mensagem maior que sustentaria as iniciativas específicas de política externa e doméstica que se seguiriam – e uma vez que as pessoas entendessem a filosofia geral do design, elas estavam prontas para receber as instruções específicas da engenharia. A construção dessas "pontes de mensagens" implantadas por Reagan ocorria paralelamente aos projetos de política externa de Reagan no Departamento de Estado, no Conselho de Segurança Nacional e, sobretudo no Pentágono, bem como em outras agências do Gabinete – e abriu o caminho para o trabalho destas agências por meio da oratória.

Reagan era o porta-estandarte, a vanguarda. Já em seus primeiros dias como governador da Califórnia, a mídia notou essa estratégia dele – estabelecendo um propósito específico baseado em valores e, em seguida, introduzindo suas novas propostas de políticas que provinham concreta e filosoficamente desses princípios. A revista *Newsweek* até descreveu de forma surpreendente a visão de Reagan de si mesmo nessa época como "o instrumento de Deus". Tenho certeza de que poucos dos leitores desta revista concordavam com este comentário ou se deixaram levar por ele ao avaliarem o presidente.

Um exemplo específico da ligação entre a temática de construção de pontes de amizade dentro dos temas amplos em seus discursos e políticas concretas foi o seu plano de ação para desarmar o comunismo e acabar com a Guerra Fria. Neste fronte, ele era um estrategista eficaz que construiu com paciência e eficácia os seus argumentos para a derrota final do que ele considerava uma ideologia desumana. Durante seu primeiro mandato e no início de seu segundo mandato, seu conhecimento e compreensão crescentes sobre o povo, cultura e história russas, completamente distintas das promovidas pelo Estado soviético, o convenceram de que os russos eram, na realidade, um povo amante da paz e temente a Deus, apesar do domínio do aparato burocrático ateu e totalitário. Esse conhecimento, às vezes bastante destoante dos conselhos oferecidos a ele por assessores do serviço de política externa, deu a ele a confiança de falar com propriedade dos males do sistema soviético em todos os momentos que podia, apesar da resistência e das críticas que ele enfrentou dos agentes institucionais americanos. Uma vez que ele adquiriu essa compreensão mais profunda e mais ampla sobre o povo russo, ele era, em certos aspectos, independente quando se tratava do que ele diria sobre as relações entre os EUA e a União Soviética e quando ele diria isso.

Isso, é claro, preocupava as pessoas que pensavam saber muito mais do que Reagan sobre a região e seu futuro, e elas o ridicularizavam por esse motivo – e isso até incluía algumas em seu próprio partido político. Em muitos aspectos, elas realmente tinham mais conhecimento; só que simplesmente não era o conhecimento que Reagan pensava ser útil para ele na busca de sua própria conquista pessoal sobre o mal. Em última análise, Reagan provou que eles estavam errados em algumas ocasiões, mantendo-se fiel a si mesmo e seguindo seus próprios instintos. Acredito que estes instintos foram alimentados pelo que ele pensava ser sua missão ou vocação na vida. Isso foi colocado em um foco mais vívido depois que ele sobreviveu à tentativa de assassinato.

Em seu trabalho como presidente, o maior papel da vida de Reagan, contar histórias não era mais apenas um dispositivo para desviar a atenção de sua pessoa, mas era uma maneira de suavizar a retórica muitas vezes enérgica e dura que ele usava às vezes para falar de política interna e externa e uma maneira de encantar – talvez reaquecer – um relacionamento, ou até mesmo começar um. Reagan tinha seu próprio repertório aparentemente interminável de histórias, o qual ganhou adições generosas de amigos e redatores de discursos ao longo dos anos. Mike Deaver me disse que era sua meta pessoal fornecer a Reagan uma nova história ou piada todos os dias. Ele levava isso tão a sério que você poderia encontrá-lo em uma busca constante por um novo conteúdo. Reagan era um bom ouvinte porque rolava de rir com uma piada ou história engraçada e também era facilmente comovido por histórias sérias. Deaver também não era muito impedido de contar a Reagan uma história mais ácida. Reagan gostava de ouvi-las, embora elas não pudessem ser recontadas em público. Na verdade, seu gosto por uma boa história criou uma espécie de multidão de pessoas se enfileirando para agradar Reagan, contando-lhe alguma história na esperança de que ele já não a tivesse ouvido antes. Sempre me senti inseguro toda vez que estava a sós com o presidente e não aproveitava a oportunidade para fazê-lo rir com uma boa história. Nancy Reagan também entrou na brincadeira. Lembro-me de ouvi-la ao telefone com Mort Sahl (1927-2021), um dos comediantes mais prolíficos da época, coletando histórias – as quais ela recontava ao presidente.

Embora ambos os Reagan adorassem rir, entreter e ser entretidos, o presidente não contavam histórias apenas para entreter, mas na maioria das vezes para argumentar, ilustrar uma situação ou defender uma posição de maneira não ameaçadora, porém instrutiva ao deixar que outra pessoa, os personagens da história, transmitissem a mensagem. Seu uso desse tipo de oratória é lendário e muitas vezes comparado à habilidade em contar parábolas – um presente de sua mãe, Nelle, a pregadora substituta, e também de seu pai, que tinha um pouco do contador de histórias irlandês[10]. Um exemplo de seu uso da parábola pode ser encontrado no famoso discurso em Guildhall de 1988, no qual ele usou a história que originou o famoso filme *Carruagens de Fogo* para ilustrar o vínculo inquebrável entre a América e a Grã-Bretanha:

> *É uma história sobre os Jogos Olímpicos de 1920 e dois atletas britânicos: Harold Abrahams, um jovem judeu cuja vitória* [...] foi um triunfo para todos aqueles que vieram de terras distantes e encontraram liberdade e refúgio aqui na Inglaterra; e Eric Liddell, um jovem escocês, que não

---

10. A Irlanda tem uma longa tradição oral que data desde a época das tribos celtas. Por séculos, os *seanchaí*, os contadores de histórias, eram trovadores e historiadores orais que aconselhavam os chefes tribais. Cada um dos povos que colonizaram a Irlanda teve parte de sua tradição oral incorporada à da Irlanda. Junto com a grande imigração de irlandeses para os Estados Unidos, a arte de contar histórias chegou ao Novo Mundo. (N. E.)

sacrificaria sua convicção religiosa pela fama. Em uma cena inesquecível, Eric Liddell lê as palavras do profeta Isaías. "Ele dá poder aos cansados e multiplica as forças dos fracos; mas os que esperam no Senhor renovarão a sua força. Subirão com asas como águias. Eles correrão e não se cansarão".[11]

Eis aqui, então, nossa fórmula para vencer em nossa cruzada pela liberdade. Eis aqui a força de nossa civilização e nossa crença nos direitos da humanidade. Nossa fé está em uma lei maior. Sim, acreditamos na oração e no seu poder. E assim como os Pais Fundadores de ambas as nossas terras, nós acreditamos que a humanidade não foi feita para ser desonrada por um Estado todo-poderoso, mas para viver à imagem e semelhança d'Aquele que nos fez.

Há mais de cinco décadas, um presidente americano disse à sua geração que tinha um encontro com o destino[12]; quase na mesma época, um primeiro-ministro pediu ao povo britânico pelo seu melhor momento[13]. Este encontro, este momento de bravura, ainda está sobre nós. Procuremos fazer a vontade de Deus em todas as coisas, defender a liberdade, falar pela humanidade. Como foi há muito tempo dito por Tennyson: "Venham, meus amigos, ainda não é tarde para procurarmos um mundo mais novo"[14].

Pude testemunhar os poderes da retórica ilustrativa de Reagan em 1981 durante o primeiro evento oficial da Casa Branca planejado e presidido por mim. Foi um café da manhã

---

11. Livro de Isaías 40, 29 e 31. (N. E.)
12. Alusão ao discurso *Rendezvous with Destiny* ["Encontro com o Destino"], de Franklin Delano Roosevelt, proferido ao aceitar a nomeação para concorrer à presidência dos EUA na Convenção Nacional do Partido Democrata em 1936. (N. E.)
13. Alusão ao discurso *Finest Hour* ["Melhor Momento"], de Winston Churchill, à Câmara dos Comuns em 18 de junho de 1940 em um momento que a Grã-Bretanha estava perdendo para a Alemanha nazista. (N. E.)
14. Trecho do poema *Ulisses* do inglês Alfred Tennyson (1809-1892). (N. E.)

na Velha Sala de Jantar da Família, aquela raramente vista pelo público, diretamente ao norte da bem maior Sala de Jantar do Estado e de frente para o Parque Lafayette. Este cômodo era decorado com um tema amarelo claro e era frequentemente usado como uma despensa para jantares de Estado e recepções formais – embora fosse um cômodo bonito e elegante por si só. Entre os convidados, estavam cerca de 35 *CEO*s de fundações corporativas e filantrópicas como também líderes comunitários.

Depois do café da manhã, Reagan começou suas observações com uma história sobre um velho muito rico, porém muito avarento, que nunca dava nada para caridade. Um dia, ele foi visitado por uma delegação de uma dúzia de líderes comunitários que pediam-lhe que se tornasse filantrópico, pois a Campanha Caminho Unido da cidade precisava de doações. Reagan continuou:

> O velho avarento disse: "Por acaso consta no seu registro que eu tenho uma irmã inválida e um irmão acamado, e que minha mãe está em um hospício e meu pai está perto da morte no hospital da cidade?". Logo em seguida veio uma sensação de constrangimento entre os visitantes que se sentiram repreendidos por terem vindo pressionar seu vizinho a fazer uma doação neste momento de sua vida e tentaram sair correndo dali naquele instante. Mas o velho os detém e, para seu espanto, continuou a exclamar: "Eu nunca dei dinheiro a eles, então por que eu deveria dar-lhes algum?".

Todos os convidados adoraram a história, mas também ficaram com uma sensação indelével de vergonha por não serem generosos – o objetivo do café da manhã era justamente promover mais doações de caridade e estimular mais o ativismo filantrópico. Reagan ganhou o dia, como ele costumava fazer, e desta vez por meio de uma parábola humorística, porém profunda.

Em vez de concentrar-se em si mesmo ao falar publicamente, Reagan sempre levava as atenções para seu público.

Ele geralmente os honrava – provando a verdade do ditado: "As pessoas gostarão mais de você se você contar suas virtudes em vez de seus defeitos". Seu amor pela América e sua fé nos americanos era frequentemente respondida com respeito por muitos de seus concidadãos de todas as matizes políticas, inclusive daqueles que discordavam dele politicamente e até mesmo daqueles que não gostavam dele pessoalmente. Reagan queria que sua presidência não fosse tanto sobre ele, mas sobre o país ao qual ele servia, sua prosperidade, seu crescimento, seu caráter e seu papel na promoção de sociedades livres e democráticas em todo o mundo. Foi nesta base que ele lançou sua turnê evangelística de oito anos promovendo uma visão do mundo como ele o via – governada por um Poder Superior, com o bem prevalecendo sobre o mal e onde os homens podem viver em paz e com liberdade em sociedades democráticas, respeitadoras da lei e protetoras dos direitos e da liberdade do indivíduo.

ORIENTAÇÃO ESPIRITUAL DE REAGAN

Reagan foi professor de Escola Dominical no início de sua vida. Na verdade, mesmo sendo um estudante universitário, ele dirigia da Eureka College – ela própria uma faculdade afiliada à igreja – por 160 quilômetros de volta à sua cidade natal, Dixon, Illinois, todos os fins de semana para dar aulas aos adolescentes na Primeira Igreja Cristã. Ele não era apenas um substituto ou alguém que contribuía quando era conveniente – ele nunca faltava um domingo. Muitas pessoas se surpreendem ao saber que Reagan chegou a dar aulas em Escola Dominical. Foi preciso um biógrafo aventureiro para desenterrar esse fato anos depois, porque Reagan raramente, se alguma vez, falou sobre isso quando chegou a Washington. Na verdade, embora fosse criticado por sua religiosidade, ele raramente ia à igreja enquanto estava no cargo e não parecia realmente precisar de serviços religiosos – embora às vezes ele dissesse que desejava ser um frequentador assíduo e participar em algum culto. Após a tentativa de assassinato, medidas de segurança reforçadas entraram em vigor e visitar locais inseguros, como igrejas, provou ser problemático. Portanto, essa ideia era geralmente descartada pelo comitê de agendamento em que servi e pela própria Nancy Reagan – que sempre temia que seu marido fosse a algum lugar ruim para as devidas medidas de segurança.

Para entender verdadeiramente o que motivava esse homem enigmático, o quadragésimo presidente dos Estados Unidos, é necessário algo fora do comum. Para o definirmos com precisão, temos de afastar o nosso ponto de referência de um contexto estritamente político. Uma vez que se faz isso, vê-se um homem que era básica e principalmente voltado ao espiritual ou orientado para a fé; e com isso quero dizer que ele era um homem motivado em tudo o que fazia por seu relacionamento pessoal e prioritário com seu Deus.

Sem essa perspectiva do caráter de Reagan, é impossível entendê-lo e entender como e por que ele realizou seus feitos durante seus oito anos como presidente do país. Este não era apenas uma parte ou um compartimento isolado de sua personalidade; sua fé era a principal influência em seus pensamentos e atos. Era apenas o simples de como ele se desenvolveu como um ser humano – tremendamente influenciado por sua juventude sob a tutela de sua mãe muito religiosa e virtuosa.

Embora uma orientação espiritual ou uma afiliação religiosa não seja incomum em líderes políticos, para Reagan não era um mergulho ocasional na oração conforme necessário. Ele não recorria a Deus apenas quando uma crise estava prestes a ocorrer e pedia por intervenção divina. Dito de forma simples, ele vivia a vida em grande parte por um ponto de vista espiritual, em vez de humano. Através dessa lente, ele via não apenas sua própria vida, mas também a história, e essa visão ficou ainda mais clara, mais forte e mais profunda durante seus dois mandatos.

Acredito mesmo que ele fazia as coisas diferentemente dos outros políticos, seguindo a direção de uma voz muito específica familiar a ele e enraizada em suas convicções, mas não necessariamente ouvida por aqueles ao seu redor, incluindo seus amigos e familiares, funcionários e conselheiros. Há uma abundância de evidências para apoiar a teoria de sua orientação de fé, incluindo o fato de que seus primeiros vinte e três anos de vida foram passados inteiramente dentro e ao redor de uma igreja que enfatizava um cristianismo prático baseado em uma compreensão completa da verdade bíblica e uma fé ativa por meio de boas obras. Durante sua juventude, a igreja era a principal referência em torno da qual sua vida girava. Esses foram seus anos mais importantes da sua formação e sua base. Alguns adolescentes se desviam ou pelo menos tentam se rebelar de sua educação e treinamento religioso. Não há evidências de que Reagan tenha feito isso. Ao longo de seus anos de faculdade, ele manteve um forte compromisso com sua fé, incluindo frequentar uma escola filiada à igreja e ser orientado pessoalmente por seu pastor. Este pastor também era o pai de sua namorada de longa data, a mulher com quem ele esperava se casar.

Seus diários também detalham e comprovam essa visão com passagens explicando por que ele não acreditava tanto em seus conselheiros e, às vezes, entrava em desacordo com eles. Ele não comprometia os seus valores, embora ocasionalmente cedesse apenas na escolha de iniciativas políticas ou legislativas necessárias para chegar a um acordo político. De sua perspectiva espiritual, o mundo era preto e branco. De sua perspectiva política, havia tons de cinza. Esta combinação foi o jeito que ele encontrou para trabalhar – como ele deve ter justificado as concessões. Aceitar essa premissa é indispensável para dissecar e compreender o homem quieto, muitas vezes inacessível àqueles ao seu redor. Quando ele foi amplamente citado – após a tentativa de assassinato – por ter dito que dedicaria o equilíbrio de sua vida àquilo que a Providência Divina quisesse que ele fizesse, acredito que ele estava afirmando algo que sempre sentira por si mesmo e por sua missão. Foi apenas um momento conveniente para dizê-lo e a tentativa de assassinato também o tornou mais comovente.

Suzanne Massie, autora do livro clássico sobre a Rússia, *Land of the Firebird* ["A Terra do Pássaro de Fogo] e conselheira pessoal e não governamental de Reagan sobre a cultura russa de 1983 a 1987, observou que em suas dezessete sessões quase sempre individuais com Reagan, ele quase sempre ouvia, absorvia, sondava e só então fazia perguntas. Isso a deixava um pouco desconfortável, pois por causa disso, era ela quem tinha que conduzir a conversa. Depois, quando ele já tinha absorvido os detalhes dos relatórios conduzidos por ela e os comparava com os relatórios sobre assuntos soviéticos recebidos de fontes oficiais do governo dos EUA, ele discutia o curso de ação que queria tomar. Uma vez que ele chegasse a essa posição e estivesse pronto para seguir em frente, nada era capaz de detê-lo. Seu processo deliberativo era, em parte, baseado em suas reuniões com Massie.

Eu mesmo vivenciei isso ao apresentar um relatório a Reagan. Uma vez que finalmente relacionei sua atitude nos briefings da Casa Branca com sua vivência fazendo filmes – ou seja, sendo dirigido para realizar um papel cinematográfico – pude ver por que Reagan ouvia com tanto cuidado, atenção e era tão focado. Como ator, ele se atentava na direção e, quando a câmera estava rodando, ele entrava no papel e atuava. Depois de estudar o roteiro e seguir o diretor, Reagan fazia o personagem ganhar vida. Ele usou essa técnica em seu papel de presidente; no entanto, como líder do mundo livre, ele estava realmente se retratando, e sua conduta era baseada em seus próprios valores e crenças pessoais. Esse modo de se portar funcionou: ele parecia forte e no comando. Confiava nas pessoas que trabalhavam para ele e estava sempre atento à direção delas. Para mim, esta foi uma lição útil em liderança eficaz. Isso requer não dispersão, mas intencionalidade atinada, atenção e confiança na equipe que o dirige.

Reagan tinha os dois pés firmemente no chão e, ao mesmo tempo, analisava de forma metafísica os perigos que ocorriam à sua volta. Isso o levou a enxergar a História e o seu lugar nela, bem como os eventos históricos que aconteciam ao seu redor em um panorama geral. Suas crenças inabaláveis e seu otimismo e dedicação ao serviço contribuíam para a forma que ele interpretava os eventos mundiais. No entanto, tanto as obrigações de sua carreira muito pública quanto o seu bom senso fizeram-no manter toda a gama de seus sistemas de crenças e fé quase inteiramente guardados para si mesmo. Se ele tivesse exposto mais sobre seus princípios fundamentais publicamente, ou tivesse uma necessidade desenfreada de compartilhar mais de seu modo de pensar interno, ele nunca teria tido sucesso em Hollywood ou atingido o nível de liderança que teve no palco internacional. Ele manteve sua vida de fé pessoal em silêncio. Ao final de tudo, isto o beneficiou.

Em uma entrevista à revista *Time,* Patti Davis recorda-se de seu pai como "um homem cuja compaixão pelas outras pessoas é profunda e sincera, e cuja vida espiritual é baseada na fé em um Deus amoroso, não vingativo". Mais tarde, ela se referiu a si mesma como "a garotinha que fala com Deus sobre tudo porque era isso que meu pai fazia". Se Reagan tivesse se aberto publicamente sobre a extensão e a natureza dessa dimensão espiritual em sua vida, poderia ter sido desastroso para suas carreiras no cinema e no mundo corporativo, e também poderia ter sido fatal para seus interesses políticos. Hollywood foi a aprendizagem perfeita para se candidatar a um cargo político, não apenas porque o treinou para ser eficaz na frente das câmeras, mas porque o expôs a uma comunidade na qual, para ser um sucesso, você tem que manter muitas de suas opiniões e crenças pessoais quase completamente fora de vista – uma disciplina que muitos políticos não têm.

Isso não significa que, apesar de ele geralmente não se abrir e medir suas palavras, Reagan não tenha sido vocal em Hollywood. Na verdade, ele pagou um preço por suas opiniões francas sobre o comunismo, as quais resultaram, pelo menos uma ocasião, em uma ameaça séria à sua própria segurança física e até mesmo à sua capacidade de continuar na carreira de ator. Certa vez, ele foi ameaçado a ter ácido desfigurante jogado em seu rosto e, como consequência, começou a carregar uma arma para sua própria segurança pessoal. Ele também vivenciou esse tipo de reação durante seus dias como governador, quando foi confrontado por multidões furiosas de estudantes durante a paralisação do Sistema de Universidades Estaduais da Califórnia por cortes orçamentários. Esta foi a preparação perfeita para os ataques furiosos de adversários que viriam contra ele durante sua presidência.

Reagan expressava opiniões fortes com palavras fortes, mas não se envolvia com os protestos histéricos às vezes voltados contra ele. Raramente se engajava de modo pessoal em um confronto. Ele somente participava quando era para exercer seu papel de titular de um cargo público. Isso era típico de seu manejo de qualquer forma de discordância ou polêmica. Ele era forte e confiante, mas normalmente não iniciava ou reagia a trocas de farpas. Deixava seus cabos eleitorais lidarem com as discussões.

Por exemplo, décadas depois, ele lidaria com Gorbachev da mesma maneira quando, em vez de envolver o líder soviético em uma luta prolongada ou com raiva, Reagan simplesmente saiu de sua segunda cúpula bilateral em Reykjavik, Islândia. Ele fez isso porque o líder soviético exigia recorrentemente que Reagan desistisse de seu compromisso com sua Iniciativa Estratégica de Defesa (IED). Consequentemente, a reunião de cúpula foi declarada na época um desastre para ambos os homens e uma oportunidade perdida para melhorar as relações bilaterais.

No entanto, não demorou muito para que a reunião fosse vista como uma vitória decisiva para Reagan. Sua saída foi calculada por sua parte e estabeleceu um limite definitivo além do qual ele não cederia. Após mais dois encontros entre os dois líderes, as relações bilaterais entre os EUA e a URSS fizeram progressos significativos e a própria União Soviética finalmente se desintegrou. A cúpula de Reykjavik, e a forma como Reagan lidou com ela, foi um fator contribuinte. Reagan não se desviaria de seus princípios, mesmo em face da pressão para abandonar a IED vinda de muitos de seus próprios conselheiros, de toda uma série de escarnecedores que até a ridicularizavam em quadros de humor, e daqueles que escreviam sobre a IED em muitos editoriais.

Reagan guardava muitas de suas opiniões pessoais para si e, embora tenha sido uma decisão sábia não revelar essas crenças profundas indiscriminadamente, ele também pagou o preço de ser mal interpretado. Essa autocontenção inibiu seu progresso em algumas questões. Seus adversários políticos e até mesmo aqueles que não eram propriamente inimigos o rotulavam ou definiam como uma pessoa muito diferente de quem ele realmente era.

Por exemplo, o povo russo por muitos anos tinha uma imagem aterradora, inconsequente e belicista de Reagan porque essa era a única imagem que os veículos oficiais de notícias de seu país apresentavam – uma imagem que era politicamente conveniente para eles promoverem. Na verdade, as ruas de lá eram ocasionalmente ornadas com faixas coloridas retratando Reagan como um belicista e espalhando ansiedade entre seus cidadãos. Eles ficaram surpresos mais tarde quando descobriram que o homem que temeram por todo esse tempo não era nem um pouco temível. Até mesmo muitos americanos consideravam Reagan frio, indiferente à situação dos desfavorecidos, distante daqueles em necessidade e mais sintonizado com os ricos. Este pode ter sido um artifício partidário, mas não era uma retratação precisa.

Embora ele não fosse a única pessoa na política ou em um papel de líder que tinha uma bagagem espiritual significativa, Reagan foi capaz de manter uma imagem em maior parte espiritual sem expô-la de forma que o expusesse para o ridículo. Alguns dos políticos que expuseram sua fé muito efusivamente, que, seja por inocência ou fervor religioso, foram privados de oportunidades no campo da política que eles teriam caso não a expusessem. Reagan geralmente não permitia que sua fé e crenças privadas fossem associadas a causas políticas ou usadas para fins políticos, embora ele fosse inequívoco sobre sua posição em pautas sociais conservadoras.

Reagan, no entanto, não poderia ser categorizado como aquela combinação potencialmente letal de política e religião. No entanto, sem dúvida, sua fé permaneceu o fator mais significativo de suas escolhas e suas ações. Ele próprio afirmou isso com suas próprias palavras. Sua fé era alicerce de seu caráter e não se deve desconsiderá-la ao avaliar seu impacto político como líder mundial.

Reagan frequentemente deixava aqueles que partilhavam de seus pontos de vista – principalmente figuras históricas, pensadores e escritores respeitados mundo afora – falarem por ele. A esse repertório, ele adicionou seus pastores da Igreja Presbiteriana e um pequeno grupo seleto de pessoas que ele enviava em missões especiais para levar sua mensagem. Esta foi uma abordagem engenhosa. Ele apresentava uma pauta para o povo americano e, em seguida, a defendia principalmente com as palavras de líderes e pensadores amplamente respeitados em grande parte do mundo e que foram indivíduos notáveis em épocas anteriores. Esta foi uma estratégia feita em paralelo àquela em que ele apresentava e homenageava heróis contemporâneos no seu discurso anual do Estado da União perante o Congresso e o povo americano por meio da televisão. Esses heróis, suas vidas e ações, ilustravam os pontos que Reagan estava tentando argumentar neste pronunciamento anual uma maneira mais memorável, às vezes até emocional. Em vez de precisar desviar a atenção para si mesmo, ele recebia elogios e obtinha confiança.

A mistura de citações bíblicas com citações seculares de Reagan ficou famosa em suas referências à imagem da América como uma "cidade brilhante em uma colina". A origem da citação é bíblica. No Evangelho de Mateus, Cristo diz aos seus seguidores no Sermão da Montanha: "Vocês são a luz do mundo. Uma cidade situada em uma colina não pode ser escondida". Mil e seiscentos anos depois, John Winthrop (1588-1649), o futuro governador de Massachusetts, disse para seus companheiros peregrinos ao desembarcarem no Novo Mundo, em palavras centenárias que ecoavam o Evangelho: "Devemos considerar que seremos como uma cidade sobre uma colina". Reagan não estava sozinho em sua admiração pela referência inspiradora de Winthrop. Outros presidentes, como Adams, Lincoln, Kennedy e Clinton, também invocavam a metáfora da "cidade sobre a colina". Reagan frequentemente misturava alusões bíblicas e conceitos seculares neste contexto, como quando ele disse:

> A lâmpada da consciência individual brilha. Por isso eu sei que todos nós seremos guiados para aquele dia sonhado em que ninguém mais empunhará uma espada e ninguém mais arrastará uma corrente.

Em outro discurso, este em um jantar da Conferência de Ação Política Conservadora (CPAC) em 1982, Reagan novamente combinou imagens religiosas e seculares quando disse:

> Caros americanos, nosso dever apresenta-se diante de nós esta noite. Vamos em frente, decididos a servir abnegadamente uma visão do homem em sintonia com Deus, de um governo feito para o povo e a humanidade em paz. Pois agora é nossa tarefa cuidar e preservar, no decorrer das noites mais escuras e frias, aquele "fogo sagrado da liberdade" do qual o presidente Washington falou há dois séculos, um fogo que esta noite continua sendo um farol para todos os oprimidos do mundo, brilhando desta terra gentil, agradável e verdejante que chamamos de América.

REAGAN, O PREGADOR EM UM PÚLPITO GLOBAL

Outra característica importante e incomum de Reagan como líder global era que ele tinha uma atitude impessoal em relação a eventos e pessoas. Isso era especialmente útil em negociações bilaterais e multilaterais em que ele se sentava à mesa frente a pessoas com personalidades fortes e grandes egos. Seu ego não entrava na luta... apenas seu conjunto de princípios entrava. Na verdade, seria difícil encontrar um ego em Ronald Reagan. Este é outro conceito crucial para entender sobre o caráter de Reagan e como este afetava suas relações com muitos líderes mundiais.

O que aprendi em primeira mão foi que sua impessoalidade ou completa falta de ego ou de sensibilidade era um de seus maiores, porém menos reparados, pontos fortes como líder na vida pública. Foi também uma de suas fraquezas genuínas em sua vida privada e familiar. Esta característica sua era exemplificada por aquela placa de couro bordô entalhada à mão em relevo dourado que era difícil de ser ignorada por qualquer um que entrasse no Salão Oval, desde o pessoal da limpeza até os chefes de Estado. Ficava na frente e ao centro de sua enorme mesa antiga – "Não há limite para o que um homem pode fazer ou para onde pode ir, se ele não se importar com quem recebe o crédito". Essa falta de necessidade de aprovação, aceitação, reconhecimento, aclamação ou fama era uma das raras qualidades humanas e ingredientes secretos da armadura impermeável incorporada por ele. Esta armadura era chamada pela mídia de revestimento Teflon. Eventos indesejáveis e ser taxado de algum fracasso não o abalavam porque essas coisas não o ofendiam.

Antes de observar essa qualidade em Reagan em pessoa, eu teria pensado que o oposto era uma verdadeira característica de uma grande liderança – que as pessoas que são especialmente carismáticas e sensíveis aos sentimentos dos outros eram os melhores líderes. Reagan me mostrou um jeito diferente. Ser impessoal permitia que ele fizesse escolhas difíceis com base no princípio da situação, em vez de ter o processo de tomada de decisão obscurecido por questões pessoais, apego às pessoas ou sentimentalismo. Margaret Thatcher (1925-2013) também tinha essa qualidade e era por isso que ela era chamada de "A Dama de Ferro".

Lembro-me de estar com ele em uma visita de Estado na China quando ele descobriu que me devia algum dinheiro – uma quantia muito modesta. Eu tinha levado sua esposa em um passeio para comprar um conjunto de pérolas, algo que muitos turistas fazem. Eu paguei pelas pérolas, já que os presidentes e suas esposas, quando carregam algum dinheiro consigo, geralmente não é muito. Quando ele descobriu sobre isso, quis resolver a questão imediatamente. Eu disse a ele que tínhamos coisas muito mais importantes para nos focarmos, muito mais trabalho importante para fazer. Ele não quis saber. Insistiu que entrássemos em seu quarto na luxuosa Casa de Hóspedes Diaoyutai, em Pequim, onde pegou seu talão de cheques pessoal. Ainda assim, protestei que ele não deveria se preocupar com isso naquele momento. "Qual foi o valor exato em dólares mesmo?", ele perguntou, e rapidamente escreveu um cheque para pagar a dívida. (A coisa irônica, naturalmente, sobre os cheques dos presidentes é que você nunca quer realmente descontá-los por causa de seu possível valor histórico no futuro!).

Quando voltamos para Washington, ele telefonou para minha casa uma noite e me perguntou se eu poderia encontrar uma pulseira para Nancy que combinasse com o colar que ela havia comprado em Pequim. Mesmo em uma troca tão mundana e pessoal como essa, ele o trataria como se você fosse seu melhor amigo – e ainda assim havia nele um tom de impessoalidade ou um leve distanciamento na conversa que é difícil de descrever. Essa qualidade, embora sutil, também foi sentida e observada por muitos outros, e aparentemente esteve com ele ao longo de sua vida. Acredito que isso lhe deu a capacidade de não se deixar afetar por críticas, manter o foco e ser um líder forte sem abrir mão da sua própria personalidade.

PREPARANDO-SE PARA A PRESIDÊNCIA ENQUANTO TRABALHAVA PARA A GE

Os anos em que Reagan trabalhou como porta-voz da General Electric (GE) são especialmente importantes para considerar em relação ao seu posterior desempenho como líder global e comunicador. Foi durante aqueles anos que ele pesquisou grandes questões de política pública sob diferentes perspectivas a fim de construir sua própria plataforma de posições políticas e ideias. Ele escrevia todos os seus próprios discursos à mão em blocos de notas amarelos (uma preferência sua que continuou durante sua presidência), criando e editando uma mensagem que ele poderia adotar como sua.

Durante este tempo, de 1954 a 1962, quando ele viajava de trem para a GE por causa de seu medo de voar, o palestrante se sincronizava com seus discursos. Ele sempre professava e reafirmava suas crenças e valores individuais ao conversar com os trabalhadores da fábrica e a gerência sobre a empresa e questões mais gerais. Durante esse período, ele completou sua migração partidária de democrata para republicano. Ele insistia em escrever seus próprios discursos e não se limitava a falar das políticas corporativas pautadas a ele. Esta prática lhe permitiu desenvolver suas visões independentes, e ao expressá-las, ele integrou suas visões com a mensagem. Este trabalho foi talvez ainda mais valioso para sua preparação para a presidência do que as leituras de roteiro e ensaios que fez para se preparar para os cinquenta e três filmes em que estrelou.

As centenas de seus discursos escritos à mão para a GE, descobertos por Martin e Annalise Anderson, dois aclamados professores da Universidade de Stanford que trabalharam com

Reagan na Califórnia e em Washington, fornecem evidências concretas dos processos de pensamento de Reagan e sua capacidade pessoal de escrita. Em seu trabalho na GE, ele não tinha nenhuma equipe de redatores de discurso brilhantes trabalhando para ele, como teria posteriormente na Casa Branca. Nesses discursos escritos à mão, também havia evidências de pesquisas reais sobre os fatos e aspectos das várias questões que ele queria abordar em suas palestras para a GE.

Uma prévia da marca presidencial desenvolvida por ele e aperfeiçoada durante seus dias na GE estreou, com sucesso inesperado, em um discurso televisionado nacionalmente e hoje icônico. Ele foi selecionado para apresentar Barry Goldwater (1909-1998), um velho amigo da família de Nancy Reagan e candidato a presidente, na Convenção Nacional Republicana de 1964 em Phoenix, Arizona. O resultado foi que Reagan, o republicano conservador, foi lançado oficialmente na arena pública nacional. Sua carreira política foi inaugurada inesperadamente nesta convenção. O conteúdo de seu discurso amplamente notado formou o núcleo de sua própria plataforma pessoal, que havia sido desenvolvida durante seus dias na estrada para a GE. Este discurso foi intitulado "Um Tempo para Escolher".

Em seu livro, *The Education of Ronald Reagan: The General Electric Years and the Untold Story of His Conversion to Conservatism* ["A Formação de Ronald Reagan: Seus Anos na General Electric e o Segredo de Sua Conversão ao Conservadorismo], Thomas W. Evans escreve sobre o período GE na carreira de Reagan desta forma:

> Ronald Reagan desenvolveu uma visão da América durante seus anos na GE. Ele aprendeu a sintetizar seus pontos de vista a alguns preceitos simples [...]. Seus métodos para absorver grandes quantidades de conteúdo, escrever e proferir seus discursos, eram únicos. Talvez os testemunhos mais convincentes sobre o aprendizado de Ronald Reagan durante seus anos de General Electric

venham dos próprios Reagans. Em sua autobiografia, Nancy Reagan escreveu que "se você acredita, como Ronnie, que tudo acontece com um propósito, certamente havia um propósito oculto no trabalho de Ronnie com a General Electric.

O próprio Reagan referia-se aos seus anos na GE como seu "curso de pós-graduação em ciência política" e observou que "não foi um mau aprendizado para alguém que um dia entraria na vida pública". Ele falava de sua "autoconversão" durante esses anos, e que ele acabou *"pregando sermões"* sobre suas crenças fortes. Seus redatores de discurso na Casa Branca admitiram usar os discursos dos anos da GE como base de alguns de seus próprios rascunhos. Durante os dias da General Electric quando ele pensava, pesquisava, escrevia e falava, Reagan aprendeu a fazer o que faria como presidente – transformar suas crenças, visão e caráter em vitórias eleitorais significativas e guiar o curso da história por meio de liderança e oratória persuasivas.

Nos discursos de Reagan na GE, sua ideologia emergente tornou-se mais clara. Em Schenectady, Nova York, em 1959 (como relatado a mim por um amigo nonagenário que presenciou o evento), ele disse: "Fomos informados ao longo dos anos pelos economistas que, se a carga tributária total chegar a 25%, corremos o risco de minar nosso sistema de empresas privadas". Ele continuou a construir seu repertório e, em 1961, acrescentou o que talvez fosse óbvio para muitos, embora muitas vezes não fosse verbalizado pelos políticos, de que "a luta ideológica com a Rússia é o problema número um do mundo". Em 1964, ao redigir o discurso para Goldwater, ele bebeu da fonte de seus discursos da GE quando disse:

> Eu gostaria de sugerir que não existe uma esquerda ou direita. Só há um para cima ou para baixo. Para cima em direção ao máximo de liberdade individual conciliável com a lei e a ordem, ou para baixo em direção ao formigueiro humano do totalitarismo [...]. Você e eu temos um

encontro com o destino. Vamos preservar para os nossos filhos isto aqui, a última melhor esperança do homem na Terra, ou vamos sentenciá-los a dar o último passo para os mil anos de escuridão. Se falharmos, pelo menos nossos filhos e os filhos de nossos filhos, dirão de nós, justificamos nosso breve momento aqui. Fizemos tudo o que podia ser feito.

Nesta parte do discurso, ele anunciou publicamente seu apego ao longo da vida ao uso da alusão metafórica à luz e às trevas.

Na GE, ele pôde experimentar visões mais à direita e realmente fazer a transição completa de filiado democrata para republicano, uma metamorfose que já estava completa à época da convenção de Goldwater e do discurso "Tempo de Escolher" em 1964. Foi naquelas longas viagens – cruzando o país de trem, visitando 139 fábricas da GE em quarenta estados e palestrando para mais de 250 mil pessoas nos portões das fábricas – que ele teve contato com pontos de vista sobre questões públicas os quais ele empregou posteriormente durante sua carreira política. Os anos na GE realmente o prepararam para a política nacional e lhe deram uma plataforma – embora naquela época ele não tivesse como saber o que o aguardava. A GE ofereceu financiamento completo para ele na forma de um salário anual de US$ 125 mil[15] para ele desenvolver suas mensagens e traçar linhas mais concretas para seus princípios e crenças.

Com o patrocínio da GE, ele obteve bons resultados em melhorar as relações com os trabalhadores e aumentar o capital de marca da empresa. Reagan tinha plateias cheias constantes nesses eventos, e durante um período em que esteve longe de casa por semanas, ele escreveu para Nancy que as multidões pareciam genuinamente interessadas no que ele tinha a dizer. A GE se orgulhava cada vez mais de Reagan e ele, por sua vez,

---

15. Ajustando para a inflação, esta soma de 1954 equivale a aproximadamente US$ 1.360.000,00 por ano nos dias atuais. (N. T.)

sentia que estava fazendo jus ao seu salário anual – a uma quantia impressionante naquela época. Mas ele estava ganhando algo muito mais valioso para seu futuro e, em última análise, para o mundo do que apenas seu salário. As reações que obtinha das multidões nas viagens para a GE forneceram-lhe um feedback inestimável que resultou em aprimoramento e edições constantes em suas apresentações. Reagan revisava seus discursos no trem e, em seguida, tentava uma nova linha de raciocínio, história ou citação na próxima parada.

Lem Boulware (1895-1990), um vice-presidente da GE e o homem que mais trabalhou junto com Reagan, escreveu:

> É o dever de [...] todo cidadão – instruir-se em economia, individualmente, em pequenos grupos e em grandes grupos [...] aprender com livros didáticos simples, com cursos organizados, em discussões individuais com parceiros de negócios, com grupos de bairro [...]. Este foi um resumo do processo que se tornou a educação de Ronald Reagan. Quando Reagan começou a participar cada vez mais, este foi o início de seu papel na revolução conservadora na América.

A maioria das pessoas que trabalhou para Reagan diria que, uma vez que ele chegou à Casa Branca, suas crenças estavam tão fortemente arraigadas que ele era praticamente inamovível e teimoso quando questionado sobre elas. No entanto, foi durante essas posições anteriores na carreira que ele mudou, aprimorou, refinou e melhorou várias mensagens e abordagens. Este foi o momento para criar os princípios pelos quais ele acabou por seguir pelo resto de sua vida, regras que colocou em prática na vida pública durante seus dois mandatos como governador da Califórnia de 1968 a 1976 e depois em seu último cargo como presidente.

Há outra possível causa para essa obstinação – um traço seu em evidência durante seus anos na Casa Branca, porém muitas vezes ignorado. O simples fato de Reagan ter sido o até então homem mais velho a ser eleito ao cargo mais alto do país e ter os olhos do mundo voltados para si. Reagan tinha 69 anos quando foi eleito, e ele serviu a partir da idade de setenta até quase seu septuagésimo oitavo aniversário. Em comparação, George Washington (quem, congelado no tempo, parece-nos ser eternamente velho) tinha apenas cinquenta e sete anos quando tomou posse e John F. Kennedy tomou posse aos quarenta e três anos. Theodore Roosevelt (1858-1919) foi o homem mais jovem a assumir o cargo de chefe do Executivo aos quarenta e dois anos. O presidente mais próximo em idade de Reagan foi meu próprio antepassado, William Henry Harrison (1773-1841); eleito aos sessenta e oito anos, ele morreu de pneumonia ou sepse semanas após sua posse!

Reagan era famoso por brincar com frequência sobre sua idade e a usava a seu favor de maneira autodepreciativa. Eu acho que sua idade lhe deu um ponto de vista – ou método de fazer as coisas – mais maduro e experiente por nenhum outro motivo senão porque ele simplesmente tinha mais tempo de carreira e mais experiência específica do que alguns outros líderes políticos. Ele estava há mais anos de frente a câmera e falando em público do que seus concorrentes. Esta era uma vantagem substancial para ele. Não iria, naquela fase de sua vida, desistir dos princípios pelos quais havia trabalhado tanto e dos quais passou a confiar. Reagan tinha sido um substituto para o maior papel de uma vida por muito mais tempo do que a maioria. Mesmo sua candidatura fracassada à nomeação republicana para concorrer à presidência em 1976 deu-lhe mais experiência e maturidade, sem mencionar uma equipe mais experiente que o ajudou a cruzar a linha de chegada em sua vitória final em 1980. Ao olhar para trás, vejo que eu realmente não considerava a idade dos Reagan ao agendar seus compromissos ou viajar com eles. Para mim, eles eram jovens e capazes de qualquer coisa – e, no entanto, isso não poderia ter sido verdade. Lembro-me de entrar pelas portas dos fundos e subir escadas com eles. Fora da vista do público, eles subiam dois a três degraus de cada vez, o mais rápido possível que pudessem para se manterem em forma. Nós, os funcionários e os agentes do Serviço Secreto, tínhamos que nos esforçar para acompanhá-los. Embora o presidente não fosse um corredor ou tenista – preferindo andar a cavalo, construir cercas e cortar lenha como exercícios ao ar livre – eu me lembro claramente de seu compromisso diário de ir treinar na academia particular instalada em um dos dois quartos da frente nos aposentos da família. Ele me disse com orgulho que havia ganhado tônus muscular após a tentativa de assassinato. Sua rotina de academia era um ritual diário que eu presenciei com frequência.

O lado obstinado de Reagan trouxe frustração a alguns funcionários da Casa Branca, funcionários do gabinete e burocratas que, às vezes, lhe davam muitas razões pelas quais ele deveria moderar ou alterar seu ponto de vista ou sua posição oficial sobre uma questão ou outra. Alguns funcionários chegaram a rejeitar partes dos rascunhos de discursos escritos por ele e forneciam-lhe opções políticas que refletiam mais de suas próprias opiniões do que as dele. Eu observei conselheiros sêniores, e até mesmo sua esposa, procurarem maneiras únicas de alcançar Reagan com argumentos convincentes que eles queriam que ele considerasse e até mesmo adotasse. Eu também os observei tentando influenciá-lo ou convencê-lo a mudar uma posição fortemente mantida, contornando-o, evitando o confronto direto – algo que eles sabiam que ele não gostava.

Foi por isso que o triunvirato singular de James Baker, Ed Meese e Mike Deaver, seus assessores mais antigos, foi essencial para proteger Reagan e permitir que ele pudesse ser ele mesmo. Deaver e Nancy Reagan conferenciavam todas as manhãs sobre a disposição do presidente e suas atitudes sobre vários assuntos. Eles formavam uma dupla unida para incitá-lo às vezes a mudar ou moderar suas posições em certos aspectos porque consideravam isso importante para seu legado. Essa interação entre a equipe e a cônjuge do presidente para influenciar suas visões e opiniões rígidas foi uma parte proeminente da dinâmica diária da Casa Branca de Reagan.

Às vezes, os observadores da Casa Branca sentiam que Reagan era dominado por Nancy e que era ela quem tinha o poder neste casal político. Além disso, seus oponentes usavam a posição de poder percebido de Nancy Reagan para denegrir a imagem do presidente ou reduzir o seu poder, substituindo-o pelo dela. Do meu ponto de vista de trabalhar para os dois, pude ver que ela era uma esposa trabalhadora, inteligente, ferozmente leal e solidária, mas também pude ver que Reagan raramente cedia suas posições sobre questões políticas para a primeira-dama. O próprio Reagan não se deixaria ser controlado por ninguém. Ela afirmava frequentemente o óbvio de que somente ela tinha a última palavra à noite e a primeira palavra pela manhã com o presidente. Não há dúvida de que ela influenciou e possivelmente moderou sua posição em certas questões, mas ele segurava firmemente às rédeas. Desse modo, ele era de fato a força dominante entre os dois quando se tratava de seu trabalho.

Embora Reagan tenha modificado suas opiniões sobre algumas questões centrais, ou pelo menos sua postura para se comunicar sobre essas questões, ele sempre se acautelava sobre aquilo que achava correto. Era um defensor convicto das pessoas que trabalhavam para ele, talvez até mesmo das pessoas que ele não deveria defender, como David Stockman, seu diretor de orçamento, que ridicularizava os programas econômicos do lado da oferta de Reagan, e o secretário do Trabalho, Ray Donovan (1930-2021), que caiu em uma investigação criminal por supostas atividades ilegais na indústria de construção de Nova York, mas posteriormente foi exonerado. Era realmente difícil para ele acreditar que uma pessoa poderia ser mal-intencionada – mesmo que ele certamente tivesse se deparado com muitas pessoas inescrupulosas ao longo de sua vida.

Reagan mantinha desconfiança de alguns burocratas formuladores de políticas públicas, oficiais do governo e outros que lhe ofereciam seus conselhos e tentavam direcioná-lo para atender a seus próprios interesses. Ele pode ter sido ingênuo quanto a alguns que procuraram tirar proveito dele para subirem na política. Nancy Reagan procurava melhorar o que pensava ser a vulnerabilidade de seu marido quanto a questões de pessoal influenciando as nomeações da administração, incluindo postos de embaixador e a exoneração de seu segundo Chefe de Gabinete, Don Regan (1918-2003).

Como Reagan era avesso a conflitos e evitava embates com aqueles que o prejudicavam ou aqueles que precisavam ser disciplinados, ele raramente confrontava aquelas pessoas que justamente poderiam ter se beneficiado disso. Foi preciso uma pressão crescente em Reagan de muitos setores para levá-lo a exonerar Regan, assim como foi difícil exonerar Al Haig (1924-2010), seu primeiro Secretário de Estado. Como escreveu o jornalista e biógrafo Lou Cannon, a "teimosia de Reagan não cedia facilmente às demandas de sua equipe ou de sua esposa", sobretudo "quando um membro da equipe Reagan sofria pressão uma questão de escolhas ou de ética por um funcionário da Casa Branca, os democratas, a mídia ou uma combinação dos três".

Reagan geralmente não via ou rotulava as pessoas como ruins, más ou desonestas. Ele tendia a ver o bem nas pessoas, não uma bondade fantasiosa, de uma forma que era prática e útil para ele. Acho que passou tantos anos olhando para o lado bom das coisas que era quase impossível para ele imaginar um ser humano como malicioso. Isso não significa que ele não via e deixava de denunciar o mal impessoal ou político pelo o que ele era; no entanto, não via o mal como pessoal nem via as pessoas como inerentemente ou unicamente más.

Sentei-me com ele algumas vezes assistindo ao noticiário da noite, nos aposentos da família, que invariavelmente incluía algo sobre Reagan que era completamente falso e, no mínimo, irritante. Sim, ele poderia ficar com raiva nessas circunstâncias, mas eu não sentia que ele estava culpando um repórter em particular ou que era rancoroso ou odioso. O que alguns poderiam chamar de passividade era de fato uma ferramenta muito prática de liderança eficaz, sobretudo em negociações com indivíduos que não fossem pessoalmente muito simpáticos ou que tinham atitudes desfavoráveis em relação aos Estados Unidos.

Como resultado, o presidente socialista da França, François Mitterrand (1916-1996), o chinês Deng Xiaoping (1904-1997) e o líder soviético Mikhail Gorbachev, embora tivessem sérios desentendimentos políticos com Reagan, afirmavam que eram simpáticos a ele em nível pessoal. Isso ficou evidente para muitos de nós e, de acordo com Lou Cannon, para um dignitário que participou de reuniões de Reagan com chefes de Estado disse uma vez: "Reagan, o homem, o político, os fascinava. Era quase como se eles dissessem: 'O que esse homem tem que funciona tão bem para ele?'. Era como se eles quisessem engarrafar esse segredo, levá-lo para casa e usá-lo neles mesmos".

A posição sólida de Reagan sobre questões também ajudou a torná-lo compreensível para o público em uma plataforma mundial. Algo irônico tendo em vista que por vários anos no período que antecedeu a eleição ele era caracterizado por seus oponentes como irascível, superficial, não confiável e volúvel – para listar as palavras frequentemente usadas por jornalistas para descrevê-lo. Na verdade, Reagan acabou por ser um dos presidentes mais estáveis e serenos. O público sempre soube sua posição sobre uma determinada questão, pois ele reiterava sua posição para eles muitas vezes. Durante seus dois mandatos, o público estava principalmente focado em empregos, estabilidade e crescimento econômico, impostos e a eliminação da ameaça de conflito com outra superpotência, a União Soviética. Essas eram questões óbvias, embora complexas, para Reagan e seu tempo. Dentro desse clima de política econômica e externa, Reagan definiu a agenda e a conduziu durante a maior parte de seus oito anos. Este foi o ponto da força-tarefa "Tema do Dia" na qual eu servi por um tempo – colocando Reagan diretamente no controle da agenda. A presidência dos EUA ocupou uma posição ainda mais alta e excepcionalmente poderosa no mundo durante esses oito anos, e ele se sentiu obrigado a mantê-la lá e usar o poder e o prestígio que conquistou em benefício da América.

Esse aspecto amplamente conhecido de Reagan, bem como sua força como líder, foi um diferencial nas relações bilaterais com outros chefes de Estado e também com o Congresso dos EUA. Deve ter sido relativamente fácil para os líderes estrangeiros se prepararem para reuniões com Reagan porque suas posições políticas irradiavam de suas crenças pessoais e eram bem divulgadas e documentadas. As situações dinâmicas em várias regiões do mundo eram às vezes mais complexas do que suas crenças básicas poderiam abarcar; no entanto, elas foram o alicerce sobre a qual ele desenvolveu políticas mais detalhadas e específicas para as questões à medida que surgiam. Um exemplo disso seria sua resposta à invasão de Thatcher em 1982 às Ilhas Malvinas ao largo da costa da Argentina. Thatcher procurava e esperava o endosso de Reagan para sua aventura e ela foi surpreendida ao encontrar um Reagan avesso a tolerar sua decisão.

A CRENÇA DE REAGAN NA AMÉRICA E EM SUA RELAÇÃO COM O RESTO DO MUNDO

Um elemento central nas crenças fundamentais de Reagan era o conceito de excepcionalismo americano. Isto não significava, para ele, que os americanos eram superiores aos povos de outras nações. Isso significava que os *ideais* sobre os quais a América foi fundada eram absolutamente superiores e necessários para a promoção e proteção da democracia em todo o mundo. Essa crença abraçou a visão de que, em última análise, o governo dos EUA, como a forma mais eficaz de democracia que o mundo experimentou, tinha a responsabilidade de ajudar a criar sociedades livres e abertas, promover e proteger as liberdades individuais e ajudar a projetar um caminho para a estabilidade e crescimento econômico de todos os povos. Ele também acreditava que, ao fazer isso, a América também protegeria seu próprio modo de vida contra ameaças de fontes estrangeiras e hostis. Esta era a luz essencial à qual Reagan se referia quando falava sobre a "cidade brilhante em uma colina". Reagan realmente sentia que, se a luz desses ideais se apagasse ou até mesmo escurecesse, o resto do mundo poderia sofrer.

Reagan permaneceu inalterável em sua crença de que construir e manter um exército forte enquanto ele conduzia uma acusação verbal assertiva dos males do comunismo teria o seu efeito pretendido. Enquanto ele desempenhava seu papel, o Departamento de Estado e o Pentágono implantaram estratégias e iniciativas diplomáticas e militares específicas e abrangentes como parte de sua estratégia. A própria Nancy Reagan procurou suavizar a retórica do presidente e encorajou uma modificação em seu tom em certos aspectos que ela sentia que poderiam contribuir para um degelo duradouro nas relações entre os EUA e a União Soviética. Embora ele não fosse indiferente às súplicas dela, feitas muitas vezes por meio de terceiros, nunca abdicou do que via como sua principal responsabilidade de fazer o trabalho da maneira que realizaria o maior bem – mesmo apesar do que outros, incluindo Nancy, achariam que ele deveria fazer. Ele ouvia o que aqueles ao seu redor sugeriam, mas tinha seu próprio plano e ele não seria impedido de realizá-lo. Ele era um homem independente. Era um solitário; estava disposto a estar sozinho em questões e linguagem sobre as quais sentia profundamente.

Um exemplo do foco singular de Reagan – e também de sua antevisão – foi sua proposta de um escudo de mísseis baseado no espaço para defender os Estados Unidos. Reagan a chamou de Iniciativa Estratégica de Defesa. Seus críticos chamavam-na de Guerra nas Estrelas. Esses críticos também chamaram-na de imprudente, irrealista, muito cara e uma receita para iniciar uma guerra nuclear. Mas Reagan, como de costume, manteve sua visão, desafiou seus críticos e usou a IED como um elemento-chave em seu arsenal para ajudar a derrubar a União Soviética. Quando Reagan se recusou a desistir da IED na cúpula de Reykjavik, Islândia, em 1987, com Gorbachev, seus colegas soviéticos sabiam que seu país nunca venceria a Guerra Fria enquanto Reagan estivesse no comando. "Olhando para trás", Margaret Thatcher escreveu mais tarde, "agora está claro para mim que a decisão original de Ronald Reagan sobre a IED foi a mais importante de sua presidência". Ela disse que sua "recusa em trocar a IED [...] foi crucial para a vitória sobre o comunismo". A IED era uma tática específica para cumprir uma estratégia de paz por meio da força.

Em seu papel como presidente, no qual o contar histórias inteligentemente poderia ser útil, Reagan encantou muitos chefes de Estado. Isso até incluía o secretário-geral Gorbachev, que descreveu Reagan como um mestre contador de histórias, e que especialmente gostava das histórias de Reagan sobre Hollywood. De acordo com a autora Frances Fitzgerald, Gorbachev e sua esposa, Raisa (1932-1999), "devoravam os detalhes" dos dias de Reagan em Hollywood, "sua carreira nos filmes, como os filmes eram produzidos, como trabalhavam os diferentes diretores, [e] como várias estrelas de cinema se comportavam na vida real". Eles "pareciam satisfeitos por estarem na companhia de alguém que conhecia Jimmy Stewart, John Wayne (1907-1979) e Humphrey Bogart (1899-1957)".

Sei por experiência própria que Gorbachev disse ao presidente que assistiu a filmes antigos de Reagan em preparação para o primeiro encontro dos dois em Genebra. No entanto, achei difícil acreditar que Raisa tivesse tanto interesse assim, pois sempre a vi admoestando ou dando sermões a Nancy Reagan sobre o valor do modo de vida coletivo e comunista. Ela era, contudo, fascinada com o Ocidente, e usava seu cartão American Express livremente ao visitar Londres e outras cidades ocidentais; e, mesmo assim, permaneceu fiel à sua formação acadêmica como professora universitária na Universidade de Moscou focada na história e nos valores do socialismo.

    Brian Mulroney, primeiro-ministro do Canadá, e também um grande contador de histórias, me disse que Reagan ganhava vida para ele "ao contar suas histórias, e elas eram sempre bem empregadas em nossas reuniões do G5 e em outras ocasiões". Para ele, Reagan era o mestre em usar ilustrações "para liderar e ensinar – sem se colocar na linha direta de fogo". Margaret Thatcher, que também foi ouvinte de muitas das histórias de Reagan, parecia recebê-las todas na esportiva. Na festa de aniversário de oitenta e três anos de Reagan em 1994, ela admitiu a importância de sua capacidade de contar histórias. Disse ela:

> "Com aquele brilho irlandês e aquele estilo singelo, que nunca mudou, você trouxe uma nova segurança para a América [...]. Não foi apenas por você ter sido o "Grande Comunicador" – e você era mesmo o maior – mas porque você tinha uma mensagem para comunicar. A mensagem que inspirou os Pais Fundadores, a mensagem que guiou esta nação desde o seu nascimento – a essência do bom governo é misturar a sabedoria das eras com as circunstâncias dos tempos contemporâneos – foi isso o que você fez. Não houve desde Lincoln ou Winston Churchill, na Grã-Bretanha, um presidente que entendesse o poder das palavras para elevar e inspirar". Então Thatcher acrescentou, mais surpreendentemente: "Assim como Winston Churchill, você fez as palavras lutarem como soldados e levantou o espírito de uma nação".

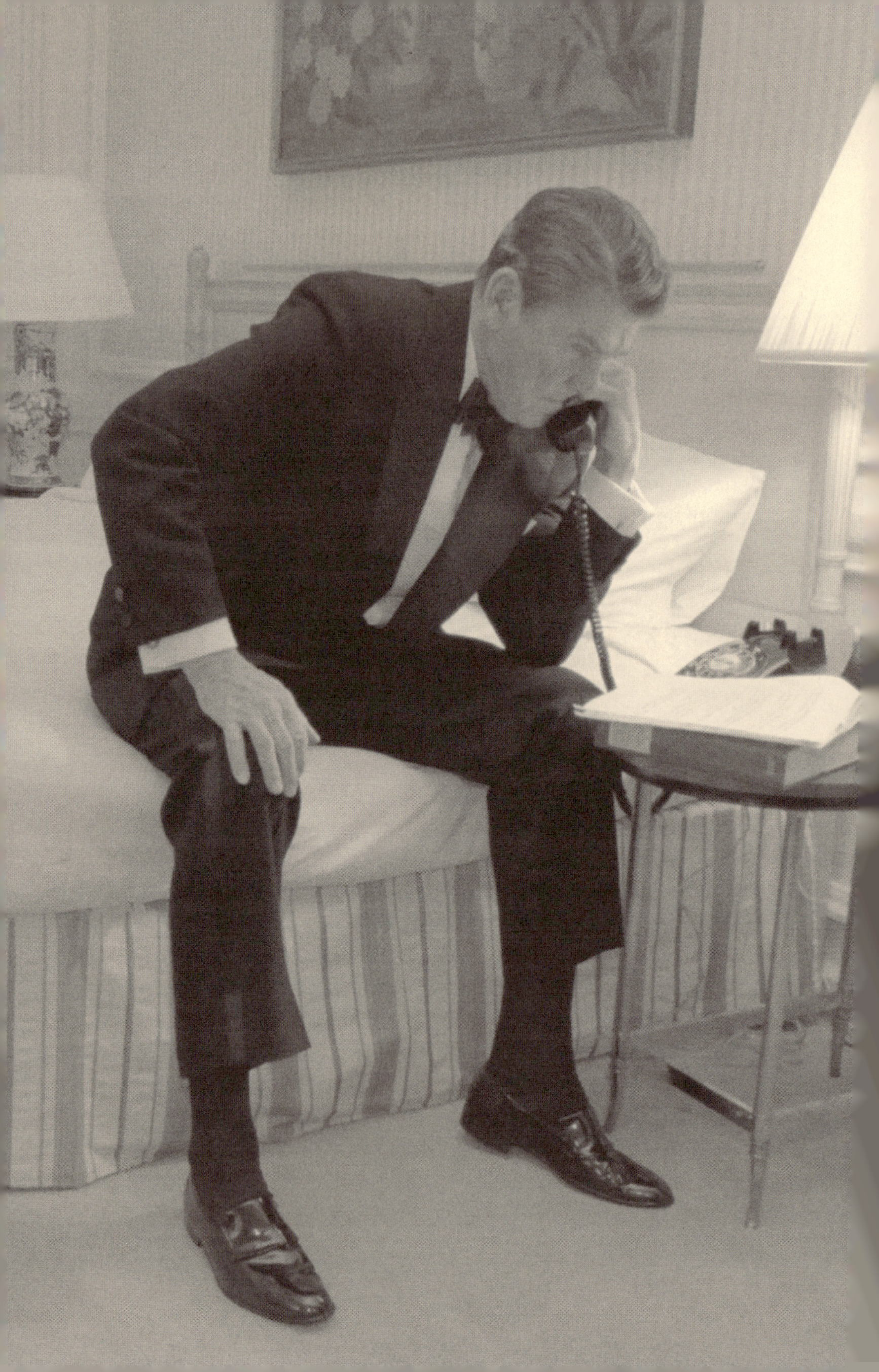

◆◆ CAPÍTULO 5 ◆◆

Palavras que lutam como soldados

━━◆◆━━

Quando a comitiva de Reagan parou em frente ao histórico Portão de Brandemburgo de Berlim em 12 de junho de 1987, ele disse aos membros da equipe assim que desceu de seu carro para fazer um discurso: "Os rapazes do Departamento de Estado não vão gostar disso".

Ele estava sob a vigilância de guardas armados posicionados em seus postos de segurança a cem metros de distância em Berlim Oriental; seus binóculos apontavam para o presidente americano durante sua breve parada lá. Reagan estava prestes a falar as cinco palavras mais lembradas de sua presidência e talvez entre as mais famosas do século passado. Cinco palavras que eventualmente ecoaram por todo o mundo. Cinco palavras que lutaram como soldados.

Sr. Gorbachev, derrube esse muro.

Essas cinco palavras tiveram um impacto pretendido e esperado por Reagan, mas nunca imaginado por muitos dos homens e mulheres sábios em sua própria gestão. Elas quase não eram pronunciadas e foram intencionalmente excluídas várias vezes do texto formal do discurso de Reagan por funcionários do governo dos EUA. George Shultz (1920-2021), então Secretário de Estado, duvidava que as palavras pudessem cumprir o propósito pretendido. Pouco antes do discurso, ele disse: "Eu realmente acho que a frase sobre derrubar o Muro vai ser uma afronta ao sr. Gorbachev". E Gorbachev, visto como o alvo pretendido das palavras de Reagan (na verdade, o alvo era o sistema soviético), afirmou posteriormente que

> isso, na verdade, não nos impressionou tanto quanto impressionou a vocês. Sabíamos muito bem que Reagan era ator por profissão, era um artista de teatro. Então ele fez uma performance. Mas, ainda assim, isso não diminuiu – não diminuiu o papel e a importância desse estilo do presidente Reagan.

Reagan entendia o poder das palavras cuidadosamente escolhidas e entregues com efeito dramático no momento certo; no entanto, diferentemente dos estúdios de Hollywood, este era um palco mundial, e o que estava em jogo não eram apenas críticas de filmes, mas grandes mudanças no sistema de poder mundial.

O poder destas palavras memoráveis estava em construção muito antes do pronunciamento daquele discurso e não sem a ajuda de iniciativas relacionadas no Departamento de Estado e no Pentágono. Antes de Reagan convidar o sr. Gorbachev a "derrubar esse muro", ele estava cuidadosamente construindo uma estrutura de diálogo para viabilizar uma maior compreensão mútua entre os dois homens, de modo que, quando essas palavras fossem ditas, elas seriam ouvidas e compreendidas no contexto correto por Gorbachev e pelos povos russo e alemão. Essas palavras tinham que carregar consigo uma autoridade e certeza que não poderiam ser questionadas ou zombadas. Por causa da habilidade de Reagan em transmitir essa mensagem da melhor forma e no melhor momento, e por causa de sua confiança de que Gorbachev poderia e deveria derrubar este muro para o bem do povo alemão e do mundo inteiro, Gorbachev sabia o que Reagan quis dizer, e isso lhe deu uma abertura também. Era como se Reagan fosse o atacante do time passando a bola para seu colega soviético no segundo tempo da partida.

Gorbachev sabia o quão sério Reagan era e que este era um homem que não arredaria o pé de sua posição, nem abandonaria seu objetivo de parar a propagação do comunismo.

Se Reagan decidisse proferir aquelas palavras antes de suas reuniões bilaterais preparatórias com Gorbachev, isso poderia ter provocado uma resposta diferente que poderia impedir o florescer da relação nascente e produtiva que eles tinham. Mas o timing foi perfeito. A essa altura, Gorbachev conhecia Reagan como um ser humano forte e determinado, mas razoável, que acreditava em Deus como Gorbachev também acreditava – até certo ponto. Gorbachev aceitou a força mental e a acuidade verbal de Reagan. Além disso, ele estava reagindo da perspectiva de seus próprios planos para o futuro da URSS. Ele era um líder determinado e vigoroso por direito próprio. Ele não precisava que Reagan lhe dissesse o que fazer, mas pode ter usado Reagan como um disfarce para o que ele *fez* em vários estágios após este discurso.

O discurso do Portão de Brandemburgo de 1987 também ilustrou a complexidade das negociações frequentemente praticadas por Reagan e sua administração. Enquanto os discursos de Reagan tomavam o caminho alto e elevado do idealismo pragmático, sempre havia intensas negociações em andamento nos níveis diplomático e militar. Nesse caso, o discurso foi proferido em um cenário de sérios debates na Alemanha sobre a colocação estratégica de mísseis nucleares de médio alcance da OTAN em resposta à implantação de novas ogivas SS-20 soviéticas.

Uma grande parte dessa controvérsia estava sendo gerenciada por Richard Burt, o embaixador americano muito capaz na Alemanha, que estava estacionado em Bonn, e seu colega em Berlim, John Kornblum. Junto com seus outros colegas, eles determinaram que uma visita e um discurso poderoso e arrogante de Reagan era exatamente o que era necessário na época. Eles trabalharam com a equipe avançada da Casa Branca que vasculhou a cidade em busca de locais apropriados e foi repetidamente rejeitada pelos funcionários de Berlim Ocidental por sua decisão de levar Reagan a esse poderoso local com vista para o Leste e o Bundestag, a antiga sede do governo alemão unificado, localizado perto do icônico Portão de Brandemburgo. Eles tiveram que lidar com repetidas tentativas dos alemães para mudar o local para este discurso. Não obstante, o escritório avançado da Casa Branca e Kornblum lutaram e ganharam sua decisão sobre esse local específico, com seu cenário ardente e gráfico de uma cidade dividida.

Havia aqueles no Departamento de Estado, no Conselho de Segurança Nacional e na Casa Branca – incluindo o próprio Chefe de Gabinete de Reagan, Howard Baker – que se opunham fundamentalmente à inclusão dessas palavras memoráveis em seu discurso e argumentavam por sua remoção. Mas eles foram rejeitados pelo próprio Reagan, e seu imperativo sobre o Muro permaneceu no discurso. Reagan sabia que já havia construído uma relação de entendimento mútuo, se não de total acordo, com Gorbachev, e foi por isso que suas palavras foram ditas com coragem e confiança. Estas são palavras de "soldado" que, em última análise, trouxeram resultados.

"Derrube esse muro!", Reagan sabia que também estava falando com o mundo em geral e com "muros" que precisavam também ser derrubados em outras partes do globo. Essas palavras não eram apenas para Berlim naquele dia, onde Reagan tinha ido comemorar o 750º aniversário da cidade. Elas eram sobre quaisquer muros que impedem as pessoas de autodeterminação e liberdade, e quaisquer muros que privam as pessoas da liberdade de adorar a Deus à sua maneira, como Reagan afirmou claramente na seção final do discurso.

Reagan sabia o valor da confiança profunda e sustentada em ideias ousadas que podiam mover montanhas figurativamente, e ele tinha a autoridade e a coragem de moldá-las em uma demanda verbal, bem como a força de caráter para transmiti-las.

Foi por isso que funcionou. Isso não quer dizer que apenas palavras derrubaram o Muro de Berlim; no entanto, elas ajudaram a influenciar e apoiar a vontade pública de fazê-lo. Essas palavras semelhantes à pederneira forneceram uma faísca. Manter essas palavras memoráveis no discurso também representou uma vitória sobre os formuladores de políticas que tinham uma visão limitada do que os Estados Unidos deveriam estar fazendo ou poderiam realmente alcançar em política externa em qualquer lugar do mundo. Foi um confronto entre aqueles que acreditavam que os Estados Unidos tinham um chamado intrínseco, embutido na fundação, para trazer ativamente a liberdade a todos os povos e àqueles que não acreditavam.

A inspiração para essas palavras veio de uma viagem que Peter Robinson, um escritor de discursos trabalhador e brilhante de Reagan, levou para a Alemanha antes de redigir o discurso. Peter me disse que em sua viagem antecipada a Berlim, ele se encontrou com um pequeno grupo de pessoas da Alemanha Ocidental que sugeriu a ele que Reagan deveria chamar Gorbachev para se livrar do Muro e que o momento era certo para isso. Essa ideia cativou Peter, e ele trouxe essa proposta de volta à reunião de redação de discursos da equipe com o presidente no Salão Oval. Depois que foi escrito e o rascunho foi distribuído entre vários revisores da equipe, um forte esforço de lobby irrompeu contra sua inclusão de quase todos os lados. Em última análise, e nos poucos minutos antes de sua chegada ao Portão de Brandemburgo, quando sua comitiva parou, o próprio Reagan decidiu incluí-la. Ele provavelmente sabia o tempo todo que seria o caso.

Naquele dia no Portão de Brandemburgo e para o mundo inteiro ouvir, Reagan disse, em parte,

> Saudamos a mudança e a abertura; pois acreditamos que a liberdade e a segurança caminham juntas, que o avanço da liberdade humana só pode fortalecer a causa da paz mundial. Há um sinal que os soviéticos podem fazer que

seria inconfundível, que iria avançar dramaticamente a causa da liberdade e da paz. Secretário-geral Gorbachev, se você busca a paz, se você busca a prosperidade para a União Soviética e Europa Oriental, se você busca a liberalização, venha aqui para este portão. Sr. Gorbachev, abra este portão!

Sr. Gorbachev, derrube esse muro.
Mais tarde, no seu discurso, o presidente Reagan disse:

> Quando olhei para fora um momento atrás desde o Reichstag, aquela personificação da unidade alemã, notei palavras grosseiramente pintadas no muro, talvez por um jovem berlinense: "Este muro cairá. As crenças se tornam realidade. Sim, em toda a Europa, este muro cairá. Pois não se pode resistir à fé; não se pode resistir à verdade. O muro não pode resistir à liberdade".

Aqui estava Reagan, o estrategista, retribuindo, como fazia tantas vezes, à fé, à liberdade e à verdade. E então houve o mal. Reagan tinha chamado a União Soviética de um império do mal em um discurso anterior em 3 de março de 1983. Este termo virou o mundo da política externa e a mídia de cabeça para baixo. Estava bem documentado, no entanto, que pelo menos quatro presidentes anteriores haviam descrito regimes comunistas precisamente nos mesmos termos ou até mesmo em termos mais severos. Foi esse discurso que construiu o pedestal sobre o qual Reagan poderia mais tarde ficar em Berlim e fazer a demanda que ele fez alguns anos depois. Aqui estava como o discurso do "Império do Mal" pavimentou o caminho:

> Sim, oremos pela salvação de todos aqueles que vivem naquela escuridão totalitária – rezem para que descubram a alegria de conhecer a Deus. Mas até que o façam, estejamos cientes de que, enquanto pregam a supremacia do Estado, declaram sua onipotência sobre o homem individual e preveem sua eventual dominação

de todos os povos da Terra, eles são o foco do mal no mundo moderno.

Foi C. S. Lewis quem, em seu inesquecível Cartas de um Diabo a Seu Aprendiz, escreveu: "O maior mal não é feito naqueles sórdidos 'covis do crime' que Dickens adorava retratar. Nem sequer é feito em campos de concentração e campos de trabalho. Nesses vemos o seu resultado final. Mas é concebido e ordenado... em escritórios claros, acarpetados, aquecidos e bem iluminados por homens silenciosos com colares brancos e unhas cortadas e bochechas lisas e raspadas que não precisam levantar a voz".

Bem, porque esses "homens quietos" *não* "levantam suas vozes", porque às vezes falam em tons suaves de fraternidade e paz, porque, como outros ditadores antes deles, eles estão sempre fazendo "sua demanda territorial final", alguns nos fariam aceitá-los em sua palavra e nos acomodar a seus impulsos agressivos. Mas se a história ensina alguma coisa, ensina que apaziguamento simplório ou pensamento de desejo sobre nossos adversários é loucura. Significa a traição do nosso passado, o desperdício da nossa liberdade.

Então, eu os exorto a falar contra aqueles que colocariam os Estados Unidos em uma posição de inferioridade militar e moral. Sabe, eu sempre acreditei que o velho diabo reservava seus melhores esforços para aqueles de vocês na igreja. Portanto, em suas discussões sobre as propostas de congelamento nuclear, peço que você tenha cuidado com a tentação do orgulho – a tentação de se declarar alegremente acima de tudo e rotular ambos os lados igualmente como culpados, ignorar os fatos da história e os impulsos agressivos de um império do mal, simplesmente chamar a corrida armamentista de um grande mal-entendido e, assim, se afastar da luta entre o certo e o errado, o bem e o mal.

Reagan poderia ter sido um grande otimista, mas ele também estava familiarizado com o mal e teve a coragem crua para chamá-lo pelo nome onde o viu. Ele sabia que identificar o mal onde o via era o primeiro passo para destruí-lo. Ele se importava muito com a humanidade – e se importava pouco com o que os outros pensariam dele por dizer isso. Reagan também sabia que realmente entender e beneficiar do poder do bem exige uma compreensão do mal. Era sua opinião de que essa posição esclarecida enquadraria melhor o debate sobre a resposta mais apropriada e mortífera à tirania. Enquadrar e isolar o mal foi crítico na abordagem sinfônica de Reagan para derrubar o comunismo e foi fundamental para toda a operação e seu sucesso. Isso mostrou Reagan como um pensador que tinha a capacidade de ver o quadro geopolítico à medida que estava evoluindo e de discernir e cumprir seu papel nele.

A estratégia de comunicação de Reagan e sua implantação foi como um quebra-cabeça. Cada peça era necessária para revelar todo o quadro. Os princípios tinham que estar em vigor; as habilidades de comunicação tinham que estar presentes; as oportunidades e os locais para entregar a mensagem tinham que ser concebidos; e a vida moral e a autenticidade do comunicador tinham que se encaixar no trabalho que precisava ser feito. Todos esses elementos estiveram presentes em Berlim em 1987. O discurso anterior, de 1983, definindo o sistema soviético como "mal" tinha sido notado, debatido, gravado e feito seu trabalho, e agora a demanda por ação estava sendo feita. Esses dois discursos – o discurso do Império do Mal em 1983 e o discurso do Muro de Berlim em 1987 – eram, na verdade, apoios finais na cruzada oportuna de Reagan para livrar o mundo do comunismo. Na realidade, Reagan disse essas cinco palavras sobre o Muro repetidas vezes de tantas maneiras que elas foram eventualmente evitadas, se não ridicularizadas pela maioria dos jornalistas na época. Mas não pela história. Essas palavras – "Sr. Gorbachev, derrube esse muro" – foram repetidas até que tiveram seu impacto com o público pretendido. No Ocidente, essas palavras foram ouvidas mais por causa da controvérsia em torno delas, que se assemelhava a uma tempestade de poeira na mídia. Reagan deve ter imaginado que isso aconteceria, e ele deve ter calculado isso e estar pronto para isso.

Essas cinco palavras memoráveis, inflamatórias e exigentes como pareciam, não foram imediatamente reconhecidas por seu poder e efeito por algum tempo após o discurso. Além disso, demorou mais dois anos até que o muro realmente caísse. Foi então que as palavras de Reagan foram lembradas e, é claro, debatidas quanto à sua possível relação com o que a história estava testemunhando. O crédito pela queda do Muro foi atribuído à coragem de muitos, incluindo o Papa João Paulo II, Mikhail Gorbachev e Margaret Thatcher, e ao momento único da história. O mais importante de tudo foram as massas de pessoas que realmente o derrubaram com suas próprias mãos. Poucos negariam que, no mínimo, essas palavras constituíam o toque de corneta que levou à ação. Palavras que foram publicamente proferidas com um alto grau de risco e lideraram o ataque como um porta-estandarte. Isso é fascinante em si mesmo. O próprio Reagan, no entanto, nunca levaria o crédito pela queda do Muro. Ele disse que o crédito pertencia a muitas pessoas, principalmente ao povo alemão. Mas também – e mais importante, em sua mente, acho – ele sentiu que era devido à intervenção divina.

A questão do impacto verificável de seu discurso permaneceu em minha mente. Eu tive uma oportunidade única de avaliá-lo por conta própria após o fim do segundo mandato de Reagan. Pouco depois que o Muro caiu, eu estava trabalhando em Berlim em um grande projeto de desenvolvimento imobiliário no Checkpoint Charlie, que era uma antiga passagem oficial de fronteira no Muro no meio da cidade. Eu também estava trabalhando com a Treuhand, uma iniciativa de agência governamental para vender antigas empresas e fábricas da

Alemanha Oriental para compradores ocidentais. Durante este tempo, tive o privilégio de me encontrar com berlinenses e outros europeus orientais que viveram sob o domínio totalitário e a opressão imposta pelo Bloco Soviético.

Eu perguntei-lhes o que eles ouviram naquele dia no Portão de Brandemburgo sobre a chamada para derrubar o Muro, e também perguntei-lhes o que eles achavam da rotulagem anterior de Reagan do regime soviético como o mal. O que eles me disseram de suas opiniões foi mais tarde verificado por pesquisas independentes de grandes amostras de alemães orientais após o colapso da União Soviética.

O que meus amigos alemães e do Leste Europeu me disseram foi que, quando Reagan chamou o regime sob o qual viviam como maligno e repetiu-o seguidamente, as pessoas que o ouviram e que inicialmente hesitaram em admiti-lo antes, na verdade, começaram a acreditar nisso – descobrindo de forma mais objetiva o que era. A rotulação dos soviéticos como maus e o apelo para derrubar o Muro eram como o bater consistente do martelo em uma rocha; mais cedo ou mais tarde, a força recorrente rompe a superfície dura. Nesse caso, foi o rompimento da chamada teoria da "grande mentira" – a mentira imposta aos cidadãos comuns de que o comunismo era a forma suprema e legítima de governo eficaz, promovendo a estabilidade econômica, a prosperidade e a liberdade. Uma vez que havia uma abertura nas mentes do povo para a possibilidade de mudança e uma admissão de que isso poderia ser feito sem ação militar de retaliação, seu desejo de estar livre de opressão forneceu a energia para alcançá-lo. O Muro caiu como resultado – e com ele veio uma lição essencial na história.

Ao examinar como Reagan conseguiu o que fez ao elaborar e fazer o discurso do Portão de Brandemburgo, é claro que ele usou várias táticas eficazes. Primeiro, ele empregou um comando inesperado e surpreendente que sabia, ou pelo menos suspeitava, que poderia ser cumprido. Ele não pediu por essa ação apenas para ser dramático, provocador ou desafiador sem ser proposital. Acredito que Reagan imaginou o Muro caindo... e sabia que Gorbachev era capaz de, e permitiria isso. Quando Reagan fez essa declaração, ele estava realmente dando a Gorbachev a cobertura política que este precisava para olhar para o outro lado quando, em circunstâncias não planejadas, as pessoas começaram a derrubá-lo.

    Mas simplesmente pedir que algo fosse feito se fosse conscientemente inatingível poderia ter custado a Reagan sua credibilidade e poderia ter sido solidamente dispensado. Reagan me ensinou que você nunca deve lançar uma campanha de qualquer tipo a menos que tenha certeza de que já ganhou. Neste caso, se o comando não tivesse sido fundamentado na realidade gritante e universalmente aceita, e também não tivesse sido colocado no contexto de uma campanha maior para acabar com o comunismo, ele poderia ter parecido imperioso, por uma questão de ambição pessoal ou política, e teria soado vazio. O comando tinha que ser para algum tipo de propósito nobre ou moral – e certamente era. Kennedy fez um apelo aos americanos para servirem o seu país e se juntarem a ele no envio de um homem para a lua. Churchill ordenou que seus compatriotas se levantassem em defesa da liberdade. Pedidos heroicos de ação que tenham poder de permanência e tragam um resultado desejado são raros, mas também são historicamente instrutivos e fornecem um caminho para aqueles que respondem.

    Em seguida, as memoráveis palavras do Portão de Brandemburgo de Reagan estabeleceram um plano ou visão para o futuro. Reagan queria ser capaz de olhar em retrospectiva para suas palavras e ver o que foi realizado como resultado de tê-las dito. No caso de Reagan, o Muro de Berlim caiu e sua queda foi fundamental para o futuro da Alemanha. As palavras de Reagan estão para sempre ligadas a esse futuro. É claro que nem todos os apelos à ação alcançam resultados, e algumas mensagens sem resultados também podem se tornar memoráveis por outras razões. O discurso histórico e profundamente comovente do Dr. Martin Luther King, "Eu tenho um sonho", apresentou dramaticamente sua visão para o futuro e um apelo à ação que ainda é usado para reconhecer as realizações do movimento dos direitos civis.

Finalmente, houve um acúmulo estratégico nas cinco palavras memoráveis de Reagan e uma garantia de sua sustentabilidade. Essas palavras foram declaradas no contexto de um objetivo político maior. Elas não foram faladas isoladamente. Elas eram acionáveis. Elas exigiram uma resposta. As pessoas sabiam instantaneamente o que Reagan queria dizer, embora as palavras ainda fossem desafiadas por funcionários governamentais de ambos os lados do Muro.

O PODER DAS PALAVRAS DELIBERADAMENTE ESCOLHIDAS

Os discursos mais bem-sucedidos e inspiradores de Reagan surgiram de seu desejo de recrutar outros para se juntar a ele em seu esforço para buscar o que ele chamou; quando citou o personagem Ulisses em um de seus poemas favoritos escritos por Alfred, Lorde Tennyson (1809-1892); *"um mundo mais novo"*. Um exemplo disso foi o discurso que proferiu em 1985 no interesse de promover a reunificação alemã num acampamento juvenil anual nos Alpes da Baviera.

Em um esforço para localizar o antigo castelo onde esse discurso deveria ocorrer, nós, da equipe de avanço presidencial, nos encontramos mais perto da morte do que a maioria de nós já havia estado antes – ou assim eu acreditava. Um pequeno grupo de nós, representando o presidente, estava a bordo do helicóptero pessoal do chanceler alemão Helmut Kohl (1930-2017) em uma viagem de pesquisa pré-avançada na Renânia-Palatinado, estado da Alemanha, explorando vários locais antigos e outros locais de discurso mais modernos. O helicóptero atingiu uma tempestade repentina e violenta e estava voando às cegas nas nuvens, o que pode ser aceitável se você estiver em um avião de asa fixa a 37 mil pés de altura, mas estávamos abraçando montanhas de árvores perenes e subindo um lado dos bolsões de ar fortes e descendo o outro – no nível da copa das árvores.

    Embora eu não pudesse ver nada pelas janelas do helicóptero, podia imaginar as manchetes das notícias: "O pessoal da Casa Branca desaparece em missão presidencial nos Alpes da Baviera". Nossa caminhada com o medo durou o que parecia ser uma hora, mas provavelmente foi apenas metade disso quando o piloto finalmente viu uma clareira e pousou. Estávamos abalados, mas vivos.

    O que estávamos procurando valia a pena o voo ameaçador. Descobrimos um antigo castelo histórico onde haveria um acampamento juvenil alemão em sessão durante uma próxima visita de Estado à Alemanha pelo presidente Reagan. O objetivo do presidente era conversar diretamente com o povo da Alemanha e, desta vez, com os futuros líderes daquele país, em vez da atual maquinaria política ou governamental estabelecida. Esta era uma marca registrada de Reagan – falar direta e abertamente com grupos de cidadãos comuns sempre que podia, tanto quanto falava com legisladores e chefes de Estado individuais. Isso foi mais eficaz do que falar por meio da peneira da mídia. Reagan estava no seu melhor quando entregava a mensagem diretamente aos eleitores e grupos de cidadãos.

    Nosso trabalho naquele dia nebuloso e tempestuoso era decidir naquele local onde seria ideal para um grande discurso sobre liberdade e unidade. Subimos por todo o castelo, incluindo as paredes escarpadas e descobrimos que ele tinha uma qualidade quase cinematográfica: séculos de idade, deterioração e era enorme. Um cenário perfeito para Reagan. Além disso, este castelo também foi considerado o símbolo do movimento democrático na Alemanha do século XIX, que é comemorado, especialmente pelos jovens, em seu festival anual.

Quando voltamos com o presidente várias semanas depois, nos sentimos em casa, porque embora o *Marine One*, o helicóptero do presidente, pudesse agora pousar com segurança, havia uma névoa persistente – que criava uma espécie de atmosfera mística para o dia. Mas no caso dos milhares de jovens alemães reunidos naquela manhã nos Alpes da Baviera, o apelo de Reagan para que eles tomassem medidas para defender a liberdade individual e apoiar uma Europa unida era tudo menos nebuloso. Aqui está um pouco do que ele disse no que se tornou um dos meus favoritos entre os muitos discursos que eu testemunhei:

> Sou apenas um visitante em seu país, mas tenho orgulho de estar com você hoje perto desses muros do Castelo de Hambach. São muros do tempo que embalam o passado glorioso e que alcançam a promessa de um futuro escrito para a eternidade através deste céu aberto. Pense no primeiro Festival da Liberdade que foi realizado aqui em 1832. Que visão nobre foi aquela que inspirou e encorajou seus primeiros patriotas – não violência, não destruição da sociedade e não algum esquema utópico distante. Não, sua visão e grito eram revolucionários no sentido mais verdadeiro dessa palavra. Aqueles primeiros patriotas clamaram por uma Alemanha livre, democrática e unida, e hoje voltamos a fazê-lo. Eles clamaram por solidariedade com os combatentes da liberdade na Polônia, e nós o fazemos novamente hoje. E eles acenam as cores de preto, vermelho e ouro para anunciar o renascimento do espírito humano e da dignidade, e essas cores despontam orgulhosamente aqui hoje...
>
> Seu futuro espera por você, então assuma suas responsabilidades e abrace suas oportunidades com entusiasmo e orgulho da força da Alemanha. Entenda que não há limites para o quão alto cada um de vocês pode subir... Perguntemo-nos: o que está no coração da liberdade? Na resposta está a mais profunda esperança para o futuro da

humanidade e a razão pela qual não pode haver muros em torno daqueles que estão determinados a ser livres. Cada um de nós, cada um de vocês, é feito na imagem mais duradoura e poderosa da civilização ocidental. Somos feitos à imagem de Deus, à imagem de Deus, o Criador...

O futuro aguarda sua criação. De suas fileiras pode vir um novo Bach, Beethoven, Goethe ou Otto Hahn para o futuro da Alemanha... Meus jovens amigos, acreditem em mim, este é um momento maravilhoso para estar vivo e ser livre. Lembre-se de que em seu cora*ção* estão as estrelas do seu destino; lembre-se de que tudo depende de você; e lembre-se de não deixar um momento escapar, pois, como Schiller nos disse: "Aquele que fez o seu melhor por seu próprio tempo viveu por todos os tempos".

De pé na plateia, ombro a ombro com as multidões lotadas, tentei avaliar honestamente sua reação. Vi quantos deles ficaram visivelmente comovidos naquele dia por causa das palavras do presidente e por causa do seu empenho e do seu forte desejo de uma Alemanha unida. Reagan estava relembrando sua terra natal e chamando-os para se alistar na luta para unir o Oriente e o Ocidente. Ele não estava falando sobre como a América era ótima. Ele não estava vendendo superioridade americana. Ele não estava ensinando, bajulando ou cutucando-os. Ele não estava falando com eles. *Ele estava evangelizando a liberdade e a herança espiritual do homem.* Ele estava tentando inspirá-los com uma linguagem crescente e as verdades que, para ele, não eram sonhos românticos distantes – mas ideias relacionadas diretamente a eles, ao público, especificamente naquele momento naquele lugar.

As ideias neste discurso foram cuidadosamente selecionadas por Reagan para fazer parte de uma poderosa mensagem de resistência à opressão pessoal do comunismo e à contínua divisão dos alemães. Muitas vezes me perguntei quantos presentes naquele dia poderiam ter alterado seu curso e tomado medidas para ajudar na luta pela reunificação alemã e quantos se envolveram em ajudar a derrubar o Muro de Berlim. A julgar pela resposta entusiasmada do público ao seu discurso, acho que isso pode ter mudado os corações e as mentes de mais do que alguns e possivelmente os levou a ações mais ousadas.

      Este era o objetivo do presidente – recrutar mais soldados em sua campanha para espalhar a mensagem de liberdade e destruir as raízes da tirania. Os resultados que se seguiram apenas alguns anos depois dão testemunho da contribuição que esse discurso constituiu – juntamente com discursos feitos por um pequeno grupo de outros líderes, poucos tão ousadamente espirituais quanto os de Reagan. Essa era uma parte do gênio de sua comunicação – sua coragem, ousadia e convicção.

      Outro exemplo mais sóbrio e secular da oratória de evangelização política de Reagan foi o discurso de "Pilha de Cinzas da História" ou "Marcha da Liberdade", de junho de 1982, proferido na imponente Câmara dos Comuns da Grã-Bretanha. O discurso veio em um momento de crescente tensão entre os Estados Unidos e a União Soviética, bem como de crescente ansiedade na Europa, e era essencial para ele expor sua lógica, sua visão e uma estratégia para promover as liberdades democráticas em todo o mundo. Ao mesmo tempo, ele usou esse discurso historicamente importante para apoiar, recrutar e encorajar os aliados dos EUA a se juntarem a ele neste trabalho. Para mim, esse foi um dos discursos mais completos, importantes e intelectuais de Reagan. Enquanto me sentava na seção reservada para a equipe da Casa Branca diretamente à esquerda de Reagan, ouvi-o entregar um plano para promover a liberdade, concedendo magistralmente ao povo britânico o crédito por estar na linha de frente na Segunda Guerra Mundial e engajando-os por meio de seu discurso para uma nova luta contra um novo inimigo da liberdade. Aqui estão apenas alguns recortes de um longo discurso que ele proferiu durante uma ambiciosa viagem dos Reagan à Europa quando passaram por seis países durante dez dias.

Qual é, então, o nosso percurso? A civilização deve perecer em uma chuva de átomos de fogo? A liberdade deve murchar em uma acomodação silenciosa e mortífera ao mal totalitário? Pode não ser fácil de ver; mas acredito que vivemos agora em um ponto de virada. É a União Soviética que corre contra a maré da história [...]. *[É] a marcha da liberdade e da democracia que vai deixar o* marxismo-leninismo no monte de cinzas da história, como antes deixou outros tiranos que sufocam a liberdade e amordaçam a autoexpressão do povo.

Durante os dias escuros da Segunda Guerra Mundial, quando esta ilha estava incandescente com coragem, Winston Churchill declarou sobre os adversários da Grã-Bretanha: "Que tipo de pessoas eles pensam que somos?". Bem, os adversários da Grã-Bretanha descobriram que pessoas extraordinárias são os britânicos. Mas todas as democracias pagaram um preço terrível por permitir que os ditadores nos subestimassem. Não nos atrevemos a cometer esse erro novamente. Então, vamos nos perguntar: "Que tipo de pessoas pensamos que somos?". E vamos responder: "Pessoas livres, dignas de liberdade e determinadas não apenas a permanecer assim, mas também a ajudar os outros a ganhar sua liberdade".

Este discurso, proferido na Câmara dos Comuns em Westminster, foi o primeiro de dois dos principais discursos de política externa que ele proferiu em Londres. O segundo foi o discurso de Guildhall, que ele fez em seu caminho de volta para os Estados Unidos de sua primeira visita a Moscou e seu quarto encontro com Gorbachev anos depois. A comparação dos dois documentos mostra não apenas a evolução no ambiente político que ocorreu nos seis anos seguintes, mas também uma mudança no tom de Reagan. O primeiro foi agressivo, cheio de estratégia e incluiu um chamado à ação. O segundo era mais um registro do que estava ocorrendo como resultado dessa ligação.

O *Christian Science Monitor* disse o seguinte sobre a apresentação de Guildhall em junho de 1988:

> O discurso de Guildhall do presidente Reagan [...] ligou poderosamente suas impressões de Moscou com suas convicções de vida. As 'faces da esperança', as possibilidades de 'mudança duradoura' que ele viu na capital soviética eram, em sua opinião, inseparáveis da determinação dos líderes ocidentais de manter seus princípios.

Ele nunca chegou a um ponto em que estivesse disposto a restringir sua oratória assertiva ou, por outro lado, admitir a vitória em sua persistente campanha de liberdade para as pessoas em todo o mundo. Os princípios duráveis de Reagan ainda estão prontos para serem usados para a batalha de hoje com outros inimigos da liberdade. Eles só precisam ser convocados.

Como Reagan, os discursos de Churchill incluíam o uso frequente de linguagem heroica para inspirar seu público à ação. O emocionante discurso de trinta e seis minutos do primeiro-ministro em tempo de guerra foi entregue à Câmara dos Comuns britânica em junho de 1940, quando a Grã-Bretanha estava no auge da Segunda Guerra Mundial, com um drama tão alto que poderia ter lhe rendido um Oscar se tivesse sido entregue na tela de cinema. Churchill estava consciente da maneira como ele proferiu seus discursos e como eles foram recebidos na Grã-Bretanha devastada pela guerra, bem como no palco mundial. Seu trabalho para convencer os Estados Unidos a se juntar à guerra e ajudar a salvar a civilização ocidental era hercúleo, e ele frequentemente invocava sua vasta e profunda habilidade oratória dramática.

É por causa de discursos como "Melhor Momento" que o sr. Churchill é classificado como o orador público mais inspirador da história. Ele não alcançou essa posição facilmente, mas por meio de um tipo de sofrimento semelhante ao que Reagan havia sofrido. Em um ensaio na *Atlantic* em julho de 1955, Isaiah

Berlin (1909-1997) escreveu sobre Churchill de uma forma que lhe dá alguma semelhança com Reagan, mas também dá uma diferença decisiva.

> Churchill está familiarizado com as trevas, bem como com a luz. Como todos os habitantes e até mesmo os visitantes transitórios dos mundos internos, ele dá evidências de estações de peregrinação aflita e recuperação lenta.

Embora Reagan também tenha passado muitas horas em seu próprio mundo interior perfeitamente dividido quando jovem, ele se formou como um otimista em grande parte não sobrecarregado pelo caos pessoal. Churchill teve uma escalada mais difícil para fora da escuridão, enquanto Reagan tinha a escada da fé constante que ajudou a expulsá-lo das trevas onde ele finalmente pousou em solo sólido.

Durante a Segunda Guerra Mundial, o ator Alan Hale (1921-1990) uma vez brincou com a loquacidade de Reagan nos estúdios de cinema e nas festas de Hollywood: "Se aquele [FDP] não parar de fazer discursos, ele vai acabar na Casa Branca". Reagan era conhecido em Hollywood como um grande orador, mas quando chegou à Casa Branca, ele restringiu sua fala e a sujeitou a uma disciplina razoável. Durante sua presidência, ele falou milhões de palavras, provando que os grandes oradores também podem se tornar comunicadores eficazes por meio de um conjunto específico de habilidades e disciplina aplicadas.

Reagan, filho de um pregador, era um comunicador nato e um erudito. Em seu primeiro emprego fora da Eureka College, ele ganhou altas notas no mundo da transmissão esportiva. Ele foi capaz de falar tão rápido ou tão lento quanto cada jogo no campo de beisebol, e foi convincente o suficiente para seus ouvintes e assim manteve sua audiência colada ao rádio. Até mesmo um cético Edmund Morris, o biógrafo oficial de Reagan, escreveu que Reagan tinha o equipamento natural de um apresentador esportivo [...]. [Ele tinha] lucidez, entusiasmo, um olho para detalhes visuais e uma boca que se movia tão rápido quanto sua mente. *Rápido* não é uma palavra que a maioria dos americanos de hoje usaria para lembrá-lo, mas o jovem Ronald Reagan conseguia falar mais rápido do que o Pernalonga.

Mais tarde, Reagan ganhou elogios no circuito de fala pública, ligando suas convicções políticas e públicas com suas crenças privadas. Essa mistura potente ajudou a produzir a marca Reagan exclusiva chamada *Great Communicator*.

De acordo com o nonagenário A. C. Lyles (1918-2013), Reagan era conhecido em Hollywood como um contador de histórias inveterado. Ele frequentemente repetia e reciclava piadas e histórias – para o desânimo de seus associados – e tinha o dom nem sempre apreciado de tagarelar. Quando ele chegou à Casa Branca, no entanto, havia aproveitado sua propensão desenfreada e energética para falar muito, e combinou com algo extremamente importante para dizer. Reagan sabia que às vezes é mais fácil falar do que ser ouvido, e que ele precisava ganhar o ouvido de seu público com uma mensagem que eles valorizavam usando métodos inovadores e convincentes. Como apresentador esportivo, Reagan tinha algo a dizer que os ouvintes queriam e estavam desesperados para ouvir, e ficaram emocionados com as jogadas que ele descreveu para a plateia de rádio extasiada.

Em alguns casos, especialmente quando ele começou a relatar para a estação de rádio WHO em Des Moines, Iowa, ele nem estava vendo esses jogos do campo, mas estava relatando o jogo com base nos desenvolvimentos e resultados que estavam sendo passados para ele por telégrafo ou telefone. Ele nunca viu a ação do jogo com seus próprios olhos físicos. Os ouvintes foram forçados a "ver" o jogo por intermédio da imaginação de Reagan.

Se você já assistiu a um discurso de Ronald Reagan e o ouviu pessoalmente, o viu na televisão ou em um vídeo do YouTube, ou mesmo ouviu uma gravação de sua voz, você pode ou não ter concordado com *o que* ele disse. Seria mais provável, no entanto, que você concordasse com o quão bem ele disse isso. O tom de sua voz era suave e sem estresse particular ou demandas verbais. Ele não falou alto ou gritou, como é a rotina cansativa de alguns políticos e evangelistas. Na verdade, ele não levantou a voz; modulou-a modestamente. Ele fez você querer escutá-lo. Ele expôs seus pontos com confiança, apoiou-os com fatos, histórias ou parábolas e trouxe o ouvinte para sua mensagem. Reagan ajustou seu tom e imaginou, como todos os bons comunicadores, que ele estava falando com apenas uma pessoa, embora seu público pudesse ter sido vasto. Um dia quando lhe perguntei sobre a maneira certa de abordar uma plateia, Reagan me instruiu dessa forma:

> Encontre uma pessoa imaginária ou real na plateia e fale diretamente com ela enquanto deixe seus olhos examinarem toda a plateia com uma ampla varredura, não pousando em nenhuma pessoa específica, para que ninguém se sinta excluído de seu alcance verbal e ninguém se sinta alvo com um olhar fixo. Não se deixe envolver pelo sentimento ou medo de ficar sobrecarregado por estar se comunicando com uma massa de pessoas. Imagine apenas falar com uma pessoa que precisa ouvir o que você tem a dizer e respeitá-lo. Não se deixe envolver em adivinhar o que seus críticos podem estar dizendo.

Depois que Reagan me ensinou isso, fui especialmente observador de seus discursos para ver se ele seguia seu próprio conselho – e é claro que seguiu.

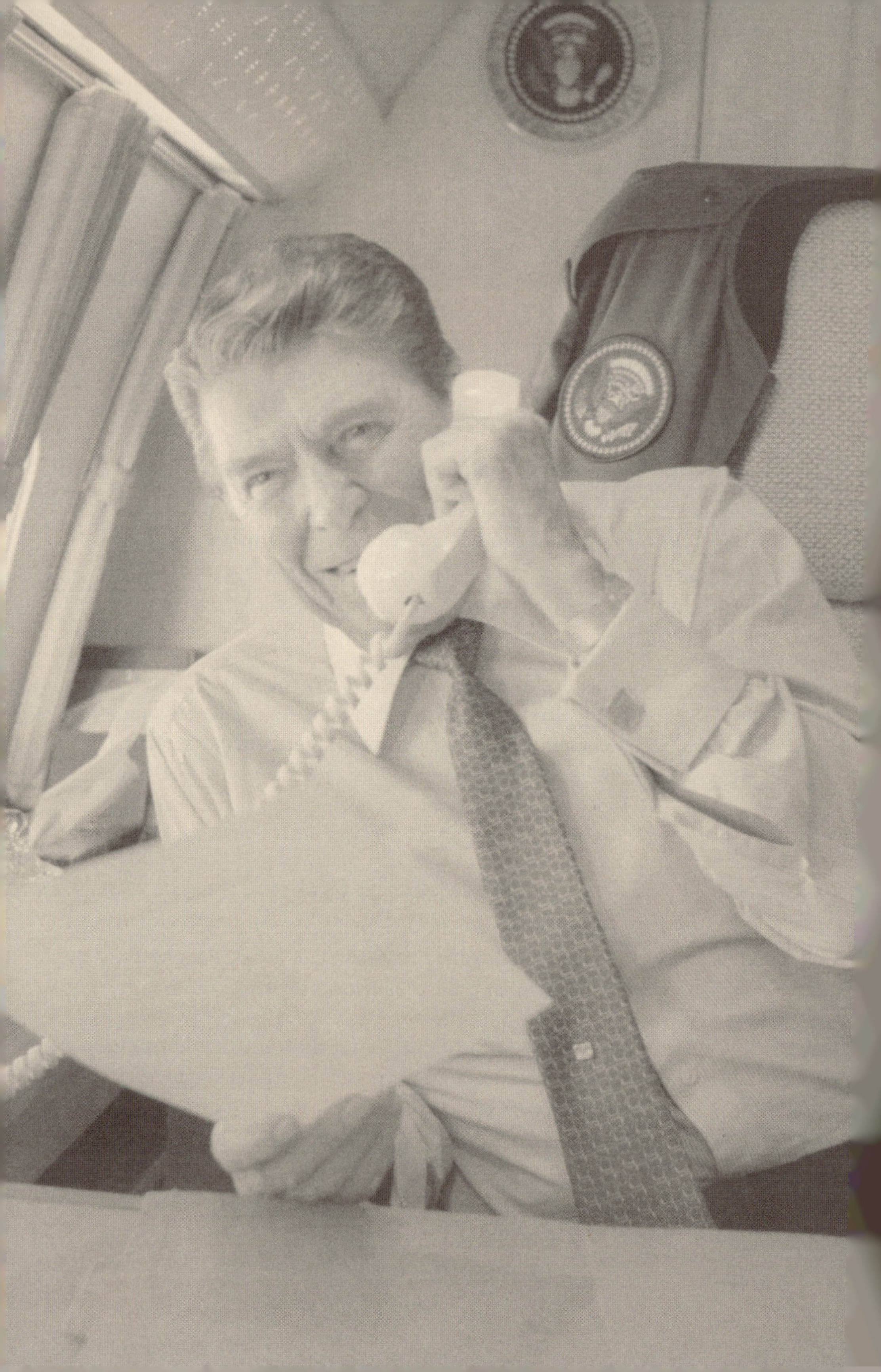

CAPÍTULO 6

MESTRE DA IMAGEM VISUAL

Em 28 de janeiro de 1986, apenas 73 segundos após ser lançado do Centro Espacial Kennedy na Flórida, o ônibus espacial *Challenger* explodiu e caiu no Atlântico. O *Challenger* realizava uma série de missões importantes, incluindo a primeira professora no espaço, que deveria dar aulas de seu quadro-negro no céu. A nação lamentou essa tragédia nacional, especialmente as crianças em idade escolar que estavam prontas para as aulas de Christa McAuliffe (1948-1986).

Reagan também ficou comovido com essa perda, e ele a transmitiu para a nação, entregando um discurso televisivo inspirador do Salão Oval. Ele compartilhou com os enlutados uma visão para seus entes queridos e que chamava especificamente a imaginação e visualização. O que Reagan disse naquele dia e como isso moveu todo o país foi especialmente importante para mim, porque não muito depois do acidente, fui convidado a trabalhar com essas famílias para criar um memorial para os astronautas perdidos, mas heroicos. Este programa continuaria a missão do voo, fornecendo às crianças programas de educação científica espacial em simuladores de voo e outras ferramentas instrucionais inventivas. Depois que eu deixei a Casa Branca, tornei-me o presidente fundador do Centro Challenger para a Educação da Ciência Espacial.

Aqui está como Reagan usou sua visão e imaginação para consolar as famílias dos astronautas e de todo o país. Essas observações, magistralmente escritas por Peggy Noonan, ilustram o dom especial de Reagan como comunicador, imaginando o lugar que a NASA e os astronautas do *Challenger* tinham na história e, em seguida, descrevendo-os como tocando "o rosto de Deus" em seu uso do magnífico poema *Voo Alto* do lendário aviador da Segunda Guerra Mundial John Gillespie Magee (1922-1941).

> Continuaremos nossa busca no espaço. Haverá mais voos de espaçonaves e mais tripulações de espaçonaves e, sim, mais voluntários, mais civis, mais professores no espaço. Nada termina aqui; nossas esperanças e nossas jornadas continuam.
>
> Quero acrescentar que eu gostaria de poder falar com todos os homens e mulheres que trabalham para a NASA, ou que trabalharam nesta missão, e dizer-lhes: "Sua dedicação e profissionalismo têm nos movido e impressionado por décadas. E sabemos da sua angústia. Nós a compartilhamos!".
>
> Há uma coincidência hoje. Neste dia, há 390 anos, o grande explorador Sir Francis Drake morreu a bordo do navio ao largo da costa do Panamá. Em sua vida, as grandes fronteiras eram os oceanos, e um historiador mais tarde disse: "Ele viveu no mar, morreu nele e foi enterrado nele". Bem, hoje, podemos dizer da tripulação do Challenger: sua dedicação foi, como a de Drake, completa.
>
> A tripulação da espaçonave Challenger nos honrou pela maneira como viveram suas vidas. Nunca os esqueceremos, nem a última vez que os vimos, esta manhã, enquanto se preparavam para sua jornada e se despediam e "escorregaram dos laços grosseiros da terra" para "tocar o rosto de Deus".

Reagan frequentemente empregava as palavras do patriota americano Thomas Paine (1737-1809): "Temos o poder de começar o mundo de novo", bem como as palavras do livro de Gênesis, concentrando-se especificamente na referência ao homem "feita à imagem e semelhança de Deus". Acredito que uma das coisas mais importantes que Reagan fez foi vincular essas duas propostas para um propósito político. Ele sentiu que, porque o homem é livre – nascido de acordo com a autoridade bíblica, ele é projetado para um propósito específico, e esse propósito é desfrutar de sua liberdade dada por Deus, bem como sua responsabilidade de corrigir o que está errado na sociedade.

Reagan citou Paine com tanta frequência que muitos de seus ouvintes poderiam ter de fato se convencido de que eles *realmente* tinham a capacidade de recomeçar o mundo inteiro – e esse era o propósito e a esperança de Reagan: capacitar o indivíduo e, assim, proteger e fortalecer a democracia no estilo americano, promovendo-a onde quer que houvesse a possibilidade de instalá-la. Parte de sua grande estratégia era construir a democracia de estilo americano, a fim de derrubar o comunismo de estilo soviético. Para ele, fortalecer a confiança da América em seu modo de vida era o melhor impedimento para a ideologia coletivista que era tão abominável a Reagan.

Ele sabia exatamente o que estava fazendo ao engajar essas palavras e essa estratégia – ele estava unindo o povo americano e reforçando os ideais e práticas da democracia nos Estados Unidos, a fim de ajudar a exportá-la para outras partes do mundo. Reagan era dedicado ao espírito e à letra das palavras de Paine, e queria que seus ouvintes também fossem. Ele se via como um soldado de infantaria do patriota, seguindo as instruções de Paine para ajudar a recomeçar o mundo, como ele sentia que estava fazendo quando se comprometeu a concorrer a um cargo público. Da mesma forma, citando o livro de Gênesis, ele queria ilustrar que havia autoridade bíblica para o direito de liberdade. Não era apenas que ele estava dizendo isso às pessoas; ele estava se referindo a autoridades maiores.

Esta estratégia de oratória foi outro veículo que ele usou para viajar sobre as cabeças de outros políticos que poderiam estar em seu caminho. Se você ouviu ou leu seus discursos, não foi Reagan lhe dizendo que você era livre, foi a Bíblia lhe dizendo isso – um livro que ele conhecia e respeitava, assim como a maioria dos eleitores americanos. Reagan tirou conclusões dessas verdades, mais do que de livros de instruções do governo ou funcionários do governo, e as aplicou a suas escolhas políticas.

Reagan tinha a capacidade de imaginar a essência e os detalhes do que ele estava dizendo, a fim de ajudar seu público a ver isso como bem, tudo por meio de pintura verbal, esboço e treinamento. Dizia-se da lendária atriz Greta Garbo (1905-1990) que ela era tão convincente em filmes mudos porque, em vez de simplesmente murmurar palavras que encontrou em um roteiro, ela realmente pensou no que elas significavam enquanto atuava. Ela tinha o significado do roteiro ou da história em sua consciência. Esta foi a prova de que, como é afirmado por muitos professores de oratória, 60% de toda a comunicação eficaz é não verbal ou não dita.

Reagan era um ator e sabia disso também. Seu truque era manter a imagem de um evento, uma história, uma política ou uma pessoa em sua imaginação enquanto verbalizava uma descrição dela da forma mais vívida possível – tornando a imagem real para o ouvinte. Ele demonstrou essa habilidade quando cantou o passo a passo dos jogos de beisebol que ele nem conseguia ver. Essa habilidade pode muito bem ter se desenvolvido para Reagan nos dias em que ele escapou para o pequeno sótão na casa alugada de seus pais para ler, imaginar e encontrar retiro durante episódios desagradáveis entre seus pais nos quartos abaixo. Os livros que ele leu quando era adolescente, como *As Aventuras de Tom Sawyer*, *As Aventuras de Huckleberry Finn*, os romances de faroeste de Zane Grey (1872-1939), uma grande variedade de ficção científica e, mais notavelmente, o conto de aviso de Harold Bell Wright (1872-1944), *That Printer of Udell's*, também ajudou a alimentar sua imaginação e aguçou suas habilidades de visualização, assim como as peças em que ele se apresentou enquanto estava no ensino médio e na faculdade.

Reagan, ao relatar suas experiências na estação de rádio WHO, na verdade, chamou o rádio de "o teatro da mente". Essa habilidade de narrar um jogo e descrever jogadas de beisebol emocionantes ou decepcionantes era uma habilidade especial praticada por alguns homens bem conhecidos – uma pequena trupe de comentaristas que ganharam uma posição lendária com o público de rádio e no próprio esporte. Reagan havia entrado em uma multidão que incluía Graham McNamee (1888-1942) e Red Barber (1908-1992), que eram nomes conhecidos naquela época. Reagan era especialmente bom neste trabalho, e ele recebeu promoções constantes como resultado, até que ganhou sua primeira audição em Hollywood. Só em 1934, Reagan cobriu 140 jogos de beisebol e convenceu a General Mills[16] a patrociná-lo como um "comentarista telegráfico" para os jogos em casa dos Chicago Cubs e dos White Sox. De acordo com Myrtle Williams, diretora do programa na estação de rádio de Reagan, quando locutores como Reagan estavam narrando um jogo, "você simplesmente não podia acreditar que você não estava realmente lá. Claro que ele [Reagan] sabia de beisebol e isso ajudou".

Um dos maiores desafios de convencimento que Reagan teve durante sua presidência foi convencer o público sobre a validade de sua Iniciativa Estratégica de Defesa (IED)[17]. Essa abordagem à defesa estratégica, para criar um escudo impenetrável que protegesse os Estados Unidos de ataques de mísseis balísticos lançados do exterior, era um conceito brilhante – embora ousadamente futurista na época. Para Reagan, este foi um exemplo de visão e imaginação proposital – prevendo a tecnologia para tornar o programa uma realidade e imaginando qual seria o resultado de tudo para poder comunicar seu potencial ao Congresso dos EUA e a outros chefes de Estado. Essa

---

16. Trata-se de uma gigante do mercado de alimentação, estando entre as dez maiores empresas de produtos alimentícios do mundo. (N. E.)
17. Sigla para o nome em inglês, *Strategic Defense Initiative*. (N. T.)

iniciativa colocou Reagan diretamente na categoria "sonhador" – um traço de caráter muito positivo e útil para o comunicador e o líder visionário. Por meio da IED, ele teve a visão de tornar o mundo um lugar seguro e pacífico, permitindo que não apenas os Estados Unidos, mas outros países aos quais ele ofereceu a mesma tecnologia, fossem imunes à destruição entregue por ogivas nucleares. Eis como ele descreveu sua visão em 1983:

> Deixem-me compartilhar com vocês uma visão do futuro que oferece esperança. Por ela é que embarcamos em um programa para combater a incrível ameaça de mísseis soviéticos com medidas defensivas. Vamos nos voltar para os próprios pontos fortes da tecnologia que geraram nossa grande base industrial e que nos deram a qualidade de vida da qual desfrutamos hoje.
>
> E se pessoas livres pudessem viver seguras sabendo que sua segurança não repousava sobre a ameaça de retaliação instantânea dos EUA para impedir um ataque soviético, que poderíamos interceptar e destruir mísseis balísticos estratégicos antes que eles atingissem nosso próprio solo ou o de nossos aliados?
>
> Eu sei que esta é uma tarefa formidável, técnica, que pode não ser realizada antes do final deste século. No entanto, a tecnologia atual atingiu um nível de sofisticação em que é razoável que iniciemos esse esforço. Levará anos, provavelmente décadas, de esforços em muitas frentes. Haverá fracassos e reveses, assim como haverá sucessos e avanços. E à medida que avançamos, devemos permanecer constantes na preservação da dissuasão nuclear e na manutenção de uma capacidade sólida de resposta flexível. Não vale a pena todos os investimentos necessários para libertar o mundo da ameaça da guerra nuclear? Sabemos que sim.

A estrutura desta seção é especialmente interessante. Reagan começa dizendo que quer compartilhar algo, algo em que tem pensado. Em seguida, ele faz a pergunta: "E se pessoas livres pudessem viver seguras...?". Então ele admite os desafios à frente e encerra com uma pergunta que é realmente mais um chamado à ação. Esta é uma estrutura de quatro etapas perfeitas para um discurso baseado na visão e na imaginação, com o objetivo de trazer a audiência silenciosamente ao seu ponto de vista, oferecendo compartilhar algo de valor, uma descoberta ou um segredo. Ele estava tentando chamar a atenção e estimular a imaginação na mente do ouvinte. Por fim, ele fez um apelo à ação por meio de uma pergunta conclusiva: "Não vale a pena todo investimento necessário...?". Em seguida, ele mesmo respondeu a essa pergunta.

Como Reagan era uma pessoa visual, o Conselho de Segurança Nacional e, especialmente, o Conselheiro do NSC Bud McFarlane (1937-2022) e sua equipe criaram uma maneira única e altamente eficaz de fornecer instruções a Reagan, antes de suas reuniões com líderes estrangeiros. Ainda havia os pesados cadernos pretos de preparação antes de qualquer reunião ou viagem, e Reagan os estudou conscientemente; no entanto, agora havia uma ferramenta adicional para ele usar – e era apenas do agrado de Reagan. Esta ferramenta de briefing especial veio na forma de relatórios gravados em vídeo sobre as pessoas com quem ele se encontraria. Isso permitiu que Reagan visse e aprendesse sobre as características pessoais e a linguagem corporal desses líderes a partir de discursos e palestras gravados publicamente disponibilizados pelo Departamento de Estado e pelo Pentágono.

Depois de assistir a isso, Reagan foi capaz de julgar o homem ou a mulher a partir de uma sensação de quem eles eram na vida real, como falavam e lideravam – antes de qualquer reunião real ocorrer. Essa preparação foi a melhor instrução que qualquer presidente poderia pedir, e essa abordagem serviu exclusivamente para Reagan porque ele podia manter uma imagem visual em sua mente. Não era diferente de ter seu próprio canal no YouTube. Ele fez bom uso desses filmes, assistindo alguns no *Air Force One* em sua cabine e escritório, enquanto nós, na equipe, estaríamos em uma sala adjacente assistindo a filmes antigos ou trabalhando.

COLOCANDO A IMAGEM VISUAL E FÍSICA PARA FUNCIONAR

Reagan tinha uma equipe extraordinária na Casa Branca. Eles combinavam com seus redatores de discurso em suas habilidades e, juntos, formavam uma força poderosa. Eles eram superiores em encenação, os escritores de discurso em artesanato de palavras. Eles procuraram e localizaram locais inovadores e dramáticos como cenários e salões de palestras, produzindo iluminação e som excepcionais, recepção de multidões e muito mais. Alguns desses produtores experientes foram realmente treinados pela equipe avançada de Nixon e também criaram sua própria "escola", que era como um campo de treinamento ou treinamento básico para novos recrutas para essa área altamente qualificada e criativa. Durante meus anos na Casa Branca, aprendi muitas lições e desenvolvi um tremendo respeito pelos membros da equipe avançada, e dependia deles para fazer com que todas as viagens e eventos públicos parecessem impecáveis. Junto com o Serviço Secreto, fizeram a presidência correr como o mecanismo de um relógio por meio de seus horários de viagem e eventos cronometrados minuto a minuto. Eles eram como produtores de filmes em uma missão política. Não é de admirar que os Reagan tivessem uma tremenda confiança e apreço tanto pelo Serviço Secreto quanto pelas equipes avançadas.

Reagan também estava disposto a ir a lugares únicos para transmitir uma mensagem porque reconheceu o valor de um pano de fundo comparativo para contar uma história ou reforçar uma imagem visual. Nunca esquecerei que carreguei pilhas de caixas de regulamentos federais até o rancho de Reagan em Santa

Bárbara para ele usar como ilustração quando assinou a Lei de Redução de Papelada ao lado de uma impressionante torre de formulários onerosos. Eu estava com os Reagan quando eles estavam em Xian, China, sendo dramaticamente fotografados com os famosos Guerreiros e Cavalos de Terracota de cerca de 200 a. C. durante o comando do Primeiro Imperador da China. Eu também estava com Reagan quando ele visitou fazendas coletivas na China e envolveu os agricultores em conversa informal enquanto eles cavavam seus sulcos para plantar sementes. Os Reagan raramente deixavam de se comunicar por meio de oportunidades de fotos, incluindo caminhar sozinhos na Praça Vermelha e parar o carro à meia-noite na Rua Arbat, em Moscou, e se misturar com russos comuns surpreendidos durante sua viagem até lá em 1988. Todas essas imagens enviaram uma mensagem de forte liderança e apreço pela riqueza de culturas divergentes e pelo respeito por outras nações. As sessões de fotos são o estoque e o comércio da maioria dos políticos, mas pensei que os Reagan as usavam melhor ao relacionar precisamente a foto a uma iniciativa política específica ou a um propósito político.

Um dos meus objetivos em ajudar a planejar viagens ao exterior na Casa Branca era ilustrar o interesse genuíno dos Reagan na história e cultura do país que estávamos visitando. Também cometi alguns erros críticos na minha pressa de encontrar as atividades e locais certos para eles visitarem. Por exemplo, pensando na nossa visita de Estado à Espanha, pensei em touradas! Eu sabia que queria ver e pensei que todos os americanos iriam querer ver os Reagan numa tourada. Errado! Houve tanto alvoroço por parte das organizações de direitos dos animais que toda a ideia foi rapidamente descartada. Em outra viagem, quase fui expulso da Suíça quando disse aos meus colegas suíços que queríamos fazer uma visita a um centro de tratamento de abuso de drogas, como parte da cruzada global da Casa Branca contra drogas ilegais de uso recreativo. Os suíços insistiram que seu país não tinha problema com drogas e que, como resultado, não havia centros de tratamento de drogas e, portanto, nenhum lugar para visitarmos. Isso me pareceu estranho, já que a praça principal no centro de Genebra já foi conhecida como "Parque das Agulhas". Eu segui o que agora parece ser uma tática ligeiramente desagradável quando entrei em meu próprio carro e dirigi pelo campo próximo e, seguindo as pistas, encontrei um centro de tratamento de drogas altamente avaliado onde finalmente fomos para uma visita oficial.

Enquanto eu estava nessa unidade, tinha passado por um canteiro de obras muito perto da sede da Cruz Vermelha Internacional, e depois de ter completado minha missão com o centro de reabilitação de drogas, dirigi de volta para ver se o edifício quase concluído oferecia qualquer oportunidade. Caminhando de volta para o trailer de construção, bati na porta e fui recebido por um cavalheiro amigável e cortês, do tipo que você esperaria ser associado a uma organização internacional de estatura como a Cruz Vermelha. Fiz-lhe perguntas sobre o novo edifício, descobrindo que seria a sede recém-construída de Genebra do Museu Internacional da Cruz Vermelha. Ele estava prestes a ser inaugurado, mas eu corajosamente pedi-lhes para adiar suas cerimônias de abertura por três meses para coincidir com a primeira cúpula Reagan-Gorbachev. Felizmente, eles concordaram com o meu pedido para que essas festividades fossem uma nota de graça adicional à cúpula de Genebra Reagan-Gorbachev de 1986.

Outro exemplo do uso de imagens por Reagan para transmitir uma mensagem foi a celebração do centenário na Estátua da Liberdade em 1986, que era rica em pungência e novamente deu a Reagan a oportunidade de verbalizar sua crença mais uma vez de que a América é uma cidade brilhante em uma colina da qual o resto do mundo pode se beneficiar. Como em qualquer evento, o foro e a mensagem necessária para corresponder a uma mensagem a ser efetivamente entregue e ouvida. Naquela ocasião, aos pés de Lady Liberty, com a estátua pairando na moldura da foto, Reagan disse:

Às vezes esquecemos que mesmo aqueles que vieram aqui primeiro para ocupar a nova terra também eram estranhos. Já falei do pequeno Arabela, um navio ancorado ao largo da costa de Massachusetts. Um pequeno grupo de puritanos se amontoou no convés. E então John Winthrop, que mais tarde se tornaria o primeiro governador de Massachusetts, lembrou seus companheiros puritanos naquele minúsculo convés que eles devem manter a fé em seu Deus, que os olhos de todo o mundo estavam sobre eles, e que eles não devem abandonar a missão para a qual Deus os enviou, e eles devem ser uma luz para as nações de todo o mundo – uma cidade brilhante sobre uma colina.

Chame isso de misticismo, se você quiser, sempre acreditei que havia alguma Providência Divina que colocava essa grande terra aqui entre os dois grandes oceanos, para ser encontrada por um tipo especial de pessoas de todos os cantos do mundo, que tinham um amor especial pela liberdade e uma coragem especial que lhes permitia deixar sua própria terra, deixar seus amigos e seus compatriotas e vir a esta nova e estranha terra para construir um Novo Mundo de paz, liberdade e esperança.

Neste discurso, Reagan chamou a atenção e ganhou inspiração do próprio cenário. Pense em Lincoln em Gettysburg e na honra que ele deu àquela terra encharcada de sangue quando a visitou a cavalo e no poder que ele extraiu daquela localização. Sua oratória, reforçada por suas viagens físicas até lá, provou ser durável e inspiradora por mais de um século e é considerada atemporal. Embora as configurações de Reagan nunca tenham atingido o drama sagrado de Gettysburg, a intenção de atrair ouvintes para a importância da mensagem usando efeitos visuais era um elemento-chave de cada discurso de Reagan.

Um exemplo menos elaborado, mas ainda assim poderoso, de artesanato estratégico e criação de imagens envolveu um simples, mas intrigante interruptor no lado de uma sala na Casa Branca onde Reagan realizou suas quarenta e seis conferências de imprensa formais. Em seus oito anos, Reagan deu um número recorde de conferências de imprensa formais, uma conquista significativa em si, considerando que hoje os presidentes raramente realizam grandes conferências de imprensa – em que os repórteres são livres para perguntar o que quiserem. Estas pesadas conferências de imprensa históricas foram tradicionalmente realizadas na Sala Leste da Casa Branca. Neste emblemático salão de baile branco e dourado com seus enormes lustres de cristal, onde os presidentes organizaram todos os tipos de eventos, o público também vê reuniões e atividades televisionadas realizadas a partir de vários pontos de vista na sala. A maneira como a sala retangular é fisicamente organizada depende do número de hóspedes, da hora do dia, da organização específica necessária, se outras salas também seriam usadas ou não, e das escolhas pessoais do presidente, da primeira-dama e da equipe da Casa Branca.

Em muitas administrações, as conferências de imprensa presidenciais foram a principal oportunidade para um presidente responder às perguntas do corpo de imprensa durante uma sessão de uma hora que era tradicionalmente assistida por uma audiência significativa da televisão. No caso de Reagan, a equipe sênior sentiu que uma porcentagem de sua classificação de aprovação pública e posição repousava sobre seu desempenho nessas conferências de imprensa.

Antes de uma conferência de imprensa, Reagan passava horas e horas ensaiando no teatro familiar localizado na Ala Leste, que geralmente era reservado para exibições privadas de filmes. Ao conversar com repórteres nos dias e horas que antecederam o evento principal, a assessoria de imprensa tentaria determinar quais perguntas poderiam ser feitas; uma vez que eles tivessem uma direção, a equipe estava envolvida na preparação de respostas cheias de fatos para o presidente. Quanto a Reagan e a maioria dos presidentes, eles normalmente começam uma coletiva de imprensa com uma breve declaração de abertura de cinco minutos, na esperança de que esta mensagem estabeleça um tom ou uma direção para o equilíbrio da conferência. O problema era que quase nunca funcionava. Os jornalistas não gostam que lhes digam no que se concentrarão, e a conferência de imprensa foi principalmente uma oportunidade para os repórteres e seus meios de comunicação para garantir a cobertura para si mesmos na TV nacional. Tudo isso era altamente competitivo em um momento em que havia muito menos veículos de mídia disputando sua própria parte do tempo alocado. O presidente teria que chamar cada jornalista pelo nome (um desafio assustador em si, já que os assentos e as personalidades estavam sempre mudando), e o show sempre foi concluído pela "reitora" do corpo de imprensa da Casa Branca, que era à época a venerável e hoje falecida Helen Thomas (1920-2013), então repórter da United Press International, que havia trabalhado com seis presidentes na época em que Reagan assumiu a presidência.

Reagan tinha uma grande desvantagem em uma sala como esta, onde essas conferências de imprensa nacionais haviam sido realizadas por tantos anos. Ele tinha um traço dominante de cavalheirismo que era difícil de quebrar. Quando Helen encerrou oficialmente a conferência de imprensa, pela icônica declaração final "Obrigado, sr. presidente", isso não estava realmente acabado nas mentes dos muitos jornalistas presentes. Era apenas um sinal para acelerar os motores, e então a bandeira de partida foi agitada para que os repórteres fizessem perguntas ao presidente, gritando uns sobre os outros – mesmo que a conferência de imprensa estivesse oficialmente concluída e ele estivesse tentando sair da sala. No início, era fácil ver que o presidente simplesmente não conseguia sair do palco com rapidez suficiente antes da debandada jornalística, e o resultado caótico era um final irregular que desfaria imediatamente o bom teor ocasional do que havia acontecido por uma hora ou mais, antes do encerramento oficial. Os repórteres queriam a última palavra. A equipe sênior queria que Reagan tivesse a última palavra. Esse era o impasse.

Muitos de nós encorajamos o presidente a sair do palco rapidamente, que naquele momento estava sob uma janela coberta de ouro na parede leste da sala, e se afastar – mesmo em meio aos gritos de perguntas. Reagan, sendo um cavalheiro consumado e tendo sido educado para responder a alguém que falasse com ele, não poderia sair da sala sem se preocupar com essas agressões verbais. Algo tinha que ser feito, porque o concurso havia evoluído para uma competição para pegar Reagan desprevenido e, assim, criar uma notícia para alguma franquia de mídia buscando uma vantagem competitiva.

Para ser justo com eles, os repórteres reclamaram que Reagan era muito programado e estruturado, e que eles nunca tiveram acesso a ele de forma casual ou extraoficial. A verdade é que todos os jornalistas pedem acesso não programado e poucas equipes presidenciais gostam de concedê-lo. No entanto, eles sempre pedem mais acesso, e essa é uma das razões pelas quais eles realmente queriam que esse acesso gratuito para todos fizesse com que Reagan lhes desse respostas imprevisíveis às suas perguntas premeditadas.

As artes cenográficas vieram socorrê-lo. A planta do quarto foi invertida. O pódio presidencial foi movido para o lado oposto da sala em frente às portas abertas do corredor principal – ou corredor transversal, como é oficialmente referido – da parede leste para o oeste, para que Reagan pudesse entrar com a grandeza de caminhar, na câmera, o comprimento do tapete vermelho e dourado, subir até o púlpito e aparecer no controle completo como líder mundial. Então, no final, ele poderia sair com elegância e facilidade simplesmente virando as costas e caminhando da mesma maneira que entrou – através da grandeza e do silêncio de um longo corredor vazio – e não ter que empurrar seu caminho por meio do rugido da multidão, questionando e solicitando. Essa foi uma ideia genial e típica da maneira como a Casa Branca de Reagan fez tentativas de controlar a mensagem e a encenação – e conseguiu na maioria dos casos.

Hoje, existem maneiras mais diversas para um presidente comunicar uma mensagem. Em nossa administração, também procuramos maneiras de diminuir a dependência do que agora parecem ser veículos antiquados para comunicação – como a principal conferência de imprensa. Essa é uma das razões pelas quais o discurso semanal do presidente na rádio no sábado de manhã foi inaugurado – e é uma tradição que continua até hoje. Isso deu a Reagan e aos presidentes subsequentes uma pequena janela de tempo para conversar diretamente com o povo americano sem ser interrompido.

Permanecendo no controle quando desafiado

Quando viajamos a Portugal para uma visita de Estado em 1985 como parte de uma digressão europeia de cinco países, Reagan foi convidado a fazer um discurso no Congresso Nacional Português em Lisboa. O foco do discurso foi a crescente democracia de Portugal e o seu elogio pelo seu então recorde de onze anos. A apresentação, que pude observar do meu assento na enorme câmara abobadada, estava progredindo muito bem até que manifestantes esquerdistas e comunistas entraram na sala ornamentada e histórica e soltaram pombas brancas para voar ao redor do espaço como uma distração para o discurso de Reagan. A resposta instintiva de Reagan foi assumir o controle do evento, enquanto tentava reconquistar o público mostrando que ele não estava nervoso com essa surpresa e fazendo com que eles se sentissem à vontade.

Como resultado, ele foi capaz de transformar o protesto em sua vantagem e reorientar o público para a sua mensagem. Ele observou que protestos como esses eram uma *"parte do processo democrático",* mas acrescentou com uma nota de humor sarcástico: *"Sinto muito que os assentos à esquerda sejam desconfortáveis".* Então ele se voltou para seu texto com uma história convincente sobre o encontro com o Papa e sua conversa com ele sobre o santuário português de Fátima. Ele continuou:

> Ousei sugerir que, no exemplo de homens como ele [o Papa] e nas orações de pessoas simples em todos os lugares – pessoas simples como os filhos de Fátima –, há mais poder do que em todos os grandes exércitos e estadistas do mundo.

Reagan sempre tentou conquistar a questão imprevista e desagradável sem reagir com medo. Vê-lo assumir o controle de uma pergunta inesperada e hostil foi uma das lições mais importantes que aprendi sobre comunicação. Reagan achava que perguntas difíceis deveriam ser bem-vindas – e na verdade encorajadas – porque ajudavam a esclarecer as ideias que estavam sendo comunicadas. Reagan nem sempre foi rápido em uma sessão de interrogatório, mas sabia o suficiente para não entregar o pódio à fraqueza.

Lembro-me de perguntar a Margaret Thatcher, outra mestre de teatro, por que ela era uma oradora tão eficaz. Ela me disse:

> Você nunca perde completamente o medo, não, nunca. Às vezes, quando chego ao pódio, tenho que dizer a mim mesmo: "Vamos, minha velha, você consegue". Mas esse pouco de medo sempre fica com você, e a energia que você obtém dele lhe dá mais coragem para seguir em frente com o que você tem a dizer.

Reagan nem sempre tinha a réplica perfeita pronta quando desafiado, mas ele não parecia ter medo de seu público, por mais ameaçador que este possa ter sido. Também aprendi com ele que uma pergunta direta não precisa necessariamente ser respondida diretamente. Ao se deparar com uma pergunta desagradável, Reagan poderia usar o quadro de referência do questionador, mas responder com algo que ele queria que o público ouvisse – não necessariamente o que o questionador estava procurando. Nunca perca o controle e nunca repita a pergunta negativa para ganhar tempo. Estas estão entre as muitas leis críticas da comunicação eficaz que aprendi com os Reagan.

Em algumas ocasiões memoráveis, Reagan demonstrou sua capacidade de afastar o desafio, não respondendo à pergunta, mas desviando-se de forma inteligente quando, por exemplo, o presidente Carter acusou o candidato Reagan de "começar sua carreira política contra o Medicare", em uma tentativa de indiciá-lo por uma posição que o levaria a perder sua posição com os idosos. A brincadeira de Reagan não teve nada a ver com a acusação. Em vez disso, ele se desviou com sua resposta agora icônica: *"Lá vem você de novo!"*, querendo dizer com isso: "Sr. Carter, você tem falado mentiras a noite toda e aqui está outra!".

Isso aconteceu no debate presidencial de Cleveland em 1980. Minha esposa e eu estávamos sentados na décima fila da plateia, e se podia ver que até Carter estava sorrindo por Reagan tê-lo vencido. O experiente jornalista e biógrafo de Reagan, Lou Cannon, escreveu sobre este incidente que "a resposta de Reagan foi engraçada, irreverente e completamente autêntica. Não respondeu ao ponto de Carter, mas revelou um intelecto funcional".

Reagan fez algo semelhante quando perguntado, em um debate de 1984, se ele era velho demais para ser presidente. Em vez de responder a essa pergunta diretamente, Reagan entregou uma de suas melhores piadas – e colocou fim não apenas às questões sobre sua idade, mas diminuiu um pouco a candidatura de Walter Mondale (1928-2021). "Eu decidi que não vou fazer da idade uma pauta nesta campanha", respondeu ele. "Portanto, não vou explorar para fins políticos a juventude e inexperiência do meu oponente". A plateia uivou quando ele marcou esse golaço de resposta. Até Mondale estava sorrindo.

Reagan tinha uma disposição ideal para lidar com perguntas hostis e desafiadoras. Ele não era temperamental e realmente gostava das pessoas, apesar do fato de que elas poderiam não ter gostado dele ou querer usá-lo para prática de alvos políticos. Ele não reagia – ou seja, tinha um pavio longo e não perdia o controle. Poucas pessoas em posições de liderança têm uma casca tão grossa, mas ele me ensinou a não reagir, competir ou depreciar os concorrentes, especialmente aqueles na mídia. Fazer isso permitiria que eles assumissem o controle da mensagem. Além disso, lutar de volta poderia virar seus oponentes contra você de forma mais feroz, e seus aliados também podem começar a questionar sua veracidade.

Reagan frequentemente me aconselhava a "ser um poço e não uma fonte" ao se referir à mídia assertivamente inquiridora. O que ele quis dizer com isso foi que eu deveria ser um poço ou reservatório de informações, mas que não deveria cuspir detalhes desnecessários de uma forma indisciplinada, a menos que perguntado especificamente por eles – e talvez nem mesmo assim. Ele sabia que ser colocado em uma entrevista estressante com um jornalista geralmente faz com que você comece a oferecer mais informações do que o necessário; além disso, é o trabalho de um jornalista deixá-lo tão confortável que você fará exatamente isso. Se você pudesse imaginar Reagan em uma entrevista, teria observado que ele seguiu esse conselho sozinho. Era um mestre em ser um poço.

Outra tática de Reagan era lembrar, quando desafiado, a principal mensagem que ele estava transmitindo e não se desviar dela, fazendo todas as tentativas de tecer ou retecer os pontos originais em sua resposta. Reagan sempre tentou permanecer no controle da apresentação e da mensagem, mesmo que isso frustrasse a mídia. Ele forneceu informações úteis, reconhecendo que um jornalista tem um trabalho a fazer. Isto é o que Reagan sempre tentou fazer. Era o princípio de funcionamento dele. Não reagia à provocação. Não entregou o pódio. Isto reforçou a presidência.

USANDO A EMOÇÃO ECONOMICAMENTE

Houve momentos em que Reagan foi levado às lágrimas, embora normalmente controlasse bastante o que sentia. Isso transmitiu que estava emocionado ou comovido com o que estava dizendo ou com os detalhes em torno de um evento, mas que tinha a força para controlar a emoção. Ele sabia que expressar emoção revela a vulnerabilidade do falante de forma positiva e ajuda a unir o público com ele. No entanto, também sabia que as lágrimas podem igualmente evocar fraqueza, como alguns políticos infelizes aprenderam da maneira mais dura.

Em caso de dúvida, Reagan exerceu contenção. Ele sabia que há uma distinção entre o público sendo movido pelas palavras faladas e um foco indisciplinado no falante individual e seus próprios problemas, memórias ou conexões com um evento ou situação. Lágrimas, por mais sinceras que sejam, também podem ser consideradas um sinal de instabilidade.

Havia muita emoção em evidência quando Reagan participou do quadragésimo aniversário do dia D de junho de 1984 em Pointe du Hoc, na Normandia, França. Reagan tinha a idade em que ele mesmo poderia realmente ter pousado em solo francês naquele dia horrível – e ele poderia, se não tivesse sido impedido de agir devido à visão muito ruim. Seu amor pelo país e respeito por seus compatriotas que lutaram lá se uniram naquela celebração. Tive o privilégio de avançar nesta viagem e também acompanhando Nancy Reagan quando ela foi a convidada de honra no trigésimo oitavo aniversário do Dia D, dois anos antes do presidente comparecer. Não há lugar mais assombroso do que os cemitérios aliados na Normandia, marcando de forma indelével os custos humanos da Segunda Guerra Mundial e a luta contra a tirania pelo que o jornalista e autor de televisão Tom Brokaw chamou de a Grande Geração.

A localização, a presença dos outros chefes de Estado e as próprias festividades produziram uma grande quantidade de emoção e as observações de Reagan refletiram isso solenemente. Seu discurso foi intitulado "Os Meninos de Pointe du Hoc", e foi sobretudo, mas não exclusivamente, dedicado a alguns dos veteranos que viajaram para estar presentes na cerimônia de aniversário. Estes foram os homens que lutaram na Praia de Omaha em um grupo chamado Rangers, 225 homens fortes no lançamento da invasão, com noventa sobreviventes no final do primeiro dia de luta. Reagan falou diretamente com eles, bem como com um público mais amplo quando disse, em parte:

> Quarenta verões se passaram desde a batalha que vocês lutaram aqui. Vocês eram jovens no dia em que escalaram esses penhascos; alguns de vocês não eram mais do que garotos com as mais profundas alegrias da vida diante de vocês. No entanto, vocês arriscaram tudo aqui. Por quê? Por que fizeram isso? O que os levou a deixar de lado o instinto de autopreservação e arriscar suas vidas para tomar esses penhascos? [...] Nós olhamos para vocês e de alguma forma sabemos a resposta. Era fé e crença; era lealdade e amor.
>
> Os homens da Normandia tinham fé de que o que estavam fazendo era certo, fé de que lutavam por toda a humanidade, fé de que um Deus justo lhes concederia misericórdia nesta praia ou na seguinte. Foi o conhecimento profundo – e orem a Deus para que não o tenhamos perdido – que há uma profunda diferença moral entre o uso da força para a libertação e o uso da força para a conquista. Vocês estavam aqui para libertar, não para conquistar, então vocês e os outros não duvidaram da sua causa. E vocês estavam certos em não duvidar.
>
> Vocês todos sabiam que há algumas coisas pelo que vale a pena morrer. Vale a pena morrer pelo país de alguém, e vale a pena morrer pela democracia, porque é a forma mais honrosa de governo jamais concebida pelo homem. Todos vocês amavam a liberdade. Todos vocês

estavam dispostos a lutar contra a tirania, e vocês sabiam que as pessoas de seus países estavam atrás de vocês.

Os americanos que lutaram aqui naquela manhã sabiam que a invasão estava se espalhando pela escuridão em casa. Eles lutaram – ou sentiram em seus corações, embora não pudessem saber de fato, que na Geórgia estavam enchendo as igrejas às 4 da manhã, no Kansas estavam ajoelhados em suas varandas e orando, e na Filadélfia estavam tocando o Sino da Liberdade.

Outra coisa ajudou os homens do dia D: sua crença dura de que a Providência teria uma grande mão nos eventos que se desenrolariam aqui; que Deus era um aliado nessa grande causa. E assim, na noite anterior à invasão, quando o coronel Wolverton pediu às suas tropas de paraquedas para se ajoelharem com ele em oração, ele lhes disse: "Não abaixem a cabeça, mas olhem para cima para que possam ver Deus e pedir a Sua bênção no que estamos prestes a fazer". Também naquela noite, o general Matthew Ridgway em seu catre, ouvindo nas trevas a promessa que Deus fez a Josué: "Não te deixarei nem te abandonarei".

Estas são as coisas que os impulsionaram; estas são as coisas que moldaram a unidade dos Aliados.

Essas observações, e todo o corpo do texto de Reagan, basearam-se nos detalhes notáveis do que aconteceu nos penhascos duros em 6 de junho de 1944, e foram entregues com a própria interpretação de Reagan do que também acontecia nos corações e mentes desses veteranos. Neste discurso, ele efetivamente usou a emoção para ensinar e dizer, de fato: "Eu sei pelo que esses veteranos lutaram, e foi por causa das crenças e valores que o mundo precisa mais do que nunca agora". Ele usou o sentimento da ocasião para transmitir com palavras o que sentia que o mundo precisava prestar atenção em nosso tempo – não apenas para a história. Reagan usou a emoção intencionalmente. Ele não deixou a emoção usá-lo.

Houve também emoção e orgulho nos comentários de Reagan aos vencedores de medalhas dos EUA nos Jogos Olímpicos de Los Angeles de 1984. Quando falava de heroísmo, ele dizia:

> A especialidade dessas Olimpíadas era aparente desde o início. Vocês entraram nas cerimônias de abertura com um tipo especial de orgulho, um prazer vibrante e muito humano que foi transmitido para as multidões e que foi captado pelas pessoas que estavam assistindo na TV. Ao longo dos jogos, não pude deixar de pensar que, se as pessoas do mundo julgassem os americanos pelo que viram de vocês, então eles poderiam pensar: "Americanos? Bem, eles são generosos e cheios de esforço significativo; eles são cheios de bom humor; eles são motivados por todas as melhores coisas. Eles são realmente uma nação de campeões".

Aqui estava Reagan novamente dizendo às pessoas como elas são boas, dando às pessoas uma sensação de realização e de se sentirem bem consigo mesmas, como capazes de alcançar algo.

Reagan também podia ser brincalhão e, é claro, ele adorava ouvir e contar piadas. Ele era bem conhecido por usar o humor em seus discursos ao lado de outros elementos mais sérios. A maior parte do humor público de Reagan foi implantada de forma autodepreciativa e raramente às custas de outra pessoa. Seu humor também foi proposital, pois normalmente era usado para apoiar ou ilustrar um ponto específico da política ou para reforçar suas crenças. Um exemplo disso pode ser encontrado no uso repetido de Reagan da idade de uma forma lúdica. Isso foi magistral porque Reagan era, na realidade, a pessoa mais velha a ser eleita presidente, e seus críticos pensaram em usar isso para sua própria vantagem. Reagan, no entanto, usou isso a seu favor de uma forma que o público poderia dizer: "Ah, é claro que a idade não é um problema para ele". Ele se referiu muitas vezes a ter tido conversas com os Pais Fundadores ou líderes de uma época anterior, implicando uma idade impossivelmente grande. Ele disse:

Thomas Jefferson disse uma vez... "Nunca devemos julgar um presidente por sua idade, apenas por suas obras". E desde que ele me disse isso, parei de me preocupar.

Reagan era cauteloso e cuidadoso sobre o uso do humor em público, mas em particular ele era eclético em seu gosto pelo humor. P. J. O'Rourke (1947-2022), o prolífico escritor e humorista, escreveu sobre a brincadeira de Reagan desta forma:

> Ronald Reagan tem um senso de proporção, um senso de como a vida é e sempre será [...]. O presidente Reagan entende os "humores", as paixões dominantes, que assediam homens e instituições [...]. E, como com todos os grandes humoristas, Ronald Reagan pode ir ao cerne de um assunto com precisão e brevidade que envergonha *think tankers*... O bom senso faz de Ronald Reagan um adversário difícil. E a sagacidade que diz a verdade é difícil de dissimular.

Reagan usou o humor direcionado para não tão sutilmente difamar a União Soviética, a burocracia do governo nos Estados Unidos e alguns outros favoritos. Essas histórias pareciam inofensivas, mas foram projetadas para demonstrar um ponto e ficar com você, da maneira que o humor geralmente faz. Algumas foram usadas para aquecer o público e aliviar qualquer tensão na sala antes de iniciar um discurso sério. Em todos os casos, Reagan usou histórias como um dispositivo para fazer uma conexão com o público que não era ameaçadora e para criar um vínculo com seus ouvintes. Aqui está um exemplo de como ele usou o humor para promover um objetivo político:

> E há uma história sobre um russo e um americano que estavam falando sobre as liberdades em seus países; e o americano disse: "Ouça, na América, posso ficar em qualquer esquina ou fora do parque ou em qualquer lugar eu quiser e criticar abertamente o presidente do Estados Unidos". E o russo disse: "Temos o mesmo privilégio na

União Soviética". E o americano ficou muito surpreso. Então o russo disse: "Eu posso ficar em qualquer esquina em qualquer parque na Rússia, e posso criticar abertamente o presidente dos Estados Unidos".

Esse tipo de humor direcionado e proposital era outra maneira de Reagan argumentar. James Denton, editor de *Grinning with Gipper* ["Sorrindo com Gipper"], uma coletânea útil de piadas de Reagan, fala sobre ir à Casa Branca para um briefing um dia e perceber que havia um propósito no humor e nas histórias de Reagan. Ele escreveu:

> Fiquei impressionado com o uso magistral de humor de Ronald Reagan enquanto [eu estava] participando de um briefing sobre a reforma tributária na Casa Branca, no qual o presidente falou – já há alguns meses no seu segundo mandato. Ele estava numa onda contínua de sucesso: *"Há alguns no governo que têm uma proposta fiscal muito simples em mente. Haverá apenas duas linhas no formulário de imposto: quanto você ganhou no ano passado? Mande"*. Então, alguns meses depois, em uma ocasião semelhante, lá estava ele novamente, aquecendo seu público com uma nova rotina de comédia que o tornava impossível não gostar. Mas o que é mais impressionante, de alguma forma este presidente dos Estados Unidos estava fazendo cada pessoa lá fora sentir que ele gostava deles pessoalmente. Era o Ronald Reagan. Ele havia dominado a rotina de comédia *stand-up* em Las Vegas, no início de sua carreira. Mas agora, em um palco maior, ele acrescentou significado e o entregou de modo proposital aos corações e mentes dos americanos.

A personalidade de Reagan era a chave para sua entrega de humor e emoção. Ele deixou as palavras – a história, a parábola, a citação e a piada – fazerem o trabalho.

CAPÍTULO 7

O Homem de fé em um púlpito secular

Todos os dias, a unidade de correspondência da Casa Branca, localizada na enorme estrutura vitoriana cinza adjacente, conhecida agora como o Edifício do Escritório Executivo Eisenhower, recebe milhares de cartas, e-mails, textos, *tweets* e outras formas de comunicação de eleitores. Os funcionários, muitos dos quais são voluntários, têm várias maneiras de lidar com suas respostas. Durante nosso tempo lá, eles selecionavam aleatoriamente as cartas para o presidente revisar pessoalmente. Estas eram uma amostra de cartas de americanos que eles pensavam que seria significativa para ele ver. Alguns desses escritores receberam respostas manuscritas diretamente do presidente. O mesmo acontecia com a primeira-dama. Os funcionários do escritório de correspondência também buscaram informações detalhadas específicas de todos nós no pessoal sênior para poder responder a essas cartas corretamente.

Um dia, um membro do escritório de correspondência me perguntou se eu conhecia os hinos favoritos do presidente ou se ele tinha algum. Aparentemente alguém tinha escrito para a Casa Branca para descobrir. Acho que me fizeram essa pergunta porque presumiram que eu a faria à primeira-dama e ela saberia a resposta. Eu decidi, no entanto, pedir diretamente ao presidente. Fiquei surpreso ao ouvi-lo me dizer que dois de seus favoritos também eram favoritos de meu pai, que também gostava muito de cantar hinos.

O primeiro era "No Jardim" e o segundo era "Doce Hora de Oração". Quando ele me contou suas escolhas, fiquei impressionado. Então, para minha surpresa e prazer, ele silenciosamente cantou para mim. Ele tinha todas as palavras retidas na memória, e eu pensei que ele provavelmente se referia a elas e de fato dependia delas com regularidade, embora em particular. Ele não se referiu a um hinário ao responder minha pergunta; ele se referiu à sua memória e ao seu coração. Ele soube imediatamente como responderia à minha pergunta, não hesitou e respondeu calmamente – liricamente. Eu não pensava em Reagan como musical ou como tendo uma voz particularmente boa, e ele não provou que eu estava errado quando cantou para mim esses hinos. Ele acrescentou que havia muitos outros hinos que gostava também. Claro que eu queria continuar nossa conversa sobre hinos por muito mais tempo; no entanto, nossa experiência vocal foi intercalada entre as reuniões e foi interrompida. O canto do hino fazia parte do culto em sua igreja de infância e no campus da Eureka College – que era afiliada à igreja, então Reagan teria ouvido esses hinos e os cantado regularmente por muitos anos. O fato de ele ter cantado os hinos para mim não foi apenas delicioso e comovente – imagine receber do presidente dos Estados Unidos! –, mas foi a prova de que sua resposta não era superficial. Ele conhecia e amava esses hinos e os usava.

    Depois desse breve e improvisado show nas divisões familiares, voltei ao meu escritório e pesquisei as palavras de ambos os hinos, e pensei sobre o que eles poderiam ter significado para Reagan e por que ele os selecionou para compartilhar comigo. O primeiro hino, "No Jardim", parecia se encaixar sobretudo com a minha visão de Reagan e seu relacionamento com Deus – especialmente porque o refrão contém estas palavras: "E Ele caminha comigo, e fala comigo / E Ele me diz que sou d'Ele; / E a alegria que compartilhamos enquanto permanecemos lá, / Ninguém mais jamais conheceu". Aqui, pensei, estava o centro do sistema de crenças de Reagan; um passeio com Deus, uma conversa com Deus. Pessoal. Privada. Aprendeu com a mãe dele. Dependia na infância. Testado na adversidade. Reagan teve uma caminhada com Deus em um grau que eu nunca tinha visto em ninguém – outra pessoa –, e eu encontrei e conheci muitas pessoas tementes a Deus e oradoras em minha vida. Era tranquilo e confiante. Era o que ele guardava em seu interior. Isso era o que ele mantinha como incognoscível e não compartilhado com o mundo exterior. Esta era a essência do homem – não seu intelecto, embora certamente ele tivesse um belíssimo, mas sua perspectiva espiritual, sua caminhada com seu Deus. Essa foi a força interior que o animou, o dirigiu, falou com ele, o confortou e permitiu que ele fosse aquele indivíduo contido e completo que, de certa forma, não precisava de mais ninguém – apesar de sua proximidade e dependência de sua esposa.

Talvez, considerando os favoritos do hinário de Reagan, ele os usou como orações de uma maneira que minha filha Lauren uma vez se referiu em resposta a uma amiga que lhe perguntou o que significava orar: "Orar é fácil", disse ela à amiga. "É como cantar".

Houve algumas ocasiões em que Reagan revelou publicamente pelo que ele orou. Sabemos que, enquanto ele estava se recuperando de seu ferimento de bala no Hospital Universitário George Washington, ele estava orando por seu possível assassino – provavelmente entre muitas outras coisas que ele não mencionou ou registrou especificamente. Em sua juventude, ele tinha visto sua mãe curar as pessoas por meio da oração, então esta pode ter sido uma época em que ele usou o exemplo dela em sua própria vida. Os diários de Reagan e sua autobiografia estão cheios de inúmeras referências a rezar... e alguns até mencionam os nomes das pessoas pelas quais ele orou, incluindo, curiosamente, seu próprio sogro, o notável e formidável neurocirurgião de Chicago, Dr. Loyal Davis (1896-1982) – cujo funeral em Phoenix eu gerenciei para os Reagan em 1982.

Pessoas de um amplo espectro de público dizem que oram – principalmente em crises – mas muitos também falam sobre a oração diária regular. De fato, de acordo com a Barna Research, 84% dos americanos oram pelo menos uma vez por semana, e 64% dizem que oram mais de uma vez por dia. Se essas estatísticas são um reflexo correto da população geral votante, imagino que aqueles que rezam esperariam que seus líderes rezassem também. Como Reagan observou em 1984 no Dallas Prayer Breakfast:

> O Pacto Mayflower começou com as palavras: "Em nome de Deus, amém". A Declaração da Independência apela para "Deus da Natureza" e "o Criador" e "o Juiz Supremo do mundo". O Congresso recebeu um capelão, e os juramentos de posse são juramentos diante de Deus.

A fé era uma forte tensão no caráter de Reagan, e estava entrelaçada com todos os outros elementos. Fé para Reagan não foi uma ocorrência de domingo. Seus elementos de fé eram fundamentais para quem ele era como ser humano, líder e comunicador. Eram a simples realidade do homem e o maior aspecto de sua individualidade. Suas habilidades de liderança e comunicação foram o resultado direto desse núcleo integrado e integral.

Reagan não foi o único líder americano para quem a fé constitui um elemento dominante de caráter, como ele mesmo apontou novamente no mesmo Café da Manhã de Oração de Dallas quando se referiu aos ideais religiosos dos Pais Fundadores:

> James Madison, nos Federalist Papers, reconheceu que, na criação de nossa República, "percebeu a mão do Todo-Poderoso". John Jay, o primeiro presidente da Suprema Corte, advertiu que nunca devemos esquecer o "Deus de quem nossa bênção fluiu". George Washington referia-se ao "lugar profundo e insuperável da religião no coração de nossa nação". E Washington expressou reservas sobre

a ideia de que poderia haver uma política sábia sem uma fundação firme e moral e religiosa. Ele disse: "De todas as disposições e hábitos que levam à prosperidade política, religião e moralidade são apoios indispensáveis".

Em um estudo sobre os Pais Fundadores e sua fé publicado pelo Instituto Lehrman, o cientista político John G. West Jr. é citado dizendo que a

> teologia política de George Washington estava longe de ser ambígua. Incorporou três grandes proposições [...]. Primeiro, Washington acreditava que a religião servia como o defensor necessário da moralidade na vida cívica. Em segundo lugar, ele sustentou que a lei moral defendida pela religião era a mesma lei moral que pode ser conhecida pela razão. Em terceiro lugar, ele via a liberdade religiosa como um direito natural de todos os seres humanos.

O historiador Samuel Eliot Morison também escreveu sobre o primeiro presidente americano:

> Ele acreditava em Deus [...]. Estava certo de uma Providência nos assuntos dos homens. Da mesma forma, ele era completamente tolerante com as crenças de outras pessoas, mais do que a democracia americana de hoje; pois em uma carta à igreja sueco-demborgiana de Baltimore, ele escreveu: "Nesta era iluminada e na terra da igualdade de liberdade, acreditamos que os princípios religiosos de um homem não perderão a proteção da lei, nem o privarão do direito de alcançar e ocupar os mais altos cargos que são conhecidos nos Estados Unidos". Mas Washington nunca se tornou membro ativo de qualquer igreja.

Da mesma forma, John Adams era um crente. O historiador Edwin S. Gaustad escreveu: "Desde as primeiras anotações em seu diário até as cartas escritas mais tarde na vida, Adams compôs variações sobre um único tema: Deus é tão grande, eu sou tão pequeno. Adams nunca duvidou de quem estava no comando do universo, nunca acreditou em si mesmo como seu próprio mestre, ou do destino de ninguém".

Em 1846 Abraham Lincoln escreveu:

> Que eu não sou membro de nenhuma Igreja Cristã, é verdade; mas eu nunca neguei a verdade das Escrituras; e eu nunca falei com desrespeito intencional à religião em geral, ou qualquer denominação de cristãos em particular [...]. Eu não acho que eu mesmo, poderia ser levado a apoiar um homem para um cargo, se ele fosse abertamente um inimigo e zombador da religião.

Jimmy Carter foi um batista que ensinou na Escola Dominical em sua cidade natal, Plains, Geórgia, e em Washington, depois que foi eleito presidente. Carter se autodenominava um cristão renascido. Carter disse que, como presidente, rezava todos os dias. Depois de seu tempo no cargo, ele publicou uma Bíblia de estudo, bem como aulas da Escola Dominical, e disse que lia partes das Escrituras todas as noites em voz alta, revezando-se com sua esposa, Rosalynn.

George W. Bush, também um cristão e metodista renascido, também professava pública e ativamente sua fé. Quando Bush estava concorrendo à presidência, foi-lhe perguntado qual seu filósofo político favorito. Ele respondeu famosamente: "Jesus Cristo – porque Ele mudou meu coração".

Em março de 1981, Reagan escreveu em sua Proclamação para um Dia Nacional de Oração,

> A oração é hoje uma força tão poderosa em nossa nação como sempre foi. Nós, como nação, nunca devemos esquecer esta fonte de força. E embora reconhecendo que a liberdade de escolher um caminho piedoso é a essência da liberdade, como uma nação, não podemos deixar de esperar que mais de nossos cidadãos, por meio

da oração, entrem em um relacionamento mais próximo com seu Criador.

O que é incomum aqui não é que houve tal proclamação, porque os redatores de discurso têm elaborado essas mensagens por décadas. Era o que este anúncio representava: reconhecer o poder da oração e a necessidade de mais americanos terem uma relação com Deus por meio da oração. Eu só posso conjecturar, mas tendo-o conhecido, posso imaginar que Ronald Reagan orou por esta eventualidade.

Reagan disse publicamente que acreditava em oração de intercessão. Ele disse que às vezes também tinha a sensação real de outros terem orado por ele. Falou de como estava grato por as pessoas estarem orando por ele, e isso o ajudou a fazer seu trabalho melhor. Em outubro de 1983, disse:

> Dificilmente passa um dia em que não me digam – às vezes em cartas e às vezes por pessoas que conheço e completos desconhecidos – e eles me dizem que estão orando por mim. Bem, graças a [minha mãe] Nelle Reagan, acredito na oração de intercessão, sei que essas orações estão me dando forças que eu não teria de outra forma.

Ele contou a história de que, enquanto governador da Califórnia, foi visitado uma tarde por dois grupos diferentes de pessoas que o pressionavam por algo em nome de seus eleitores. Antes que cada um deixasse o edifício da capital do estado, eles de repente correram de volta para seu escritório e disseram a Reagan que estavam orando por ele. Ele foi profundamente afetado por isso. Pouco depois disso, descobriu, enquanto visitava seu médico, que uma doença estomacal diagnosticada pela qual ele estava sofrendo e recebendo tratamento médico regular havia desaparecido completamente. Isto foi confirmado pelo seu médico. Reagan atribuiu essa cura ao poder da oração e daqueles que a buscavam para ele enquanto ele estava em cargos públicos.

Falar abertamente sobre a oração não deveria ser difícil em uma sociedade livre e aberta; no entanto, em relação à política, é uma coisa complicada de se fazer. A oração é subjetiva, ensinada de várias maneiras e praticada de várias outras. Ela pode ser usada para justificar ir para a guerra e infligir danos, além de ser usada para curar, encontrar consolo, procurar orientação e salvar vidas. Quando se trata de líderes, a maioria deles professará uma propensão a orar, e eles admitem que fazem isso, mas sabiamente deixam os detalhes fora da maioria das discussões. Oração particular é do que estamos falando aqui. A oração pública praticada nas igrejas, nas sinagogas, nas mesquitas, nas encostas ou nas esquinas das ruas é outra coisa. A maioria dos presidentes americanos admitiu a necessidade de oração e escreveu e falou publicamente sobre isso, alguns mais abertamente do que outros. Reagan disse que havia aprendido com sua mãe "o valor da oração, como ter sonhos e acreditar que eu poderia torná-los realidade".

Presidentes desde Eisenhower (1890-1969) sempre compareceram ao tradicional Café da Manhã Nacional de Oração, geralmente realizado em fevereiro em Washington a cada ano – um evento realizado no maior salão de baile da capital do país. Este evento tem crescido significativamente desde a sua criação em 1953, conhecido como o Café da Manhã de Oração presidencial que se tornou um evento internacional com uma longa lista de espera daqueles que procuram ser admitidos como convidados. Ouvi algumas confissões surpreendentes e introspecções genuinamente humildes e pessoais expressas nesses cafés da manhã por celebridades e autoridades nacionais – o que faz com que o interlúdio naquele café da manhã pareça tão refrescante.

Na primeira aparição de Reagan no Café da Manhã de Oração, ele contou a parábola agora popularizada de que gostava tanto que o ouvi repeti-la várias vezes. A história diz que, quando um homem estava andando na praia, ele se virou para olhar para trás e viu dois conjuntos de pegadas na areia onde ele estava andando – exceto que, em intervalos, havia apenas um conjunto de pegadas. Vendo esses intervalos como momentos de problemas em sua vida, ele pediu a Deus que explicasse por que Ele não estava andando ao lado dele – como Deus sempre havia prometido fazer. Foi então que Deus explicou: "Durante aqueles tempos de angústia, meu filho, havia apenas um conjunto de pegadas na areia porque eu estava carregando você".

Acho que Reagan realmente se via como o homem na praia. Era uma metáfora para sua vida e como ele sempre a viveu. Ele precisava de Deus ao seu lado e O sentiu lá. Ele poderia descrever esta caminhada em parábolas como esta, mas raramente falava sobre isso com os outros em termos pessoais.

Em outro café da manhã de oração, ele disse:

> Estou tão grato que sempre haverá um dia no ano em que as pessoas em toda a nossa terra podem se sentar como vizinhos e amigos e nos lembrar de qual é nossa verdadeira tarefa. Esta tarefa foi explicitada no Antigo e no Novo Testamento. Perguntaram a Jesus: "Mestre, qual é o grande mandamento na lei?". E Ele respondeu: "Amarás o Senhor teu Deus de todo o teu coração, e de toda a tua alma, e de todo o teu entendimento. Este é o primeiro e grande mandamento. E o segundo é semelhante a ele, amarás o teu próximo como a ti mesmo. Destes dois mandamentos dependem toda a lei e os profetas".

E ele mesmo confessou em outro desses eventos anuais,

> Sempre acreditei que fomos, cada um de nós, colocados aqui por uma razão, que há um plano, de alguma forma um plano divino para todos nós. Eu sei que todos os dias que me restam pertencem a Ele.

Lincoln também foi especialmente sincero ao escrever e falar sobre sua necessidade de oração e com que frequência recorreu a ela. Dizem que Washington rezou antes de cada batalha. Eisenhower falou sobre orar durante toda a Segunda

Guerra Mundial e sua presidência. Porque orar sempre se refere à comunhão silenciosa ou meditação, é um direito do indivíduo que nunca pode ser tirado – e Reagan se referiu a isso dessa maneira. Reagan também gostava de se referir a Lincoln e relatar que, durante suas lutas para acabar com a escravidão e reunir o país, ele muitas vezes caía de joelhos em oração porque não tinha "para onde ir". Reagan também disse no Dia Nacional de Oração em 1982:

> A imagem mais sublime da história americana é de George Washington de joelhos na neve em Valley Forge. Essa imagem personifica um povo que sabe que não é suficiente depender de nossa própria coragem e bondade; devemos também buscar a ajuda de Deus, nosso Pai e Preservador.

Diz muito sobre Reagan que ele chamou essa pintura de o quadro *"mais sublime"* – um quadro pintado em 1975 pelo artista Arnold Friberg (1913-2010), que também pintou as ilustrações usadas no filme épico *Os Dez Mandamentos* (1956). Outros podem discordar sobre sua importância relativa como uma pintura, mas eles não podem discordar que era assim que Reagan viu as imagens.

Reagan falou sobre orar antes de começar a maioria das reuniões e antes de cada voo de avião – o que não era diferente de como ele rezava antes de cada jogo de futebol que jogava na faculdade. Antes de uma reunião do Gabinete, um funcionário sugeriu ao presidente que o grupo instituísse uma nova prática de iniciar cada reunião com todas as orações. Voltando-se para Reagan para aprovação, ele ficou surpreso ao ouvir o presidente responder de modo escasso e comovente: "Ah, eu já fiz isso", e então ele continuou com o negócio em questão.

Sinto que essa história é significativa para ilustrar a prática de confiança e o espírito interior de Reagan. Para ele, a oração era tranquila e pessoal, não algo para exibição pública. Embora houvesse momentos em sua vida em que ele orava em grupo, normalmente não chamava outras pessoas para se juntar a ele. Ele deve ter sabido intuitivamente que orar em público, sobretudo quando você é um político eleito, pode levar a estereótipos nem sempre úteis ao processo político. Durante meu tempo na Casa Branca, um grupo de membros seniores da equipe organizou um café da manhã de oração semanal na sala de jantar da equipe, chamado de Refeitório, do qual ocasionalmente participei e gostei, e do qual me beneficiei. Não me lembro de ter visto o presidente, embora tenha sido convidado e possa ter participado uma ou duas vezes. Este não era o seu único jeito para rezar como presidente.

Houve uma vez, no entanto, em que um tipo especial de oração ficou barulhenta. Os Reagan apresentavam um programa regular de artes e entretenimento do Sistema Público de Radiodifusão, conhecido como *In Performance at the White House*. Apresentava artistas líderes de todos os gêneros musicais e tinha um tema diferente a cada ano. Atuei como produtor interno e contato principal para a equipe de produtores externos para o show. Um ano, o foco estava na música americana, e decidimos levar a transmissão para fora da Casa Branca para o segmento de música gospel americana. Procurei em Washington pelo melhor coro evangélico e pelo melhor diretor musical e os encontrei em uma igreja muito especial no centro da cidade. Depois que a gravação oficial foi concluída, a música continuou a rolar e os Reagan subiram no palco e dançaram e cantaram espontaneamente. Eles desfrutaram da liberdade do momento e do grande som da música do Evangelho, que continuou por algum tempo antes que percebêssemos que era melhor deixar a igreja fechar e deixar os congregantes irem para casa – o que finalmente fizemos também.

A história mais emocionante para mim sobre Reagan e oração foi contada pelo juiz William Clark (1931-2013), que alguns consideravam ser o melhor amigo de Reagan e era alguém que eu respeitava profundamente. Bill Clark foi o primeiro Conselheiro de Segurança Nacional de Reagan e mais tarde Secretário do Interior e esteve com ele durante seus anos como governador da Califórnia. É recontado desta forma no livro esclarecedor de Paul Kengor, *God and Ronald Reagan* ["Deus e Ronald Reagan"]. Em 1968, Clark e Reagan estavam viajando pelo país em um voo da TWA. Abalado,

> Clark informou o governador que Martin Luther King, Jr. (1929-1968) havia sido baleado. Ele esperava algum comentário de Reagan em troca, mas não ouviu nada. Clark se afastou; quando se virou, encontrou Reagan em oração, olhando para os joelhos, os lábios se movendo em silêncio.

Também relatado no livro de Kengor é a recontagem de Clark de como ele frequentemente ficava ao lado de Reagan no Salão Oval quando chamava as famílias de militares que haviam sido mortos em serviço ativo, acrescentando que era prática de Reagan sempre dizer: "Vamos fazer uma pequena oração juntos?". Eles sempre diziam *sim*. E então Reagan lideraria uma oração audível com eles e por eles. Kengor também compartilhou comigo como esses dois homens, Clark e Reagan, carregavam um código secreto silencioso que usavam quando notícias perturbadoras de algum tipo chegavam à Casa Branca. Ambos os homens sabiam quando a oração era necessária e, instintivamente, lembrariam um ao outro dizendo calmamente: "PD" – significando "Providência Divina" – para reconhecer a necessidade de buscar ajuda a esse Poder. Na Convenção Republicana de 1980 em Detroit, Reagan revelou dramaticamente como se sentia sobre a oração. Ao aceitar a nomeação do seu partido, concluiu as suas observações da seguinte forma:

> Confesso que tive um pouco de medo de sugerir o que vou sugerir – tenho mais medo de não sugerir – que comecemos nossa cruzada juntos em um momento de oração silenciosa.

Seu pedido foi atendido com um silêncio gritante em todo o salão cavernoso e Reagan terminou tudo alguns minutos depois com a maneira como ele sempre gostou de assinar – *"Deus abençoe a América"* – e então ele iniciou sua campanha, que finalmente o levou para a Casa Branca.

UM HOMEM DE FÉ

Barbara Walters (1929-2022), a icônica jornalista de televisão, foi uma vez convidada para o rancho Reagan, Rancho del Cielo, ou o Rancho do Céu, nas montanhas de Santa Ynez, acima de Santa Barbara, para uma de suas entrevistas televisionadas com Reagan. Eles se sentaram do lado de fora, porque a modesta casa de adobe era pequena demais para a equipe de filmagem caber lá dentro. Reagan havia construído a casa com a ajuda de alguns fazendeiros. Walters, com as câmeras rodando, perguntou ao presidente o que ele mais gostava na vida no rancho. Primeiro ele falou sobre ir ao cerne de problemas preocupantes do mundo e encontrar consolo. Então ele apontou para a visão abrangente e majestosa do Pacífico e, com um amplo gesto de sua mão sobre a magnífica visão de 360 graus, disse que essa vista sempre lhe dava consolo e lembrava a frase da Bíblia do Salmo 121: "Levantarei meus olhos para as colinas, de onde vem minha ajuda. Meu socorro vem do Senhor".

Reagan não fez essa referência na televisão nacional casualmente ou para ganhar votos. Não foi escrito para ele por escritores de discurso ou fornecido em um teleprompter. Isso veio naturalmente para ele, e ele obviamente pensou sobre isso muitas vezes ao se mover pelo rancho, limpando o mato e cortando madeira como ele gostava de fazer.

Reagan, que adorava cavalgar no rancho, costumava dizer: "Não há nada tão bom para a mente de um homem do que o lombo de um cavalo". Os agentes de sua equipe de segurança, como John Barletta e o anterior Dennis LeBlanc, um ex-agente da polícia estadual da Califórnia, que havia feito a segurança de Reagan como governador, tornaram-se amigos de montaria, e eles puderam atestar o quanto Reagan apreciava suas cavalgadas sobretudo enquanto era presidente, e como ele usava esse tempo em sua própria maneira meditativa para pensar e planejar politicamente seus próximos movimentos.

Reagan conhecia bem sua Bíblia. Ela ficava na mesa de cabeceira ao lado de sua cama, próxima do telefone seguro, que frequentemente o acordava à noite com notícias de uma crise em algum lugar do mundo. Sua Bíblia era grande, velha e desgastada. Aparentemente, ele queria que fosse assim, porque decerto foram enviadas muitas novas por pessoas bem-intencionadas que achavam que ele deveria ler mais. Perguntaram-me frequentemente se eu poderia transmitir ao presidente algum tratado religioso ou uma Bíblia – pensando que Reagan poderia não estar familiarizado com isso!

O que a maioria dessas pessoas e o público em geral não sabiam então era que ele tinha sido um professor da Escola Dominical que nunca faltou a uma aula das 9h30 no domingo, seguido por um serviço juvenil. Na verdade, quando frequentou a Eureka College, ele dirigiu as cem milhas ao norte para sua cidade natal de Dixon para ensinar todos os domingos. Um de seus amigos mais próximos em Dixon foi para a escola da divindade, e Reagan pensou por um tempo em ir com ele. Sua namorada do ensino médio até a faculdade era a filha do pregador, Margaret Cleaver, com quem ele esperava se casar e cujo pai serviu como pai substituto de Reagan, ensinou-o a dirigir um carro e o recomendou para se matricular na Eureka College.

Tendo entrado e saído do quarto dos Reagan muitas vezes, onde a primeira-dama trabalhava diariamente em uma velha mesa de mogno, eu costumava notar a Bíblia ao lado de sua cama. Decidi perguntar a ele sobre isso e se ele realmente leu. "Ah, sim", disse ele, "e às vezes no meio da noite". Então ele me levou para o livro de couro grande e desgastado e apontou referências específicas manuscritas na frente do livro e algumas das passagens em Salmos e em outros lugares que haviam sido sublinhadas para referência rápida. Examinando esse livro, eu vi que ele tinha sido colocado em bom uso. Não era um volume elegante, lindamente encadernado e feito à mão, sentado no alto de uma estante de livros. Estava exatamente onde ele poderia alcançá-lo. Então, enquanto conversávamos sobre isso, ele parou e leu para mim duas ou três passagens que eram suas favoritas – principalmente as de conforto e orientação dos Salmos e Isaías – novamente prova de que ele sabia o texto e poderia facilmente se voltar para as passagens que o ajudaram. Ouvir a Bíblia sendo lida pelo presidente dos Estados Unidos foi um privilégio extraordinário para mim.

Reagan identificou-se completamente com a prática cristã, boas obras e liturgia descontraída dos Discípulos da Igreja de Cristo, onde foi batizado em 21 de junho de 1922. Ele foi ativo nesta igreja durante seus anos de faculdade, ingressando em atividades juvenis e em seu ensino na Escola Dominical. Reagan mais tarde se juntou à Igreja Presbiteriana de Hollywood, e anos depois disso, à Igreja Presbiteriana de Bel Air quando foi organizada e onde permaneceu como membro por mais de trinta anos. Ele não se juntou oficialmente à grande e moderna Igreja Presbiteriana Nacional quando veio para Washington, D.C. No entanto, fez adoração ali várias vezes, tomou a comunhão de seu pastor, e estava envolvido com a equipe pastoral.

Adorar em uma igreja no domingo sempre foi problemático para os Reagan. Quando moravam na Califórnia, muitas vezes passavam os fins de semana em seu rancho ou podiam estar viajando para fora da área. Durante os oito anos de seu governo, os Reagan costumavam se deslocar nos fins de semana entre Sacramento e Los Angeles. Então, durante seus anos na Casa Branca e sobretudo após a tentativa de assassinato, a segurança foi significativamente aumentada. Se o presidente comparecesse a um culto da igreja, todos na congregação seriam obrigados a passar por magnetômetros ou detectores de metal, como em um aeroporto. Isso impediu sua presença na igreja sem interromper o serviço e mover o foco do púlpito para o presidente. Reagan disse que estava desconfortável com isso, e então ele evitou sua presença. Alguns críticos tinham um problema com a falta de comparecimento dos Reagan à igreja – se por nenhuma outra razão além de "um presidente deve ser um exemplo para o país". Se eu não tivesse conhecido das convicções espirituais profundas e pessoais de Reagan, como muitos não conheceram, eu teria compartilhado essa preocupação – mesmo que a presença na igreja não fosse necessariamente uma maneira precisa de julgar o compromisso espiritual genuíno de uma pessoa.

Como muitos de seus antecessores, Reagan hospedou o evangelista e pregador de renome mundial, Billy Graham (1918-2018), na Casa Branca. O Reverendo Donn Moomaw, de sua igreja natal em Bel Air, também visitou a Casa Branca em várias ocasiões e oficiou em ambas as inaugurações. Reagan também chamou John Boyles, um pastor associado da Igreja Presbiteriana Nacional em Washington, para aconselhamento.

Depois que ele deixou o cargo, Reagan e Boyles mantiveram comunicação sobre a submissão de Boyles ao *Washington Post* do primeiro discurso de Natal do presidente à nação, que constou na sessão de abertura a história do nascimento de Jesus. Boyles ficou satisfeito que o jornal publicou o discurso, mas desapontado por terem editado a primeira parte, que era a mais religiosa. Anos depois de deixar o cargo, Reagan leu essa história no boletim da Igreja Presbiteriana Nacional e escreveu a Boyles uma nota manuscrita de agradecimento de seu escritório em Los Angeles. Ele agradeceu por ter enviado sua mensagem ao *Post* em primeiro lugar. Como Boyles se relacionava comigo pessoalmente, ele ficou surpreso com o fato de que Reagan estava lendo o boletim da igreja, muito menos respondendo a ele de uma maneira tão pessoal e focada.

Para Reagan, a ideia principal em sua prática do cristianismo era sua subordinação à Providência Divina. Isso lhe deu não apenas uma sensação de segurança e direção, mas um desejo de serviço, e uma maneira de manter suas ambições pessoais em cheque com o que Deus queria que ele fizesse e fosse. Também o imunizou, de certa forma, do egoísmo que pode inchar e engolir, quase sem saber, qualquer líder. Foi assim que um editorial do *Washington Times* caracterizou a fé de Reagan e seu impacto em seu trabalho:

> A fé fazia parte de todas as suas palavras. Em seu discurso "Tempo de Escolher", o sr. Reagan declarou: *"Vamos preservar para nossos filhos: a melhor e última esperança do homem na Terra, ou vamos sentenciá-los a dar o último passo em mil anos de escuridão".* Em seu primeiro discurso inaugural, ele disse: *"Disseram-me que dezenas de milhares de reuniões de oração estão sendo realizadas neste dia, e estou profundamente grato. Somos uma nação sob Deus, e acredito que Deus pretendia que fôssemos livres".* Suas obras também refletiam sua fé. Ele falou contra o aborto e a favor da oração nas escolas. Ele transformou a carranca do conservadorismo cultural para o vício em um sorriso para a virtude. O sr. Reagan devolveu o patriotismo sem remorsos ao discurso nacional; ele restaurou a liberdade pessoal e a responsabilidade como os fundamentos da filosofia nacional. Embora visse a coragem moral como uma arma essencial dos homens livres, ele se certificou de que os guerreiros da guerra fria estivessem bem armados e bem equipados.

A maioria dos líderes, incluindo presidentes dos EUA, são definidos e medidos por suas realizações sob pressão ou como resultado de algum tipo de adversidade nacional ou pessoal. Depois que Reagan foi baleado e enquanto estava se recuperando, ele escreveu em seu diário: *"O que mais acontecer agora, devo minha vida a Deus e tentarei servi-Lo de todas as maneiras que puder".*

Ele também disse, falando de seu suposto assassino:

> Percebi que não podia pedir a ajuda de Deus enquanto, ao mesmo tempo, sentia ódio pelo jovem confuso e zangado que havia atirado em mim. Não é esse o significado do cordeiro perdido? Somos todos filhos de Deus e, portanto, igualmente amados por Ele. Comecei a orar por sua alma e que ele encontrasse seu caminho de volta para o rebanho.

No local do enterro de Reagan, em Simi Valley, Califórnia, há um epitáfio gravado contendo palavras que Reagan escreveu que revela muito sobre a atitude espiritual do presidente e poderia servir como um credo especial de Reagan:

> Eu sei em meu coração que o homem é bom, que o que é certo sempre triunfará, e há propósito e valor para cada vida.

Em 1981, num discurso para a Primeira Comemoração Anual dos Dias de Memória às Vítimas do Holocausto, ele disse:

> Há um poema americano que diz que a humanidade, com todos os seus medos e todas as suas esperanças, depende de nós. Na verdade, foi o Papa, no final da Segunda Guerra Mundial, quando o mundo estava tão devastado, e, no entanto, só nós permanecemos tão fortes, que disse: "A América tem um gênio para atos grandiosos e altruístas, e nas mãos da América, Deus colocou uma humanidade aflita".

O grau em que Reagan sofreu adversidades interiormente em sua vida adulta é pouco conhecido por qualquer um. Sabemos que ele foi devastado por seu divórcio inesperado de sua primeira esposa, a atriz Jane Wyman; por uma carreira cinematográfica em declínio; pela derrota em sua primeira tentativa de nomeação para presidente; pelos desafios em suas relações com seus filhos; pela grande adversidade da tentativa de assassinato que o levou à morte; por doenças físicas que requerem cirurgia; e por sua incapacidade final. Mas não sabemos como ele interpretou ou proferiu esses aparentes sofrimentos em sua própria visão da vida. Não há registro de que ele se debruçou sobre a adversidade, mas ele provavelmente a superou com sua atitude bem documentada de confiança, fé e otimismo esmagador. Além disso, como não mostrou nenhuma autoabsorção, depressão ou introspecção extraordinária em particular, parece que seu personagem foi virado para fora – de uma maneira resiliente. Se ele tivesse revelado publicamente mais sobre esse assunto, seríamos capazes de preencher as lacunas mais facilmente. Por outro lado, se tivesse, ele poderia não ter sido percebido como um líder forte e descomplicado. Ele não reclamou ou buscou simpatia para ganhar apoio. Ele não precisava.

Sua tendência era ver a adversidade e seus usos em uma escala global ou macro, em vez de uma estritamente pessoal, e também como parte do desígnio de Deus para a reforma. Ele também vinculou a adversidade ao otimismo, porque não achava que o homem deveria ser amedrontado pelos problemas, mas, sim, usar os problemas para melhorar e expulsar qualquer tipo de escravidão das forças externas. Além disso, ele não vinculou a adversidade à finalidade ou à morte. Ele acreditava que o homem sempre poderia melhorar sua situação. Você pode ver isso na maneira como ele olhou nos olhos dos agricultores coletivistas que visitamos um dia na China em 1984. Ele não tinha exatamente pena deles, mas lhes dava a sensação de que havia um caminho melhor, um ideal econômico melhor que poderia ser alcançado. Ele via a adversidade tanto como um problema religioso quanto político, e via as soluções da mesma maneira – com suas crenças fornecendo a solução fundamental e definitiva para o problema em questão. Ele estava silenciosamente avaliando ou julgando sua vida de acordo com o que achava que Deus queria que ele fizesse ao longo do caminho, embora tivesse – sabiamente – pensado que era inapropriado sobrecarregar qualquer outra pessoa com essa autoavaliação.

O otimismo ensolarado experiente, mas perpétuo, que era um elemento perceptível no caráter de Reagan não era mera imaturidade intelectual ou bajulação política. Ele acreditava que sua atitude de esperança e entusiasmo poderia realmente ajudar a mudar as economias, afetar o mercado de ações, aumentar a confiança do público e os hábitos de consumo e, geralmente, elevar a confiança de modo que resultasse em mover um país para a frente. Para Reagan, a vida não era uma jogada de dados ou uma série de negócios de sorte. Era sua crença de que Deus finalmente segurava o universo em Suas mãos e que o resultado seria bom. Ele compartilhava essa crença em quase todos os discursos que fazia.

Reagan teve uma oportunidade única durante sua presidência, por causa do momento de mudança dos acontecimentos na União Soviética e sua liderança, que ele fez uso. Ele ganhou o direito de liderar uma nação fundada na rejeição da dominação religiosa e da perseguição e no estabelecimento de um ambiente de tolerância e na proteção do direito de culto ou não de um indivíduo de qualquer maneira desejada. A fé privada de Reagan assumiu um propósito público e global, e ele teve a oportunidade de expressá-la de uma maneira que poucas pessoas já tiveram. Ele não defendia nenhuma seita, organização ou ensinamento religioso específico separado da adesão às Escrituras.

Os Pais Fundadores também representaram a pluralidade religiosa e várias tradições de fé. Jefferson removeu seleções da Bíblia em que acreditava e criou sua própria coleção de escritos bíblicos, agora chamada de Bíblia Jefferson. Para Reagan, nunca se tratou de seita. Sua fé era baseada em uma relação pessoal com seu Deus, e ele invocou Deus como uma presença ativa em sua vida. Acredito que ele viveu uma vida pós-denominacional antes de estar na moda afirmar isso dessa forma.

Reagan era em grande parte ecumênico e tinha um respeito saudável especialmente por católicos e judeus, mas ele também não descartou, limitou ou criticou qualquer denominação. Nossa equipe da Casa Branca incluía pessoas de muitas religiões diferentes. Em um café da manhã ecumênico em Dallas, em 1984, Reagan disse:

> Eu acredito que a fé e a religião desempenham um papel crítico na vida política de nossa nação – e sempre desempenharam – e que a igreja, e com isso me refiro a todas as igrejas, de todas as denominações, teve uma forte influência no Estado. E isso funcionou em nosso benefício como nação. Aqueles que criaram nosso país, os Pais Fundadores e as Mães, entenderam que há uma ordem divina que transcende à ordem humana. Eles viram o Estado, de fato, como uma forma de ordem moral e sentiram que a base da ordem moral é a religião.

Embora ecumênico, Reagan não era um religioso brando ou passivo, nem compartimentalizava sua fé em uma parte conveniente e enclausurada de sua vida ou carreira. Ele respeitou e defendeu a importância da separação constitucional da Igreja e do Estado; no entanto, nunca se separou como presidente do propósito divino que ele viu para seu país. A realização deste propósito, ele sentiu, não era a província de qualquer igreja ou governo em particular, mas descansou nas mentes e corações de homens e mulheres. Era precisamente por isso que, em sua opinião, as pessoas precisavam ser livres para adorar, viver, agir, criar, progredir, como elas mesmas determinaram.

Isso traz à mente minha própria frase favorita de Jefferson, esculpida no entablamento do memorial brilhante da rotunda branca para ele na Bacia das Marés em Washington, D.C., cercada pelas famosas cerejeiras: "Eu jurei sobre o altar de Deus hostilidade eterna contra todas as formas de tirania sobre a mente do homem". Acredito que Reagan, ao perseguir o que ele sentia serem os direitos divinos do homem à liberdade da tirania, estava em sua própria cruzada para cumprir o chamado de Jefferson.

A fé de Reagan foi posta à prova quando ele assumiu o mais alto cargo na América, e quando ele pisou o limiar, não deixou sua fé para trás; pressionou-a em maior serviço. Como vimos, ele usou isso para raciocinar sobre política interna e externa e em assuntos pessoais. Apenas algumas pessoas têm a oportunidade de aplicar sua fé dessa maneira e fazer com que ela funcione para elas nos mais altos escritórios governamentais ou do setor privado. Talvez seja por isso que a Bíblia admoesta seus leitores para orar por chefes de Estado e outros líderes. No caso de Reagan, ele retribuiu o favor.

Na mente de Reagan, a fé estava tecida em todos os aspectos de sua vida, e ele a expressou em termos profundamente emocionantes, mas em geral apenas quando aplicada às situações, eventos, tragédias e objetivos políticos que conduziu como presidente. Ele não evangelizou para fins religiosos. Ele também não costumava associar sua fé e andar com quaisquer questões sectárias ou estridentemente religiopolíticas, organizações, comícios, ou ação política. Não era que ele fosse impedido por sua equipe de fazê-lo; ele não estava inclinado a isso. Na maioria das vezes, também teve o bom senso de falar nas vozes de outras pessoas – citando extensivamente e referindo-se aos líderes reconhecidos e amplamente respeitados do passado. Ele contava histórias de pessoas heroicas cotidianas cujas vidas lhe davam inspiração e eram modelos para ele falar. Na verdade, fez isso de forma tão eficaz que as pessoas muitas vezes ficaram surpresas ao saber da profundidade de sua própria fé.

Embora eu tenha chamado Reagan de evangelista por ideais e ideias conservadoras, ele não tentou converter ou prejudicar o ponto de vista de outra pessoa; em vez disso, expôs as opções. Ele não forçou sua voz a entrar na casa de ninguém, mas estava grato por ser bem-vindo lá. Ele carregava a bandeira do conservadorismo e do Partido Republicano, mas seu padrão representava muito mais do que isso. Reagan professou publicamente sua fé em várias ocasiões.

Além disso, ele não falou sobre isso de modo informal e pessoal, e ainda assim expressou isso em cada discurso que fez. Reagan tinha uma sensação estranha de que uma expressão pessoal dessa fé não se acumularia à sua popularidade ou à sua aceitação geral como líder, e poderia marginalizar alguns de seus constituintes e colorir suas ações, especialmente no que diz respeito às suas iniciativas de política externa. Ele estava ciente de que era presidente de todos os americanos, não apenas dos devotos. Por um período após a morte de Reagan, continuou a me surpreender que tão poucas pessoas entendessem a profundidade de sua fé ou soubessem algo sobre isso. Em retrospecto, agora acredito que foi um fenômeno fortuito, auxiliando-o no trabalho que ele teve que fazer e embelezando sua estatura na história sem associação com muito, só suas realizações específicas. Acredito que era essa a intenção dele.

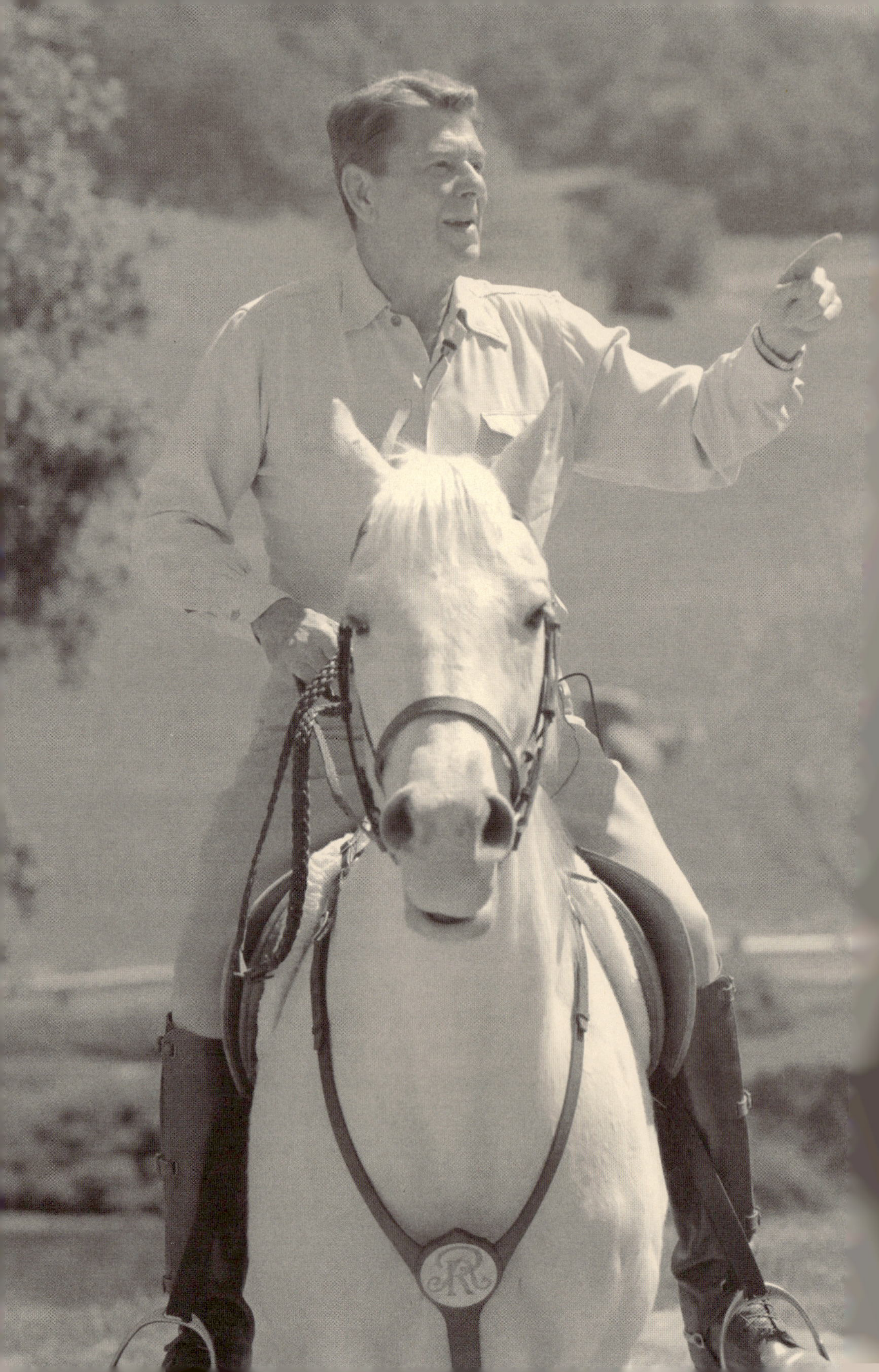

CAPÍTULO 8

Olhando o mal nos olhos

Aqui está como Natan Sharansky, o judeu russo que ficou preso por treze anos em campos de trabalho soviéticos, sobretudo em confinamento solitário em Perm35, localizado na Sibéria, explicou dramaticamente a maneira como o discurso de 1983 de Reagan sobre o "Império do Mal" chegou até ele. Ele o descreveu após sua liberação em um acordo negociado entre Reagan e Gorbachev em 1986.

  A história foi assim: as palavras no discurso de Reagan foram realmente espalhadas pelo campo de trabalho soviético pelo primitivo código Morse, um sistema de ponto e traço sem fio há muito abandonado e usado na Primeira Guerra Mundial. Essas palavras de Reagan foram então escritas à mão em pequenos pedaços de papel e os papéis colados nas paredes do gulag de Sharansky, onde ele havia sido condenado como criminoso por, entre outras coisas, iniciar o grupo Refusenik em Moscou, anos antes. Lá, todos os prisioneiros podiam ver e ler as palavras ditas pelo presidente americano e depositar suas esperanças nas palavras de alguém a um mundo de distância que estava chamando a atenção para o sistema sob o qual estavam encarcerados. Dessa transmissão milagrosa do discurso, Sharansky escreveu: "Finalmente, o líder do mundo livre havia falado a verdade – uma verdade que ardia dentro do coração de cada um de nós".

As observações de Reagan e o trabalho incansável da esposa de Sharansky e de outros para ganhar sua liberação finalmente ganharam a liberdade de Sharansky em uma troca de prisioneiros por Mikhail Gorbachev. Sharansky recebeu a Medalha de Liberdade dos Estados Unidos, que lhe foi concedida na Sala Leste da Casa Branca em reconhecimento por seus esforços persistentes para promover a liberdade em todo o mundo.

A maioria das pessoas tenta evitar pensar e falar sobre o mal, esperando que ele simplesmente desapareça ou de alguma forma seja derrotado sem esforço direto e caro. Reagan obviamente sentiu o oposto. Para ele, identificar o mal e falar sobre ele *ajudaria* a fazê-lo desaparecer. Neste discurso altamente notado de março de 1983, de Orlando, para a Associação Nacional de Evangélicos, Reagan chamou a União Soviética como "o foco do mal no mundo moderno". Ele também se referiu à União Soviética como um "império do mal".

Ele não aplicou esses rótulos inflamatórios sem saber. Reagan foi pontual e deliberado quando usou essas frases para o impacto estratégico. Isso não foi uma facada no escuro para o inequívoco Reagan, embora a pergunta permaneça: o que ele quis dizer com esses termos? Afinal, o mal é um grande assunto que deixa perplexo e oprime até mesmo os teólogos.

Nos casos em que Reagan usava o termo *mal,* ele o usava para descrever o poder dos tiranos para privar o povo que eles controlavam do livre-arbítrio, que Reagan via como um direito natural de todo ser humano. A opressão do indivíduo – por um governo ou ditador – é o que ele estava chamando de mal neste caso. Em um nível básico, poucas pessoas poderiam discordar de Reagan. Muitos sentiram, no entanto, que não era apropriado nem oportuno que ele o declarasse publicamente de maneira tão sincera, direta e desmascarada. Sua reação foi em parte política e em parte baseada em sua ignorância das propensões, usos, e resultados potenciais – e no fato de que eles não estavam confortáveis em confrontá-lo, especialmente quando aparecia em outro país soberano.

Em particular, os oponentes de Reagan no governo dos EUA pensaram que chamar o sistema soviético de mal não ajudaria nosso relacionamento bilateral com a URSS apenas justamente quando esses oficiais dos EUA pensavam que poderíamos estar à beira de um degelo. Mas Reagan sabia que criminosos malignos e malfeitores não gostam de nada melhor do que serem deixados sozinhos para cometerem seus delitos. Ele também sentiu que, se fossem deixados sozinhos, levariam a cabo crimes maiores que poderiam, eventual e diretamente ameaçar a segurança dos Estados Unidos. Reagan sentiu que esses instigadores do mal e da malfeitoria já estavam trabalhando há tempo suficiente, e ele estava pronto para fornecer ao mundo um chamado de despertar e rotular o sistema soviético como ele o via.

Antes da Segunda Guerra Mundial, ainda carregando a memória e o custo humano e econômico da Primeira Guerra Mundial, grande parte da Europa tentou o apaziguamento como estratégia com Hitler até perceber, quase tarde demais, o preço maciço dessa inação, ignorância, tolerância e fraqueza. Eles não conseguiram reconhecer o mal, apesar de ampla evidência de que ele estava em marcha, e eles não conseguiram montar resistência suficiente a ele. Este foi um fracasso moral e não apenas político. Uma vez que Reagan era tanto o homem moral quanto o político, nem sequer lhe ocorreria tratar o mal passivamente. Esta era a filosofia subjacente de Reagan, apoiada pelos detalhes em seus muitos discursos e direção política.

Acredito que Reagan viu o mal tanto em um arquétipo bíblico quanto em um quadro político ativo e prático – e essa foi uma mistura perfeita para ele. Ele era um estudante da Bíblia que ocupava um trabalho secular e político. Ele não era um relativista moral.

Ele via tudo como bom ou ruim. Ele acreditava na verdade absoluta. O que era especialmente interessante para mim era que, como Reagan era um otimista autodescrito e exemplar, eu esperaria que ele tomasse um caminho de evitar o confronto quando se tratava do mal, preferindo ver tudo em uma luz positiva – afinal,

Reagan manteve uma atitude ao longo da vida de que tudo ficaria bem. Mas ele estava pronto para lutar contra o mal, enquanto a maioria das pessoas faz um desvio quando se trata de enfrentar uma poderosa força de malfeitos. Sua confrontação corajosa com o mal merece respeito, e essa pode ter sido sua contribuição mais forte como líder americano – o exemplo forte que ele poderia ter estabelecido – embora seja talvez a característica menos compreendida de seu legado como presidente.

Reagan viu esse braço lutando com sistemas malignos como uma luta que ele estava disposto a empreender, e estava disposto a aceitar a quantidade significativa de críticas às quais estava sujeito como resultado. Sua convicção e coragem lhe permitiram ir para a batalha pelo mal do comunismo e ajudar a parar o que estava tentando – que era, em um ponto da história, um objetivo declarado publicamente de dominação mundial, uma atração vindoura do que vemos na luta de hoje contra o Islã radical. No avanço de Reagan em direção ao mal, havia no que ele disse apenas uma abordagem de faróis. É importante notar, no entanto, que ele não estava argumentando ou implorando por nada. Ele estava afirmando os fatos e construindo um caso para que outras pessoas vissem o mal como ele.

Reagan denunciou o mal em termos macro, mas não denunciou pessoas que apresentavam o próprio mal que ele escoriou. Eram os sistemas e usos do mal que ele estava mirando. Ele queria destruir as causas raízes e dar-lhe um golpe mortal final, não apenas eliminar os promotores temporários. Quando ele falava sobre o "monte de cinzas da história" ao descrever o fim do comunismo, acredito que imaginou o fim dos sistemas malignos, não apenas para seus atores atuais.

Isso é interessante em comparação com as administrações sucessivas e sua rotulagem do que é o mal. George W. Bush se referiu ao "eixo do mal", que era um pouco eficaz, mas se tornou mais pessoal quando foi pressionado a nomear criminosos malignos específicos – o que ele fez. O mal de Reagan não era pessoal, não limitado a políticos individuais, mas ao ensino e prática da tirania em sistemas políticos e dinastias. Ele também estava disposto a aderir à redenção. Quando perguntado durante sua visita a Moscou em 1988 se o "império do mal não era mais do mal", ele admitiu que estava correto, devido a suas reformas significativas – provando assim que via o mal impessoalmente.

O RESULTADO DO ENFRENTAMENTO DIRETO DO MAL

Embora nos Estados Unidos o discurso do "Império do Mal" tenha sido injuriado por liberais que o denunciaram profundamente nos termos mais contundentes, a reação daqueles que estavam mais familiarizados e viviam sob regimes totalitários foi bastante oposta. Isso era tudo o que importava, porque Reagan estava falando por eles e para eles. Paul Kengor fez um trabalho magistral de fornecer um inventário abrangente do que aconteceu na esteira desta denúncia. Citando Sergei Tarasenko do próprio Ministério das Relações Exteriores soviético, Kengor relatou-lhe dizendo: "O.k. Bem, somos um império do mal". O relatório de Kengor continua com um conhecido negociador de armas soviético:

> "Você sabe o que causou a queda da União Soviética? Você sabe o que fez isso?", ele trovejou, batendo o punho na mesa. "Aquele maldito discurso sobre o império do mal!" Foi isso que fez [...]. *Era* um império do mal. Era mesmo! E depois de Arkady Murashev, o chefe de polícia de Moscou que disse ao *Washington Post* que Reagan "chamou [a URSS] de 'Império do Mal'. Então por que vocês no Ocidente riram dele? É verdade!

E finalmente Kengor cita o ex-embaixador dos EUA na URSS, Jack Matlock, dizendo que "embora isso tenha ofendido os governantes soviéticos na época, fez muito para minar a reivindicação de legitimidade do império soviético".

Eu acrescentaria que ele fez muito para minar a legitimidade de todo ou qualquer mal – para denunciá-lo – para denunciar seu blefe expondo-o e denunciando-o. Este foi o primeiro passo, mas o mais importante, para derrotá-lo. Reagan não desistiu de sua pressão arengando, importunando e tamborilando de indignação até que o colapso do bloco comunista foi completo.

Negociando com os soviéticos em nome da Casa Branca, pude ver que eles viveram e promoveram a teoria propagandística da "grande mentira", afirmando e reafirmando-a por tantos anos que milhões que viviam na tirania realmente passaram a acreditar – ou pelo menos tolerá-la com as poucas opções que lhes restavam para protestar. Quando iniciamos nossas negociações com os soviéticos no planejamento da Cúpula de Genebra, Gorbachev estava no trabalho há apenas um período relativamente curto de tempo, e seus principais tenentes eram remanescentes de Konstantin Chernenko (1911-1985), seu antecessor imediato. Tudo o que solicitamos em termos de esboço, substância, agenda, estrutura e protocolo para as próximas reuniões foi rejeitado com um ar de superioridade decidida. Os nossos homólogos soviéticos aproveitaram todas as oportunidades para nos dizer que o sistema soviético era a maior e mais bem sucedida economia do mundo e que os seus cidadãos gozavam das maiores liberdades e da melhor qualidade de vida.

Ouvir essas declarações dia após dia tornou ainda mais óbvio o fato de que essas eram mentiras. Afinal, vários de nós realmente viajaram para a URSS e observaram as condições de vida de seu povo com nossos próprios olhos. Em minhas próprias visitas, eu tinha sido perseguido e seguido pelo KGB e ainda fui capaz de falar com os cidadãos comuns que eram silenciosamente sinceros comigo sobre suas condições de vida extremamente pobres e reprimidas. Na mesa de negociações, conversamos entre nós, imaginando como pessoas inteligentes como esses funcionários do governo poderiam acreditar nessas mentiras. Assumimos que muitos sabiam a verdade em seus corações, mas que tinham poucas oportunidades de exigir qualquer coisa que ameaçasse suas posições governamentais seguras e confortáveis.

    Enquanto nos preparávamos para a primeira cúpula Reagan-Gorbachev em Genebra, não ficámos impressionados com estas mentiras. Mas depois de repetidas reuniões, lutamos para fazer qualquer progresso em nossas negociações por conta de sua linha de raciocínio baseada nessas mentiras. À medida que o tempo se aproximava para o encontro entre esses dois líderes das superpotências, a influência de Gorbachev na mesa de negociações finalmente entrou em jogo por meio da nomeação de seu próprio pessoal de nomeação política. Como resultado, os nomes e rostos na mesa de negociação mudaram drasticamente da noite para o dia. Os negociadores de Gorbachev assumiram um novo tom, que era mais maduro, honesto, franco e sofisticado. Havia um sentimento geral em nossa equipe de que estas eram pessoas com quem poderíamos trabalhar e que talvez isso prenunciasse o tom da experiência do presidente com Gorbachev em sua primeira das quatro reuniões históricas da cúpula com o líder soviético. Finalmente, tudo sobre esta reunião parecia certo em termos de tempo e conteúdo.

    O mundo pagou um preço alto pela longa Guerra Fria – talvez não no número dramático de baixas que poderia ocorrer se houvesse o combate militar, mas na perda do crescimento econômico, a perda do potencial humano no cenário mundial e o terror e o medo que milhões sentiram por todos os lados. A tensão econômica de um massivo acúmulo de armas e desdobramento militar defensivo foi significativa para muitos países. Reagan sabia que a sua era uma guerra de ideais e sentia que poderia ganhar os corações e mentes de uma maioria de qualquer pessoa que vivesse em tirania, chamando a atenção para uma mentira, bem como projetar muitas outras iniciativas militares, diplomáticas, comerciais e culturais complexas – todas elas eram pedaços de seu mosaico.

Em um período muito anterior de sua vida, Reagan assistiu a filmes de campos de concentração nazistas sendo libertados. Ele ficou tão impressionado com essa evidência documentada e tão repugnado com o que os perpetradores fizeram que manteve a filmagem e se certificou de que cada um de seus filhos a visse. Seu filho Ron Jr. disse: "Meu pai parecia considerar assistir a esse filme como um rito essencial de masculinidade".

O que foi especialmente útil e oportuno para o mundo na filosofia de Reagan e sua ação como líder, foi sua consciência do mal e sua ousadia política de ajudar a acabar com sua dominação no mundo moderno – pelo menos em sua incorporação no governo comunista liderado pela União Soviética. Reagan às vezes rejeitava o conselho de conselheiros de mente elevada e bem-educados em seu próprio governo, mas foi acompanhado em sua campanha, mais notavelmente pelo Papa João Paulo II e por Margaret Thatcher, entre outros jogadores no campo.

Enquanto o presidente estava expondo o império do mal, ele também estava planejando seu fim e um fortalecimento das relações bilaterais. Nós, na equipe, estávamos planejando os detalhes da primeira reunião bilateral entre Reagan e Gorbachev nas margens do Lago Genebra, no final de 1985, quando Reagan foi coreografando uma reunião particular com Gorbachev. Esta era a maneira que o presidente avaliaria o caráter do líder soviético.

Esta sessão privada, exclusiva para líderes, teve suas raízes em uma série de briefings que Reagan recebeu em Washington de Suzanne Massie. Ela adquiriu um conhecimento especial do estado atual de pensamento na União Soviética por meio de seus muitos anos de viagem para lá, encontrando-se com o povo russo e escrevendo sobre eles. Para sua surpresa, Reagan não encontrou todas as opiniões de Massie representadas em seus livros de instruções do Departamento de Estado e, por curiosidade, ele começou a se encontrar com ela extraoficialmente. Eventualmente, eles tiveram dezenas de discussões presenciais durante um período de quatro anos na Casa Branca. O presidente achou suas percepções especialmente interessantes e úteis, pois se relacionavam com a textura do povo russo, sua religião e cultura, bem como com as personalidades de seus líderes.

Massie também postulava que Gorbachev era um homem de valores e crenças que talvez não fosse ateu, embora sua esposa certamente fosse. Isso deu a Reagan sua abertura com Gorbachev. Era a chave que ele precisava, pensou, para criar uma ponte de entendimento. Gorbachev era alguém com quem ele sentia que poderia trabalhar, e isso provou ser verdade. Ele carregou os muitos insights de Massie com ele para Genebra, juntamente com seus briefings do Departamento de Estado. Em Genebra, os Reagan permaneceram na bonita, mas de tamanho moderado, vila de Aga Khan, o líder espiritual de uma seita de muçulmanos xiitas. Nancy Reagan aprovou pessoalmente a seleção desta casa depois que nossa equipe passou dias explorando e visitando muitos locais possíveis em Genebra e nos arredores. A maioria das reuniões formais ocorreu na Villa Fleur d'Eau, maior e mais profissional, a uma curta distância de onde os Reagan estavam alojados. Este local tinha espaço para alguns meios de comunicação e funcionários. Ele também tinha uma pequena cabana rústica, que alguns chamavam de casa da piscina, perto do Lago Genebra, a cerca de cem metros do edifício principal. O chalé tinha uma grande lareira, e foi aqui que a primeira reunião separada e exclusiva ocorreu – apenas os dois homens e seus intérpretes. Do jeito que Reagan queria. Aqui, os líderes estavam longe do estado-maior e de outras formalidades para que Reagan pudesse realizar seu único propósito simples: estabelecer um entendimento entre eles com base na possibilidade de uma crença compartilhada em um Poder Superior. Isso foi ideia de Reagan sozinho.

Havia ceticismo entre os funcionários sobre se isso era ou não uma ideia sábia, e havia oposição a que os dois líderes ficassem sozinhos sem funcionários ou anotadores, apenas intérpretes. Alguns podem ver perigo nisso. Reagan sentiu que valia a pena o risco de estabelecer um relacionamento pessoal com base em algum nível de possível confiança emergente. Ele costumava dizer que havia esperado muito tempo para se encontrar com um líder soviético, já que vários dos antecessores de Gorbachev haviam morrido no cargo depois de servir apenas por um curto período de tempo, e este foi o primeiro encontro entre os chefes das duas superpotências em seis anos.

Aqui estava a chance de Reagan de colocar seu sistema de crenças em uso em uma aposta de alto risco para estabelecer um relacionamento de trabalho positivo. O mundo estava assistindo. Reagan estava se apresentando à moda do livro de regras. Ele estava tentando estabelecer uma base para a comunicação com Gorbachev ao lançar as bases para reuniões subsequentes que trariam os dois para o conflito em uma série de questões sérias. Se não foi a confiança mútua completa que resultou dessas reuniões privadas, foi pelo menos honestidade e franqueza. Por parte de Reagan, seu objetivo era alcançar um nível suficiente de compreensão entre os dois líderes de que eles poderiam avançar para abordar as questões de maior importância para o mundo. Os riscos eram altos em termos de impacto global potencial, e ambos os homens sabiam disso.

Lembro-me vividamente das primeiras horas da noite antes da chegada de Gorbachev para jantar no complexo dos Reagan. Havia uma atmosfera pensativa um pouco não surpreendente na casa, enquanto o mundo exterior observava para ver como esses líderes se relacionariam e o que, se alguma coisa, eles realizariam. Perguntei a Aga Khan se ele estaria disposto a deixar alguns dos seus funcionários pessoais, incluindo o seu próprio chefe, para ajudar a gerir a casa durante a nossa estadia. Ele gentilmente concordou com o meu pedido. Naquele dia, eles construíram uma fogueira ruidosa em uma lareira de pedra maciça no centro do salão principal ou da sala de estar, com seus móveis confortáveis de estofamento vermelho.

Enquanto esperávamos por Gorbachev, Reagan e eu nos sentamos sozinhos por algum tempo em frente à lareira, relaxando e principalmente compartilhando pequenas conversas sobre a viagem. Eu me virei para ele em um momento e fiz uma pergunta mais sondadora.

"O que", perguntei-lhe claramente,

> em sua própria visão pessoal, acabará por enviar regimes totalitários e comunistas, os sistemas que você chama de malignos, para o que você muitas vezes chama de pilha de cinzas da história de uma vez por todas – e quando o conflito com a União Soviética finalmente será resolvido?

Eu realmente queria saber se ele tinha alguma percepção real de quando essas "experiências fracassadas no governo", como ele as caracterizava, cairiam e como.

"Jim", disse ele naquele barítono silencioso e baixo,

> esses sistemas desmoronarão pelo simples fato de que uma crescente maioria de pessoas que vivem sob seu governo tem um desejo reprimido de ser livre para adorar mais do que o Estado; e essa demanda de conhecer e adorar a Deus, e ter um relacionamento livre e aberto com Ele, é o que trará o totalitarismo e o comunismo para baixo. Disso eu tenho certeza. As pessoas farão isso sozinhas. Precisamos fazer tudo o que pudermos para ajudá-los a realizar isso.

Obviamente, essa era uma variação de um dos principais temas subjacentes que ele estava perseguindo nos encontros individuais com o presidente soviético, e muito desse pensamento veio de suas discussões com Suzanne Massie, bem como de seu próprio reservatório de crenças. Mas também era puro Reagan pensar longitudinal e contrariamente à estratégia divulgada em público, que se concentrou necessária e adequadamente em um acúmulo militar dos EUA e sua resultante pressão econômica sobre o sistema soviético. Alternativamente, ele poderia ter ouvido o que Massie tinha a relatar sobre o povo russo e suas crenças religiosas profundamente sentidas e desconsideradas. Em vez disso, ele decidiu agir sobre isso. Depois de ouvi-lo prever o futuro da maneira que ele fez para mim na frente do fogo, eu tinha poucas dúvidas de que Reagan ligava suas crenças pessoais à sua política e à diplomacia. Acredito que ele se viu em uma batalha maior que ele esperava que terminasse em uma vitória pela democracia e liberdade.

Levei a sério o que Reagan havia dito, pensei nisso repetidas vezes e raramente o repetia a alguém. Se sua resposta à minha pergunta tivesse vazado para a mídia, ela teria sido profundamente desacreditada e se tivesse sido repetida para os formuladores de políticas que estavam correta e honestamente seguindo uma estratégia militar e diplomática agressiva de duas frentes, também teria sido descartada. Mas o que não podia ser descartado era que a crença que Reagan mantinha e compartilhava comigo era realmente verificada pela história – pelo que de fato aconteceu. As igrejas da Europa Oriental desempenharam um papel significativo no desaparecimento do totalitarismo de uma forma que não poderia ter sido politicamente projetada ou mesmo imaginada na época da cúpula de novembro de 1985.

Anne Applebaum, a jornalista vencedora do Prêmio Pulitzer, informa sobre o que estava acontecendo na Europa Oriental para confirmar as percepções de Reagan. Ela explicou o trabalho do Papa João Paulo II e as igrejas na Polônia na criação do Solidariedade[18], a primeira união organizada para derrotar

---

18. Ou *Solidarność*, sindicato fundado em 17 de setembro de 1980 por Lech Walesa, um eletricista até então desconhecido, foi oficialmente o primeiro sindicato livre por trás da Cortina de Ferro, que posteriormente obteria o apoio do Papa João Paulo II. Para maiores informações, veja: https://www.dw.com/pt-br/o-movimento-sindical-que-levou-%C3%A0-derrocada-do-comunismo-na-europa/a-54771506. Acesso em 13/fev/2023. (N. R.)

o comunismo. Estes foram os esforços para, em última análise, organizar a sociedade civil de uma forma que desempenharia um papel significativo na derrota da União Soviética. Em um artigo do *Washington Post* de 2005 intitulado "Como o Papa 'Derrotou o Comunismo'", ela escreveu:

> Meu marido, de dezesseis anos na época, se lembra de ter subido em uma árvore nos arredores de um aeródromo perto de Gniezno, onde o papa estava celebrando uma missa e vendo uma multidão interminável "três quilômetros em todas as direções". O regime – seus líderes, sua polícia – não era visível em nenhum lugar: "Havia tantos de nós, e tão poucos deles". Essa também foi a viagem em que o papa repetia: "Não tenha medo".
>
> Não foi por acaso que os poloneses encontraram coragem, um ano depois, para organizar o Solidariedade [...]. Não foi uma coincidência que a "sociedade civil" começou a se organizar em outros países comunistas também: se isso pudesse acontecer na Polônia, poderia acontecer na Hungria ou na Alemanha Oriental [...]. Também não era necessário, em 1989, que o papa fizesse acordos com Gorbachev, uma vez que em 1979 ele já havia demonstrado o vazio das reivindicações da União Soviética de superioridade moral. Ele não precisava conduzir negociações secretas, porque já havia mostrado que as coisas mais importantes poderiam ser ditas em público. Ele não precisava controlar as barricadas, em outras palavras, porque já havia mostrado às pessoas podiam atravessá-las.

Na conquista de Reagan de ajudar a acabar com a Guerra Fria e a regra e política comunista do expansionismo global, vemos um líder que está procurando o final e ele o encontra, não surpreendentemente, em algo que está em sintonia com suas próprias crenças. O fim de qualquer história para Reagan tem que ser baseado em fé e verdade – como ele falou em termos diretos e está em evidência em todos os lugares em seus discursos. Acredito que Reagan viu o mundo não apenas na história das conquistas materiais e das lutas humanas, mas em fases do progresso humano, sua trajetória às vezes presa por tiranos, mas sempre em uma ascensão avançada, se não visivelmente aparente. Embora ele fosse ridicularizado por manter essa perspectiva, isso separava Reagan da matilha política. Isso lhe deu uma estatura que a maioria não foi capaz de definir com precisão e sobre a qual Reagan não ajudou a deixar claro.

•• CAPÍTULO 9 ••

CHEFE DE VENDAS

R eagan estava sempre vendendo. Na verdade, Mike Deaver, seu assessor mais próximo, sempre disse que Reagan seria um ótimo vendedor de sapatos. Mas como presidente, assim como um fornecedor de calçados, ele também precisava ter um produto de qualidade para vender. Em 1980, na época da posse de Reagan, ele havia dito ao povo americano repetidamente o que faria se fosse eleito presidente. Este foi o produto que ele lhes vendeu: uma plataforma de posições, políticas e iniciativas que ele empreenderia para o país – tudo com o apoio de seu sistema de crenças conservador exclusivo.

No entanto, assim que ele desembalou suas malas na Avenida Pensilvânia, 1600, teve que começar tudo de novo, assim como todo presidente recém-eleito, e reafirmar ao público e aos membros importantes do Congresso os detalhes de sua plataforma política. Para os eleitores com quem entrou em um novo tipo de relacionamento, ele não era mais o candidato Reagan, mas o executivo-chefe. Isso significava uma nova rodada de escrutínio do homem e aprender a maneira como ele governaria.

Seu trabalho de venda inicial foi interrompido pela tentativa de assassinato pouco mais de dois meses após seu primeiro mandato. Mas este incidente inesperado e inimaginável também proporcionou uma elevação de simpatia não planejada para sua agenda legislativa e fortaleceu tanto sua determinação quanto sua capacidade de vendê-la. Com Reagan, o vendedor, tudo era simbólico e prático, e sua aparição antes de uma sessão conjunta incomum do Congresso 29 dias após o tiroteio foi projetada para recuperar a liderança da presidência por meio do símbolo de um corpo saudável (o dele) e da relação produtiva que ele buscava com um corpo político saudável (o Congresso).

Quando ele entrou na Câmara em 28 de abril de 1981, e finalmente começou seu discurso, depois de dez minutos de aplausos sustentados e muito poucos olhos secos, em ambos os lados do corredor, sua sobrevivência teve um significado especial para esses legisladores e de alguma forma os uniu. Naquele momento, Reagan não era uma parte. Ele era apenas um americano – como eles eram. Reagan começou seu discurso agradecendo a seus companheiros americanos por seu apoio, orações e amor durante sua recuperação, mas não perdeu tempo para chegar ao coração de seu plano. Ele renovou seu apelo para que o Congresso passasse sua agenda, que incluía reforma tributária e cortes, restrições nos gastos federais e um estímulo para a economia.

Desde a época em 1962, quando ele se virou politicamente para a direita e se tornou um republicano, Reagan sempre teve que justificar seus pontos de vista, correr um pouco mais, explicar um pouco mais e vender mais ambiciosamente do que quando ele era um democrata de carteirinha. Você poderia dizer que a estreia completa da plataforma e do programa de Reagan, que ele começaria a vender como presidente em 1981, teve uma inauguração muito anterior em Phoenix na Convenção Nacional Republicana de 1964, quando Barry Goldwater (1909-1998) foi nomeado presidente. Foi a primeira grande exposição de Reagan como político no cenário nacional, e ele causou uma grande impressão com seu eletrizante discurso "Tempo de Escolher" (ou "Encontro com o Destino", como também foi apelidado).

Depois disso, ele nunca olhou para trás, nunca desistiu de vender seus princípios e crenças, até que foi de fato silenciado pela doença degradante e pela deficiência que tomou sua voz. Neste discurso, proferido na cidade natal de Goldwater, Phoenix, Arizona, as expectativas para o desempenho de Reagan não eram altas, para dizer o mínimo, e havia perguntas sobre por que ele foi selecionado para dar esse endosso fundamental. Mas esta era uma situação ideal para ele estar naquela convenção.

Reagan frequentemente nos lembrava na equipe desse preceito – sempre surpreender uma audiência com grandeza e isso se tornou uma espécie de mantra na Ala Oeste. Não prometa nada antes de poder entregar. Não se antecipe com imodéstia. Não exagere em quantidade ou qualidade. Vá até o público com expectativas mais baixas e saia surpreendendo-os com uma conquista impressionante para que eles se sentem e prestem atenção, onde esperavam não ficar comovidos ou impressionados, ou até mesmo se lembrar de qualquer coisa que você disse ou fez. Essa atitude, praticada por Reagan, às vezes até de uma maneira a surpreender a todos, o colocou em posição de dizer, em parte, naquele discurso de estreia nacional em Phoenix:

> Você e eu sabemos e não acreditamos que a vida é tão querida e a paz tão doce a ponto de ser comprada ao preço das correntes e da escravidão. Se nada na vida vale a morte, quando que isso começou – apenas em face desse inimigo? Ou deveria Moisés ter dito aos filhos de Israel para viverem em servidão sob os faraós? Cristo deveria ter recusado a cruz? Os patriotas da Ponte Concord deveriam ter jogado suas armas e se recusado a disparar o tiro ouvido em todo o mundo? Os mártires da história não eram tolos e nossos honrados mortos que deram suas vidas para impedir o avanço dos nazistas não morreram em vão. Onde está, então, o caminho para a paz? Bem, é uma resposta simples, afinal.
>
> Você e eu temos a coragem de dizer aos nossos inimigos: "Há um preço que não pagaremos. Há um ponto além do qual eles não devem avançar". E esse é o significado da frase "paz por meio da força" de Barry Goldwater. Winston Churchill disse: "O destino do homem não é medido por cálculos materiais. Quando grandes forças estão em movimento no mundo, aprendemos que somos espíritos, não animais". E ele disse: "Há algo

acontecendo no tempo e no espaço, e além do tempo e do espaço, que, quer gostemos ou não, significa dever". Você e eu temos um encontro com o destino.

O interessante deste discurso não foi o efeito que teve sobre a campanha de Goldwater – US$ 1 milhão veio derramando na mesma noite do discurso. Nem foi o efeito sobre as perspectivas políticas de Reagan – que avançaram rapidamente a partir deste ponto. Era que este discurso fornece a evidência que Reagan estava falando, vendendo e pregando às multidões enormes muito antes que teve um time de escritores preparando discursos na Casa Branca. Esta é uma prova definitiva de que suas habilidades de falar em público como presidente não se acumularam principalmente à extraordinária habilidade de escritores de discurso brilhantes, mas ao próprio Reagan. Reagan escreveu essas coisas, todo esse discurso, ele mesmo veio de uma infância aprendendo com sermões, uma profissão de falar com milhões no rádio, agir na tela grande e imaginando o possível e descrevendo o que ele entendia como destino de uma nação.

Poucos homens ou mulheres têm a oportunidade ou a coragem de dizer as coisas que Reagan disse a um público tão extraordinariamente grande. Ele nunca foi chamado de filho de um pregador publicamente, e eu não tenho certeza do porquê, porque ele era. Ele era filho de Nelle Reagan. Os pregadores têm algo para vender – seja fogo e enxofre, os Dez Mandamentos, o Sermão da Montanha, ou redenção e restauração. Reagan estava modelando a si mesmo e seu estilo de liderança nisso – o estilo de liderança de vendas da igreja. A única diferença era que a plataforma era secular e os resultados estavam abertos a qualquer um. Reagan, como líder político nacional, teve que vender a redenção de um sistema governamental que ele pensava ser quebrado, e teve que vender o rearmamento militar, uma recuperação do poder e da estatura americana no mundo, e uma longa lista de propostas de políticas internas.

Como Reagan foi eleito presidente em uma plataforma que incluía benefícios fiscais e reformas econômicas, e tinha ideias inovadoras sobre como alcançá-las, ele era frequentemente colocado em uma posição de explicar e provar suas grandes ideias – e depois tinha que defender os detalhes antes que pudesse divulgá-los mais amplamente e vendê-los ao público. Foi assim que ele descreveu a situação que encontrou em Washington um mês depois de assumir o cargo:

> Há alguns dias, recebi um relatório que tinha solicitado, uma auditoria abrangente, se você quiser, de nossa condição econômica. Você não vai gostar. Eu não estava gostando nada disso. Mas temos que encarar a verdade... e depois trabalhar para mudar as coisas. E não se engane, podemos revertê-las.
>
> Os regulamentos adotados pelo governo com a melhor das intenções adicionaram US$ 666 ao custo de um automóvel. Estima-se que todos os regulamentos de todo tipo, sobre lojistas, agricultores e grandes indústrias, adicionam US$ 100 bilhões ou mais ao custo dos bens e serviços que compramos. E então outros US$ 20 bilhões são gastos pelo governo lidando com a papelada criada por esses regulamentos.
>
> Tenho certeza de que você está tendo a ideia de que a auditoria apresentada a mim encontrou políticas governamentais das últimas décadas responsáveis por nossos problemas econômicos. Esquecemos ou apenas não prestamos atenção ao fato de que o governo – qualquer governo – tem uma tendência inata de crescer. Agora, todos nós participamos de um olhar para o governo buscando benefícios, como se o governo tivesse alguma fonte de receita diferente de nossos ganhos.

Nessa palestra Reagan estava preparando as bases para as vendas da sua empresa. Ele lembrou repetidamente às pessoas como era a situação quando chegou a Washington. Ele estava estabelecendo o recorde de linha de base, como ele a viu, e traçando uma linha na areia contra a qual seria julgado pelas ações que tomou para melhorar as condições econômicas. Essas foram as afirmações do "bloco inicial" e o início desse grande impulso de vendas. Ele teve que declarar claramente sua avaliação da situação que herdou para fazer suas projeções sobre o futuro e fazê-las serem ouvidas. Reagan estabeleceu um padrão perfeito para qualquer vendedor seguir: articular as condições na chegada e, em seguida, estabelecer o plano para corrigi-las, assim como qualquer general chamado para a batalha também faria. Depois desta abertura, ele virou a esquina da oratória com uma declaração mais detalhada do problema e, em seguida, começou uma virada para o futuro com estas palavras de seu discurso de abril de 1981 ao Congresso:

> Passou meio ano desde a eleição que nos encarregou a todos neste governo com a tarefa de restaurar a nossa economia. E aonde chegamos nesses seis meses? A inflação, medida pelo Índice de Preços no Consumidor, continuou a uma taxa de dois dígitos. As taxas de juros de hipoteca têm em média quase 15% para estes seis meses, impedindo famílias em toda a América de comprar casas. Há ainda quase oito milhões de desempregados. O valor da hora trabalhada após o ajuste para a inflação *é* menor hoje do que era há seis meses, e há mais de 6 mil falhas de negócios.
>
> Seis meses é tempo suficiente! O povo americano agora quer que ajamos, e não em meias medidas. Eles exigem e ganharam um esforço completo e abrangente para limpar nossa bagunça econômica. Devido à extensão da doença da nossa economia, sabemos que a cura não virá rapidamente e que, mesmo com o nosso pacote, o progresso virá em polegadas e pés, não em milhas. Mas deixar de agir atrasará, ainda mais e mais dolorosamente, a cura que deve vir. E essa cura começa com o orçamento federal. E as ações orçamentárias tomadas

pelo Congresso sobre os próximos dias determinarão como responderemos à mensagem de 4 de novembro passado. Essa mensagem era muito simples: nosso governo é muito grande e gasta muito.

Esta parte do esforço de vendas faz uma reclamação e faz um aviso. "Seis meses é tempo suficiente!". A mudança está a caminho. Prepare-se para o resto da história e tome medidas sobre as propostas que faremos. Esta é a mudança da declaração do problema para a declaração da solução. Reagan sabia o que tinha que fazer – como se fosse o vendedor de sapatos. Ele o reafirmou do Salão Oval em 27 de julho de 1981, desta forma:

> Em poucos dias, o Congresso estará na bifurcação de duas estradas. Uma estrada é muito familiar para nós. Isso leva, em última análise, a impostos mais altos. Isso apenas nos leva de volta à fonte de nossos problemas econômicos, em que o governo decidiu que sabe melhor do que você o que deve ser feito com seus ganhos e, de fato, como você deve conduzir sua vida. A outra estrada promete renovar o espírito americano. É um caminho de esperança e oportunidade. Coloca a direção da sua vida de volta em suas mãos, a qual ela pertence.
>
> Não tomei seu tempo esta noite apenas para pedir que confiem em mim. Em vez disso, peço que confiem em si mesmos. É disso que se trata a América. Nossa luta pela nacionalidade, nossa luta implacável pela liberdade, nossa própria existência – todos eles se apoiaram na garantia de que você deve ser livre para moldar sua vida no melhor da sua capacidade, que ninguém pode impedi-los de alcançar mais alto ou tirar de vocês a criatividade que fez da América a inveja da humanidade. Uma estrada é tímida e temerosa; a outra é ousada e esperançosa.

Por fim, nesta última seção, ele está pedindo ação, participação do público. Reagan estava vendendo seu remédio para a ideia de que a América havia perdido sua forte posição no mundo. Essa perspectiva era intolerável para Reagan, e ele sabia se seria eficaz no cenário global que tinha que mudar.

Ele avisou a América de que lançaria uma campanha para espalhar a democracia e a liberdade onde quer que encontrasse uma predisposição ou um desejo por ela – e mesmo onde não encontrasse.

Quando ordenou que as forças americanas entrassem na minúscula e adjacente Granada para impedir um golpe marxista na Operação Fúria em março de 1983, ele explicou sua decisão de intervir com a força militar dessa maneira, assim como qualquer vendedor faria:

> Granada, segundo nos disseram, era uma ilha paraíso amigável para o turismo. Bem, não foi. Era uma colônia soviético-cubana, sendo preparada como um bastião militar importante para exportar o terror e minar a democracia. Chegamos bem na hora [...]. Sam Rayburn disse uma vez que a liberdade não é algo que uma nação pode trabalhar uma vez e ganhar para sempre. Ele disse que é como uma apólice de seguro; seus prêmios devem ser mantidos atualizados. Para mantê-la, temos que continuar trabalhando por ela e nos sacrificando por ela, enquanto vivermos. Se não o fizermos, nossos filhos podem não conhecer o prazer de trabalhar para mantê-lo, pois pode não ser deles.

Reagan entendeu a necessidade de qualquer líder se explicar, explicar suas ações e suas consequências. Isso torna o líder mais forte e amplia sua base de apoio. Esta não era apenas uma proposta de venda, mas uma proposta educacional para seu eleitorado.

A demonstração de força de Reagan em 1983 em Granada foi ouvida em todo o mundo e notada como a vontade de Reagan de ir à guerra para defender a liberdade. Uma ação como essa, não para ocupar, mas para furtar e destruir uma célula marxista na ilha, ajudou de uma pequena maneira a reconstruir a força da

América no exterior, e pode ter ajudado a trazer alguns líderes relutantes para um lugar mais sério na mesa de negociação. Este foi um exemplo da promessa de Reagan de buscar a paz por meio da força. Sucessos como o de Granada também ajudaram Reagan a vender seu próximo negócio com o povo americano.

Reagan chegou ao cargo com um plano ambicioso e detalhado, como todo presidente faz, que foi examinado por meio do processo eleitoral. Por causa de seus resultados eleitorais esmagadoramente positivos, ele tinha um mandato para mudar as prioridades da nação. Como resultado, a venda começou a sério no início de sua administração e foi uma rotação interminável de explicar e ganhar a atenção da maioria que lhe desse ouvidos – e depois começar tudo de novo. Vender é como anunciar – o segredo é a repetição. O sucesso da venda política não é diferente. Reagan repetia – muitas vezes causando reclamações de jornalistas que tinham que registrar mais uma defesa das virtudes do governo limitado e da economia do lado da oferta. Se ele tivesse perdido a vanguarda da venda eficaz, poderia ter perdido seu capital político considerável.

Para expandir, solidificar e manter a vantagem de vendas, Reagan levou sua mensagem diretamente ao povo americano. Ele fez isso o mais frequentemente possível, na tentativa de influenciar o que poderia ter sido a própria interpretação da mídia de suas propostas. Ele não queria um intermediário descrevendo suas iniciativas. Ele estava confiante em sua própria mensagem, sua entrega e seu público. Ele não os modificou; os respeitou. Ele teve a ideia de que, se pudesse chegar na frente de seu público, física ou virtualmente, teria uma chance melhor de convencê-los de sua sinceridade e do valor de suas propostas. Ele achava que essa era a única maneira de recrutá-los de maneira imparcial e também levá-los a tomar a ação que ele estava propondo – a ação que estava realmente *clamando* que eles tomassem. Essas táticas lembram o trabalho que ele fez para a General Electric na década de 1950, atravessando o país falando e vendendo questões de gerenciamento nos portões das fábricas – e encontrando audiências atenciosas.

Reagan queria conversar com os americanos e mostrar-lhes porque era importante para eles lutar para reduzir o tamanho e o escopo do governo e estimulá-los a fazer do governo seu servo em vez de seu mestre. Reagan sempre disse, assim como os presidentes antes dele, que ele tinha o comando do "púlpito do valentão" – um termo cunhado pelo presidente Theodore Roosevelt em referência à Casa Branca e sua capacidade de atrair e obrigar os ouvintes a ouvir sua mensagem. Este púlpito do agressor era um lugar especialmente confortável para Reagan ocupar por causa de seu treinamento natural de filho de um pregador e sua predisposição a evangelizar em questões importantes para ele e para sua plataforma política. Aqui está um exemplo de uma mensagem para promover suas políticas, entregue em 16 de agosto de 1982:

> Há um velho ditado que todos nós ouvimos milhares de vezes sobre o clima e como todos falam sobre isso, mas ninguém faz nada sobre isso. Bem, muitos de vocês devem estar se sentindo assim sobre o estado atual da nossa economia. Certamente há muita conversa sobre isso, mas quero que saibam que estamos fazendo algo a respeito. E a razão pela qual eu queria falar com vocês é porque vocês podem nos ajudar a fazer algo sobre isso [...].
>
> Eu sei que vocês leram e ouviram nas notícias uma variedade de declarações atribuídas a várias "fontes governamentais autoritárias que preferem não ter seus nomes usados". Bem, vocês sabem o meu nome, e eu acho que sou uma fonte com autoridade sobre isso, já que estou bem no meio do que está acontecendo aqui. Então, eu gostaria de esclarecer algumas coisas que vocês podem ter ouvido ultimamente [...]. Vocês nos ajudaram a iniciar este programa de recuperação econômica no ano passado, quando disse ao seu representante que o queria.

> Vocês podem ajudar novamente – seja você republicano, democrata ou independente – informando que deseja que isso continue, informando que você entende que essa legislação é um preço que vale a pena pagar por taxas de juros mais baixas, recuperação econômica e mais empregos.

Aqui Reagan está falando mais como um candidato tentando ganhar votos do que como um presidente afirmando uma política. Seu tom é ansioso, seu comportamento folclórico, sua atitude confiante e assertiva, direto do já popular livro de Dale Carnegie (1888-1955) – *Como Fazer Amigos e Influenciar Pessoas*. Reagan permaneceu no comando e fiel ao seu caráter, mas ele estava disposto a fazer o que fosse preciso para ganhar um ponto ou dois na opinião pública sobre seus programas. Isso é o que é preciso para qualquer líder expandir sua base de apoio a uma ideia, uma invenção, uma legislação, uma estratégia ou um plano – pontos vencedores, discurso por discurso, entrevista por entrevista.

Ele era um presidente "Presidente do Conselho", em vez de um "Diretor de Operações" titular do escritório. Reagan deu uma pincelada larga em seu estilo de gestão e é menos lembrado por suas políticas específicas do que por suas crenças básicas e conquistas maiores. Alguns executivos-chefes não conseguem fazer uma distinção clara entre gestão e liderança. Reagan conseguiu. Ele não era um gerente e sabia disso. Também sabia que era necessário um pensador, estrategista e líder de grande porte para ganhar respeito significativo e consolidar o poder, especialmente em um papel como este.

Isso era precisamente o que o povo americano estava buscando ao rejeitar Jimmy Carter para um segundo mandato e eleger Reagan. Então eles enviaram Reagan de volta para a Casa Branca em 1984 para um segundo mandato depois que ele ganhou uma vitória esmagadora, vencendo em quarenta e nove estados em sua candidatura eleitoral contra o democrata

Walter Mondale. Quando os eleitores foram questionados nas pesquisas de saída nas eleições de 1984 sobre o que eles mais gostavam em Reagan, 40% disseram que gostavam de Reagan porque ele era um "líder forte"; apenas metade disso disseram que gostavam de qualquer posição em particular que ele tomasse. O diretor de votação da ABC, Jeffrey Alderman, disse na época que a demonstração inicial de forte liderança de Reagan em seu primeiro mandato

> foi suficiente por si só para comprar a Reagan o tempo que ele precisava. Isso permitiu que ele sobrevivesse à pior recessão desde a Segunda Guerra Mundial, com grande parte do público [seguindo-o].

VENDENDO DO SALÃO OVAL

Uma poderosa ferramenta de vendas exclusivamente disponível para qualquer presidente dos EUA é conversar com o povo americano a partir da enorme mesa antiga no Salão Oval. De lá, Ronald Reagan podia olhá-los diretamente nos olhos, através da lente da câmera, sem interferência ou interrupção. Reagan estabeleceu o recorde para o maior número de conversas presidenciais televisionadas do Salão Oval. Ele se dirigiu à nação 29 vezes daquela sala icônica, que havia sido adicionada ao complexo da Casa Branca durante a Administração William Howard Taft (1857-1930). É o escritório mais poderoso e reconhecido do mundo. Reagan estava ciente disso e o tratou reverentemente. Estes foram os principais eventos das redes no horário nobre que interromperam os programas de TV noturnos favoritos das pessoas. A Casa Branca recebeu reclamações sobre tirar um tempo de programas regularmente pré-agendados, mas milhões ouviram, e muitos que valorizaram esse bate-papo com seu presidente.

Você poderia concordar ou não com o que ele disse, mas o poder da palestra do Salão Oval era inegável. Era uma maneira eficaz e produtiva de alcançar as pessoas, e havia uma espécie de conforto na apresentação de Reagan. Fizemos todas as tentativas para associar estas conversações particulares com as questões mais graves. Eu caracterizaria essas conversas de Reagan como uma discussão muito séria que você poderia ter tido com seu pai, avô ou mentor, em que você lhe concedeu a cortesia de ouvir cuidadosamente o que ele disse. Ao mesmo tempo, Reagan estava consciente de não exagerar o número de palestras de seu escritório, o que poderia ter diminuído sua importância.

Algumas palestras do Salão Oval atraíram um público maior do que outras – e isso dependia da competição de visualização de outros programas de televisão no mesmo bloco temporal e também do assunto da palestra presidencial. O maior público sintonizado foi para seu discurso de despedida em 19 de janeiro de 1988. Estar no Salão Oval algumas vezes durante essas produções ao vivo foi uma grande coisa, e eu observei que Reagan estava focado e roteirizado e apareceu como o ator polido que ele era. Quando ele encerrou com sua assinatura "Deus abençoe a América", você teria a sensação de que ele realmente queria que Deus abençoasse a América. A razão pela qual um observador pode ter se sentido assim é porque Reagan sentiu isso em seu coração. Ele tinha mais respeito por seu país e pelo Salão Oval do que por si mesmo.

Reagan queria desenvolver o poder, o prestígio e a estatura da presidência americana como uma instituição em si – não para seu próprio benefício pessoal, mas para aumentar o respeito pelo cargo em todo o mundo. Ele queria isso para fins políticos e defender uma das instituições mais sólidas, bem-sucedidas e duráveis da democracia como um exemplo. As conversas do Salão Oval contribuíram para essa estratégia e a aprimoraram, porque elas tinham uma audiência global, bem como a nacional. Ele sentiu que o nível de consideração concedido ao cargo de presidente dos EUA era um apoio ao que ele poderia realizar na promoção da democracia e da liberdade em todo o mundo. Reagan se importava com o que aconteceria com o escritório quando saísse, e queria que estivesse em um lugar melhor do que quando o ocupou pela primeira vez. Ele queria uma presidência poderosa, por causa do que isso lhe permitiria realizar globalmente.

A capacidade de Reagan de falar diretamente com o povo americano dependia de sua capacidade de ganhar e manter seu interesse e confiança. Reagan sentiu que isso estava ligado à estima que seus eleitores tinham pelo cargo, tanto quanto à sua aprovação pessoal. Este foi um ponto crítico para ele, e não foi perdido em seu tratamento dos símbolos do escritório. Então, por exemplo, quando Reagan estava no Salão Oval trabalhando, você tinha a sensação de que ele se sentia impressionado com seu trabalho temporário. Não acho que seríamos capazes de encontrar uma foto de Ronald Reagan com os pés içados na beira da extremamente rara, intrincadamente esculpida e valiosa mesa Resolute que ele usou – algo que vários outros presidentes haviam feito. Ele teria considerado isso rude e simbolicamente degradante para o escritório, e que isso contribuiria para um desrespeito ao escritório e seu papel no mundo. Reagan apreciou a pompa e a circunstância do escritório, as bandas marciais no Gramado Sul, os guardas militares coloridos, as saudações dos canhões, as chegadas formais coreografadas dos chefes de Estado. Era tudo uma parte da montagem de uma presidência forte, uma parte do tecido americano – um quilowatt na metáfora da cidade brilhante.

Kathy Osborne, a secretária de longa data do presidente, disse-me que Reagan sempre se sentiu impressionado por trabalhar no escritório onde tantas decisões épicas foram tomadas e tanta história criada e testemunhada. Ele nunca perdeu a emoção de entrar no Salão Oval ou fazer seu trajeto diário dos aposentos da família, através do salão transversal inferior e da Sala do Jardim Oeste até a Ala Oeste. O busto de Churchill e as belas esculturas de bronze do Oeste do célebre artista Frederic Remington (1861-1909), bem como as pinturas históricas de chefe indígena de George Catlin (1796-1872), eram todas características proeminentes do escritório de Reagan e transmitiam uma sensação de poder, ordem e respeitabilidade.

VENDENDO NA ESTRADA

Havia uma piada corrente em torno da Casa Branca (e isso é provavelmente verdade para qualquer administração presidencial) em que sempre que tínhamos más notícias em Washington, precisávamos levar o presidente à Base Aérea Andrews, embarcar no *Air Force One* e fazer uma viagem. A qualquer lugar. Localizar um público receptivo e solidário para conversar pode fazer maravilhas para demonstrar ao resto do mundo que há um apoio robusto para suas ideias – em algum lugar. Para Reagan, isso geralmente acontecia no coração da América, onde os valores conservadores eram mais apreciados do que na Costa Leste.

Após quase todos os discursos anuais do Estado da União ou palestra do Salão Oval, foram planejadas viagens a estados e localidades-chave para que a mensagem fosse entregue diretamente ao povo pelo presidente ou por funcionários de nível de gabinete atuando como substitutos. Estes foram tratados como viagens de campanha para vender uma nova plataforma de ideias ou uma agenda legislativa. Às vezes, o presidente era acompanhado pelo congressista cujo distrito ele visitava ou pelo governador do estado. Esta foi também uma oportunidade para os pequenos meios de comunicação para capturar e distribuir a mensagem, e para Reagan novamente falar claramente com seus compatriotas sobre as especificidades das propostas apresentadas no discurso geralmente ambicioso e longo Estado da União ou em uma palestra do Salão Oval. Em viagens para falar sobre a reforma tributária, ele estendeu a mão para o coração. Primeiro, de Williamsburg, Virgínia:

Duas noites atrás, revelei nossa proposta de revolucionar o código tributário federal. Falei de como o sistema está agora, e como desejamos que seja. Mas apenas por um momento hoje eu quero observar como nosso sistema tributário moderno evoluiu de uma modesta tentativa de aumentar as receitas modestas para o gigante ao qual estamos atualmente em dívida [...]. Nosso sistema tributário federal é, em suma, totalmente impossível, totalmente injusto e completamente contraproducente [...]. Mereceu uma rebelião, e é hora de nos rebelarmos.

Então, de Oshkosh, Wisconsin:

Na noite anterior, as redes de televisão tiveram a gentileza de me dar alguns minutos para falar sobre nosso sistema de tributação. Anunciei nosso plano de colocar mais recursos nas mãos do povo americano, tornando nosso código tributário mais simples, justo e eficiente e a mudança mais abrangente em nossas leis tributárias em mais de setenta anos. Eu sabia que estávamos no caminho certo quando os advogados fiscais de alto preço começaram a derramar lágrimas depois que eu falei. E agora que vim para a Main Street, América, e agora que vi um sorriso no rosto de Oshkosh, sei que dissemos a coisa certa.

E de Malvern, Pensilvânia:

Há muito tempo nosso código tributário tem sido uma trava para a economia. Taxas de impostos em ascensão punem o sucesso, enquanto regras enroladas e desnecessariamente complicadas de conformidade podem ser armadilhas para qualquer nova empresa que não possa pagar advogados e consultores fiscais de alto preço para se proteger do homem dos impostos. O dia 15 de abril não foi há muito tempo. E tenho certeza de que muitos ainda se lembram desse crescente sentimento de frustração e ressentimento enquanto vocês trabalhavam até tarde da noite tentando entender o labirinto de regras e regulamentos burocráticos. Quase metade de todos os americanos levantou as mãos em desânimo e foi buscar ajuda profissional com seus impostos este ano. Bem, pagar alguém para descobrir o quanto você deve ao governo em impostos apenas acrescenta insulto à lesão. Você não acha que a América já teve o suficiente?

Nessas conversas regionais ou locais, Reagan poderia dividir sua agenda em mensagens digeríveis e simples. Conversar diretamente com as pessoas nessas viagens não precisava ser grandioso da maneira que uma palestra do Escritório Oval ou do Estado da União teria que ser. Poderia ser menor e mais íntimo, e ele poderia ser mais acessível. Também poderia abranger questões que enfrentam a comunidade local. Isso deu a Reagan mais tempo com os americanos também.

Um americano incumbido da presidência é o chefe de seu próprio partido político, e ele precisa se concentrar em expandir e solidificar sua base, bem como sua maioria atual ou esperada maioria. O presidente deve deixar seu partido em melhor forma do que ele encontrou. Nem todos os presidentes americanos entenderam essa obrigação, e muitos falharam. Reagan aderiu a essa regra, e era uma parte central de sua estratégia sair da Casa Branca, conversar diretamente com os americanos e também arrecadar fundos para seu partido.

Nunca esquecerei quando acompanhei Margaret Thatcher numa das suas próprias viagens rodoviárias – durante a sua candidatura à reeleição de 1987 – quando regressou ao seu círculo eleitoral, ou distrito eleitoral, em Finchley, um subúrbio de Londres. Foi uma experiência esclarecedora. Por mais magnífica que a Dama de Ferro tivesse se tornado globalmente, ela ainda tinha que enfrentar os eleitores locais em um humilde salão escolar, a fim de garantir sua reeleição e manter seu posto no número 10 da Downing Street. Ela tinha que retornar em cada ciclo eleitoral para o mesmo lugar que lhe dera fôlego político e o direito de liderar. Eles tinham a chave para o seu futuro, e enquanto ela era maior do que a vida no palco mundial, eu a vi assumir uma versão muito mais atenciosa e modesta de si mesma no ambiente local. Ela teve que garantir o voto de seus eleitores, ou teria que fazer suas as malas e ir embora da residência do primeiro-ministro.

Reagan, embora servindo sob um processo eleitoral diferente, não esqueceu o que devia às pessoas que votaram nele e até mesmo àqueles que não. Eles sempre foram seus chefes, e ele respeitava isso. Reagan sabia que era o presidente de todos os cidadãos americanos. Ele apreciava sua responsabilidade de se unir e não de dividir ao longo de linhas partidárias ou grupos de interesse especial. Sua capacidade de se unir era um de seus atributos mais proeminentes. Ele estava ciente de que isso não significava que ele seria pessoal e uniformemente apreciado, nem que sua posição política sempre subiria alto. Para ele, significava reunir uma comunidade de cidadãos que amaram e honraram seu país, independentemente da política.

Reagan viu seu papel como um líder de orquestra, definindo o compasso e o ritmo, e selecionando as composições a serem tocadas. Além disso, gerenciar as minúcias e os detalhes de uma grande burocracia federal não era algo em que ele se envolvesse profundamente no dia a dia. Ele criou o modelo para o que chamamos de "governo de gabinete" e fez tentativas ambiciosas de manter fortes relações de trabalho com seus secretários de gabinete. Ele foi ajudado nisso por uma equipe de gabinete muito eficaz, chefiada pelo meu amigo Craig Fuller.

Depois de observar isso de perto, tive que admitir que realmente não há um Diretor de Operações geral para o vasto governo dos EUA como uma entidade singular. Qualquer presidente é responsabilizado por desenvolvimentos no governo dos EUA durante seu mandato, mas raramente está envolvido diretamente em suas operações. Funcionários do gabinete e chefes de agências se tornam os mais próximos de agir como governadores dos estados com responsabilidade por seus próprios territórios ou agências. O diretor do Escritório de Gestão e Orçamento está mais próximo de assumir a função de diretor de Operações.

O estilo de liderança "Presidente do Conselho" de Reagan foi colocado em plena exposição na reunião anual de funcionários, realizada no auditório DAR, a poucos quarteirões a pé da Casa Branca. Reagan, como qualquer presidente, teve a oportunidade de nomear pessoalmente cerca de 2,5 mil funcionários do governo para realizar sua plataforma e políticas, e essa separação sempre foi uma coleção impressionante de reaganistas – como fomos chamados. Todos os anos, havia um tema único para a reunião, que incluía palestras de funcionários do gabinete e foi limitado pelo próprio discurso do presidente. Sempre achei esses eventos bem intencionados e eficazes para montar, unificar e energizar um grande grupo de funcionários. Reagan estava em seu elemento nessas reuniões "familiares". Ele também forneceu a todos esses nomeados políticos a capacidade de retornar às suas agências individuais e compartilhar a mensagem do presidente com todos os funcionários federais.

Embora Reagan estivesse disposto e fizesse concessões quando necessário, sobretudo em sua agenda legislativa, ele tinha um senso intuitivo altamente desenvolvido de que estava certo sobre a maioria das questões. Sempre que eu o informava, ele me olhava diretamente nos olhos e ouvia atentamente. Você podia ver as rodas girando. Se ele concordou com você, ele apenas seguiria seu conselho e seguiria o que você sugeriu ou descreveu. Se não o fizesse, ele revisaria suas opções, geralmente em um momento posterior.

Lembro-me do contraste entre Ronald Reagan e George H. W. Bush (1924-2018) em briefings pessoais. Bush, por quem eu também tinha um enorme respeito, queria ser mais engajado, era menos formal, e fornecia feedback sobre se ele concordava ou não com o que você estava dizendo a ele no local, e então ele iria proceder de acordo com a maneira que *ele* achava melhor.

Reagan normalmente seguiria as linhas que *você* achou que eram melhores pelo menos para assuntos táticos. Reagan era o tipo de líder que contratava as melhores pessoas para trabalhar para ele e, em seguida, esperava que eles desempenhassem sua mais alta capacidade. Você não queria desapontá-lo, e a maioria não desapontou. Seu apoio era um escritório de pessoal sofisticado e uma operação política altamente focada que examinava minuciosamente cada nomeado por seu compromisso com valores e práticas conservadoras.

Eu aprendi sobre esse processo em primeira mão quando me deparei com os boatos de um processo de aprovação político inflexível por mim mesmo.

Lembro-me de, depois de já ter entrado para o quadro de funcionários, ter sido convidado a reunir-se com Lyn Nofziger (1924-2006), conselheiro político de longa data do presidente, e ele ter dito que eu não tinha passado no teste político definitivo. Como um republicano ao longo da vida de uma família republicana e como um fervoroso defensor de Reagan, eu estava ao mesmo tempo curioso e desafiado. Quando lhe pedi para explicar a sua queixa em detalhe, descobri que ele havia me associado por engano a ter trabalhado para um liberal bem conhecido. Eu ri em voz alta de alívio enquanto explicava a ele seu erro. Ele havia me confundido a alguém que eu nunca nem ouvira falar, mas que tinha o mesmo nome que meu chefe anterior – que era de fato um conservador robusto. Esse assunto foi esclarecido e encerrado, mas aprendi uma lição sobre o grau de verificação política das condutas da Casa Branca.

Com os protetores políticos que o cercavam, o presidente estava, em princípio, protegido contra possíveis infiltrados que poderiam não ser pessoas em quem o Líder do Mundo Livre pudesse confiar e depender. No entanto, Reagan era compacto em sua tomada de decisão e contido no número de pessoas que ele deixava entrar em seu processo de pensamento, e ele tinha menos necessidade de ouvir e confiar em conselheiros. Seus instintos eram mais importantes para ele e, juntamente com seus conselheiros mais próximos – que gerenciavam eventos do dia a dia, sua agenda e decisões políticas –, ele foi removido das escaramuças de políticas de pessoal que poderiam distraí-lo. Como Chefe de Gabinete, Jim Baker foi excelente em proteger Reagan de desafios desgovernados de jogadores da administração que poderiam cometer um erro que refletiria negativamente em seu chefe.

Houve funcionários que desviaram a reserva de Reagan, como David Stockman, o diretor de orçamento desencantado; o coronel Oliver North, o responsável excessivamente ambicioso do acordo Irã-Contras; e Donald Regan, que como Chefe de Gabinete de Reagan ganhou a ira fatal da primeira-dama. Mas os oito anos de Reagan estiveram em grande parte livres da quantidade de intrigas políticas internas experimentadas pelas Casas Brancas de Nixon ou Clinton. Isso não quer dizer que não houve competição no nível do pessoal. A competição estava em jogo, por exemplo, no movimento de um dos amigos mais próximos de Reagan, Bill Clark (1931-2013), para sua posição como Secretário do Interior de sua posição como Conselheiro de Segurança Nacional – em que ele tinha um escritório um andar abaixo de seu amigo, o presidente – bem como na completa fuga do Secretário de Estado Al Haig (1924-2010) do Gabinete; ele foi substituído por George Shultz (1920-2021) no início do primeiro ano.

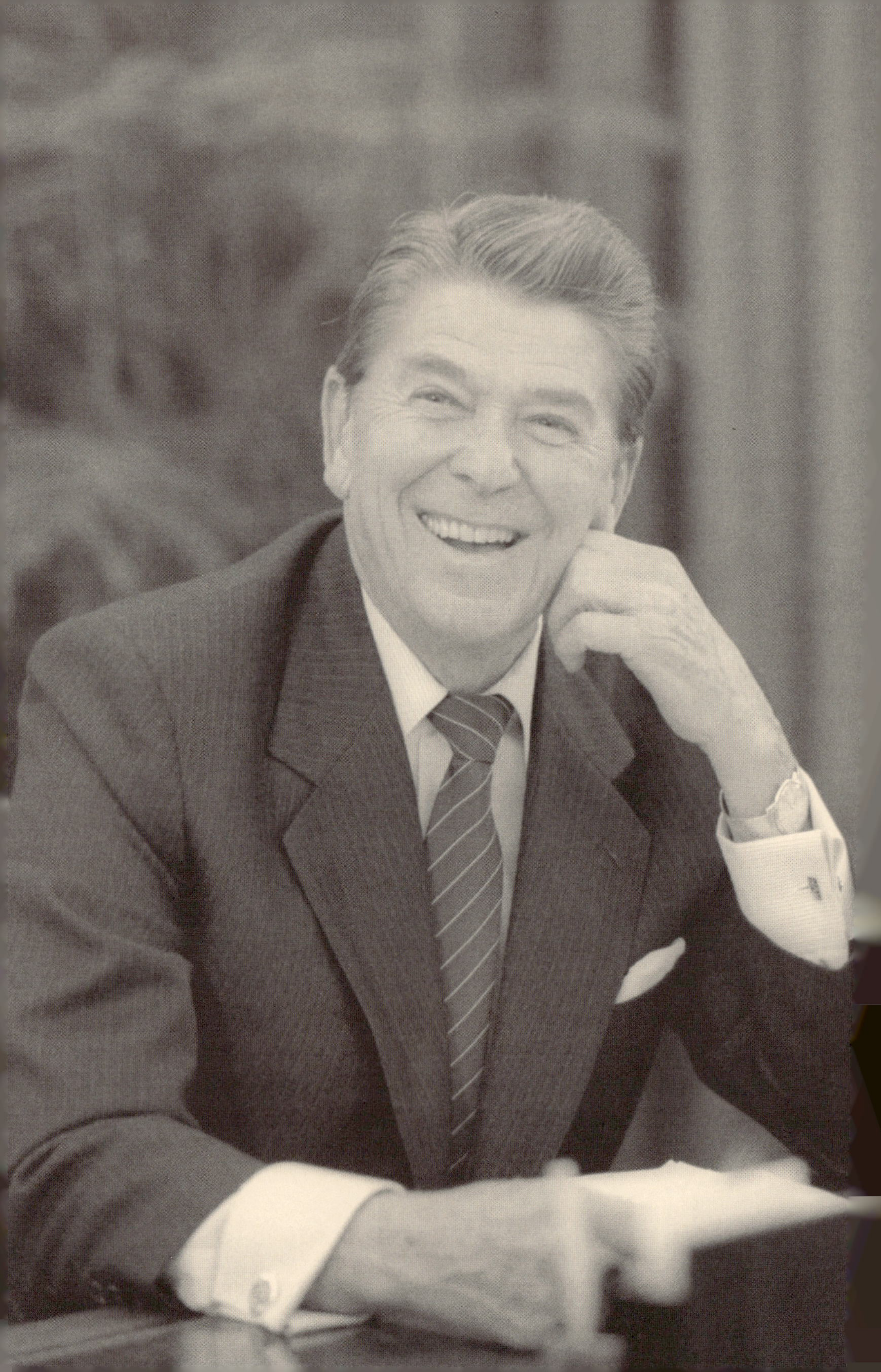

CAPÍTULO 10

TOMADOR DE RISCOS

Em maio de 1985, Reagan aceitou o convite do chanceler alemão Helmut Kohl para participar de uma cerimônia comemorativa no Cemitério Kolmeshöhe, em Bitburg, Alemanha Ocidental, perto da então capital Bonn, onde Reagan deveria participar de uma reunião do G-5 com líderes mundiais. Depois que o assessor mais próximo de Reagan, Mike Deaver, completou sua viagem antecipada à Alemanha e aprovou este evento para a agenda do presidente, descobriu-se que não só não havia soldados americanos enterrados lá, como tinha sido dito a Mike que havia, mas havia soldados da SS enterrados no cemitério. A SS havia sido declarada não apenas uma organização criminosa, mas foi nomeada como diretamente responsável pela morte de milhões de judeus. Apesar da controvérsia generalizada sobre a visita, incluindo protestos de militares, do notável Elie Wiesel (1928-2016) e de outros, Reagan, fiel à sua palavra, recusou-se a virar as costas para Kohl e a decisão que ele havia tomado de aceitar o convite. Era uma questão de honra e lealdade para com Kohl. Ele manteve a posição de que Kohl havia assumido uma pressão considerável sobre a implantação de locais de mísseis ocidentais na Alemanha e ficou ao lado de Reagan. Reagan também estava bem ciente da controvérsia e seu possível custo de curto prazo para sua presidência, bem como a quantidade de pressão em curso por muitas pessoas, incluindo sua esposa, para convencê-lo a mudar de ideia e cancelar a parada de Bitburg. Foi uma decisão difícil, e Reagan sozinho teve que fazer isso.

Uma vez na viagem, Reagan passou um total de oito minutos em uma breve cerimônia no cemitério e depois visitou um campo de concentração para homenagear as vítimas do Holocausto – uma parada que havia sido adicionada à viagem depois que a controvérsia de Bitburg eclodiu. Reagan tinha a força de caráter e a obstinação de manter um compromisso que havia assumido com Kohl, e ele se destacava daqueles enredados na controvérsia política do dia a dia sobre essa viagem. Embora os manifestantes tenham tentado fazer uma edição maior de Reagan indo para Bitburg às custas de possivelmente irritar seus constituintes judeus em casa, era bem sabido que Reagan era um forte defensor de Israel e da comunidade judaico-americana. Transformar a controvérsia em uma vantagem deu a Reagan a oportunidade de dizer algumas coisas que não necessariamente teriam sido transmitidas em todo o mundo a partir de um local como este. Se a mídia não tivesse promovido a disputa e a escalado para um tópico controverso, Reagan não teria uma plataforma tão incomum para sermões com tantos jornalistas relatando sobre isso.

Aqui está uma parte do que ele disse em Bitburg em um dia frio e cinza que todos, pela parte da equipe pelo menos, realmente desejavam que acabasse o mais rápido possível:

> Há mais de 2 mil enterrados no cemitério de Bitburg. Entre eles estão 48 membros da SS – os crimes da SS devem estar entre os mais hediondos da história humana – mas entre outros enterrados ali havia simplesmente soldados no Exército Alemão. Quantos eram seguidores fanáticos de um ditador e cumpriram deliberadamente suas ordens cruéis? E quantos eram recrutas, forçados a servir durante as agruras mortais da guerra nazista e sua máquina. Não sabemos. Muitos, no entanto, sabemos das datas em suas lápides, eram apenas adolescentes na época. Há um rapaz enterrado lá uma semana antes do seu 16º aniversário.

Havia milhares de soldados para os quais o nazismo não significava mais do que um fim brutal para uma vida curta. Não acreditamos em culpa coletiva. Somente Deus pode olhar para o coração humano, e todos esses homens já encontraram seu supremo juiz, e eles foram julgados por Ele como todos nós seremos julgados.

Nosso dever hoje é lamentar os destroços humanos do totalitarismo, e hoje no cemitério de Bitburg comemoramos o potencial do bem na humanidade que foi consumido naquela época, há quarenta anos.

Foi decisão de Reagan fazer essa viagem para Bitburg. Ele assumiu o risco político, embora não pudesse saber sobre a lista de soldados ali enterrados quando o convite foi aceito. Neste breve discurso, ele assumiu riscos adicionais e assumiu claramente a responsabilidade de ir lá. Entre os riscos deste discurso estava a declaração surpreendentemente ousada "Não acreditamos na culpa coletiva". Este foi Reagan trazendo à tona um assunto debatido por décadas e ainda hoje debatido na Alemanha. E, no entanto, Reagan assume o risco ao fazer a surpreendente declaração de que "apenas Deus pode olhar para o coração humano". Quem pode dizer isso senão um clérigo? Aqui está um presidente que representa um país que, com seus aliados, derrotou um regime alemão furioso e assassino, que havia posto fim ao mundo e lançado uma guerra durante a qual houve sessenta milhões de mortes. No entanto, ele se levantou e olhou para os túmulos de suas vítimas caídas e criminosos e anunciou que só Deus poderia perceber o que está no coração de um homem. Em outro ponto, muito antes – e enquanto no modo de campanha – Reagan assumiu um risco menor, mas revelador, de uma maneira que também compensou por ele. Durante a campanha presidencial de 1980, o *Nashua Telegraph* de New Hampshire se ofereceu para organizar e transmitir um debate individual entre Reagan e George H. W. Bush. A organização da campanha de Reagan se preparou para pagar pelo evento. Quando o editor do jornal, John Breen (1936-2017), tentou desligar a amplificação para que a crítica de Reagan ao formato de debate (o qual Reagan achava que deveria incluir *todos* os candidatos) não pudesse ser ouvida, Reagan chamou Breen espontânea e furiosamente gritando "Estou pagando por este microfone" – uma fala que Reagan sabiamente citou do filme *Sua Esposa e o Mundo*, de 1948. As pessoas geralmente gostam de uma voz forte liderando-as. Neste caso, a maneira como Reagan lidou com a situação foi memorável e amplamente relatada, e ajudou Reagan a garantir o voto primário em New Hampshire. A revista *Time* analisou desta forma:

> A avalanche de Reagan surpreendeu muitos das centenas de repórteres que inundaram o estado na última semana da campanha. Embora tenha sido dada muita atenção ao "Massacre Noturno de Saturação" em Nashua, no qual Bush se aliou ao *Nashua Telegraph* ao se recusar a permitir que Anderson, Baker, Crane e Dole se juntassem a um debate pré-estabelecido com Reagan, o ressurgimento de Reagan foi um fenômeno mais amplo. O caso Nashua foi apenas a parte mais divulgada dele.

Como o gerente de campanha da Reagan, John Sears (1940-2020), observou após o incidente: "O debate foi apenas um tremendo acontecimento".

Como o conhecido biógrafo de Reagan, Craig Shirley, autor do livro *Rendezvous with Destiny* ["Encontro com o Destino", em tradução livre] lembrou:

> Embora o evento não tenha sido televisionado ao vivo, as redes e as notícias locais exibiram imagens, repetidamente, de um Bush congelado e o boom de Reagan. A maioria dos eleitores de New Hampshire provavelmente viu o filme pelo menos uma vez. Três dias depois, Ronald Reagan venceu as primárias de New Hampshire em uma explosão completamente inesperada [...]. Ele havia evitado o que parecia ser sua morte súbita política certa.

Nesta ilustração relativamente pequena, mas histórica, Reagan estava exibindo o tipo de força moral que se converteu em poder. Sua ira funcionou, porque foi apoiada pelos fatos nesta situação e trouxe apoiadores indecisos para o seu lado. Ele tinha sido manipulado desonestamente. Reagan estava certo, e as pessoas perceberam isso. Se ele tivesse ficado irritado com um problema em que não era percebido como correto, isso poderia ter saído pela culatra e prejudicado esse poder. Força e poder são componentes da liderança; no entanto, eles também podem ser traidores da liderança quando não estão aliados a valores fundamentais de honestidade, integridade e transparência. Sair forte em busca de ideais e explicá-los de forma convincente aumenta o indivíduo. Sair forte para um engrandecimento puramente pessoal ou controle pessoal pode, em última análise, ser reconhecido como fraqueza, tolice e fracasso – e, embora possa ser temporariamente extraordinário e hipnotizante, pode ser destrutivo e desvairado.

A conquista de Reagan envolveu aceitar o maior risco e render a maior recompensa – e esse foi seu esforço para ajudar a acelerar a desintegração do inimigo mais dominante da América durante a longa Guerra Fria: a União Soviética. Ele procurou não apenas ajudar a libertar milhões que sofriam sob seu regime totalitário, mas também diminuir significativamente o medo que uma geração de americanos vivia. Afinal, eles construíram abrigos antibombas domésticos e realizaram exercícios de defesa civil nas escolas para se protegerem contra ameaças genuinamente sentidas por táticas de medo soviéticas agressivas na década de 1950. Esse triunfo não se deu por meio de indiferença passiva ou confusão sobre ideais e políticas de sua parte. Isso aconteceu por meio de sua liderança assertiva e uma influência persuasiva em sua equipe para vir junto com ele para a jornada.

Lembro-me como estudante do ensino fundamental participando de exercícios de defesa civil e sempre notar o sinal amarelo e preto que nos levou a um lugar seguro para nos escondermos em caso de um ataque dos soviéticos. Eu também me lembro de meus pais discutindo se deveriam ou não construir um abrigo antibomba em nosso quintal e conhecer as famílias da comunidade que tinham. Reagan também sabia que, embora sua estratégia exigisse um acúmulo intermediário e caro de gastos com defesa, se ele fosse bem-sucedido em realmente reduzir a probabilidade de guerra, isso poderia se traduzir em uma redução final das demandas sobre o tesouro federal.

Aqui Reagan falou de uma maneira clara sobre a ameaça soviética em seu discurso de março de 1983 sobre o "Império do Mal":

> Durante minha primeira conferência de imprensa como presidente em resposta a uma pergunta direta, indiquei que, como bons marxistas-leninistas, os líderes soviéticos declararam aberta e publicamente que a única moral que reconhecem é aquela que promoverá sua causa, que é a revolução mundial. Acho que devo salientar que estava apenas citando Lenin, seu espírito orientador, que disse em 1920 que repudia toda a moralidade que procede de ideias sobrenaturais – esse é o nome delas para religião – ou ideias que estão fora das concepções de classe. A moral está inteiramente subordinada aos interesses da guerra de classes. E tudo que é moral e necessário para a aniquilação da velha ordem social exploradora e para unir o proletariado.
>
> Bem, acho que a recusa de muitas pessoas influentes em aceitar esse fato elementar da doutrina soviética ilustrou uma relutância histórica em ver os poderes totalitários pelo que eles são. Vimos o fenômeno na década de 1930. Vemos isso com muita frequência hoje.

Reagan levou a ameaça soviética a sério. Nessas observações, ele mistura sua compreensão do que é religião, moralidade, liberdade, maldade e destino (suas crenças) e os coloca contra os fatos nus e claros do marxismo-leninismo (o problema) para um propósito educacional e político específico (política ou objetivos políticos) enquanto busca uma solução (ação, resultados). Acho que Reagan viu a si mesmo como um guia alertando as pessoas para o que poderia acontecer se as pessoas boas não fizessem nada. Outras pessoas também estavam dizendo essas coisas na época e assumindo um risco semelhante ao fazê-lo? Sim, mas para Reagan essas violações contra a humanidade eram acionáveis, e ele estava pronto para fazer algo sobre isso. Ele tinha a plataforma e o poder de uma comunicação eficaz, bem como sua posição como chefe de Estado para ajudá-lo a entregar sua mensagem e realizar seus objetivos.

Reagan se via como um missionário, o que se reflete na maneira como pregava e liderava certas questões. Ele esperava resultados de suas mensagens. Nesse caso, Reagan chamou a atenção para o que os soviéticos estavam tentando fazer e, na verdade, já haviam conseguido até certo ponto. Essa era a verdade mais dramática. Isso não significa que todos acreditaram nele ou mesmo se mudaram para o seu lado do partido político. As pessoas obviamente veriam e ouviriam o que Reagan acreditava, dizia e advertia por meio de suas próprias experiências subjetivas e predisposições políticas. Seu segundo grande objetivo de política pública e apelo à ação foi ajudar a reforçar o que ele considerava ser a maneira mais eficaz de tirar as pessoas da pobreza – acelerando oportunidades econômicas e empregos no setor privado, ao mesmo tempo em que reduzia os impostos. Reagan acreditava que o crescimento dos direitos do governo apenas criava uma nova forma de dependência, ligando as pessoas ao governo para sua segurança pessoal e econômica. Reagan nunca desistiria de sua crença de que a autoestima individual vem por meio de um papel produtivo na sociedade e aceitando a responsabilidade individual na medida humana ou fisicamente possível. Reagan manteve esses princípios básicos ao longo de seus oito anos e foi lembrado por eles. Aqui está como ele se posicionou em seu primeiro discurso de posse em 1981:

Somos uma nação que tem um governo – não o contrário. E isso nos torna especiais entre as nações da Terra. Nosso governo não tem poder, exceto aquele concedido pelo povo. É hora de verificar e reverter o crescimento do governo, que mostra sinais de ter crescido além do consentimento dos governados.

É minha intenção conter o tamanho e a influência do estabelecimento federal e exigir o reconhecimento da distinção entre os poderes concedidos ao governo federal e aqueles reservados aos estados ou ao povo. Todos nós precisamos ser lembrados de que o governo federal não criou os estados; os estados criaram o governo federal.

Agora, para que não haja mal-entendidos, não é minha intenção acabar com o governo. É antes fazer com que funcione – trabalhar conosco, não acima de nós; deve ficar ao nosso lado, não subir nas nossas costas. O governo pode e deve proporcionar oportunidade, não sufocá-la; promover a produtividade, não diminuí-la.

Ele viu a extensão do governo, por meio de regulamentação excessiva e sua espiral ascendente e interminável de expansão, como um inibidor para a criação de emprego do setor privado. Ele escoriou os crescentes direitos do governo por tirar muito dinheiro dos bolsos dos americanos trabalhadores. Era o republicano excepcional que poderia indicar estes objetivos em uma maneira que os americanos médios poderiam compreender. Ele acreditava que, para a democracia prosperar, cada indivíduo tinha que ter a liberdade e a capacidade de alcançar sua mais alta capacidade. A maneira como Reagan demonstrou essas crenças foi por meio de suas políticas estrangeiras e domésticas e de suas iniciativas legislativas para cortar impostos, congelar e reduzir os gastos federais, reduzir a onerosa regulamentação, transferir alguns programas sociais para os estados, reformar o sistema de assistência social, simplificar o código tributário, fortalecer os militares e financiar a Iniciativa Estratégica de

Defesa. Todos estes eram riscos com diferentes níveis de custo político associados a eles.

Vejamos como Reagan expressou um apelo à ação de 1982 em suas próprias palavras – sua defesa de uma forte força militar e a importância crítica de uma América que apoia democracias incipientes em todo o mundo:

> A marcha da liberdade e da democracia [...] deixará o marxismo-leninismo na pilha de cinzas da história, pois deixou outras tiranias que sufocam a liberdade e amordaçam a autoexpressão do povo. E é por isso que devemos continuar nossos esforços para fortalecer a OTAN, mesmo enquanto avançamos com nossa iniciativa de Opção Zero nas negociações sobre mísseis de médio alcance e nossa proposta de uma redução de um terço nas ogivas de mísseis balísticos estratégicos.
>
> Nossa força militar é um pré-requisito para a paz, mas que fique claro que mantemos essa força na esperança de que nunca seja usada, pois o determinante final na luta que está acontecendo no mundo não serão bombas e foguetes, mas um teste de vontades e ideias, um teste de determinação espiritual, os valores que possuímos, as crenças que estimamos, os ideais aos quais nos dedicamos.

Isso é puro Reagan, ligando suas crenças às grandes questões de seu tempo e esperando que algo aconteça como resultado. Ele vê a guerra e fala sobre ela como um conflito de sistemas de crenças e ideais e não só um choque de ogivas nucleares. Isso está levando o problema da guerra a um nível mais fundamental do que uma consideração do armamento material. Em seus discursos, como este, focado em uma defesa forte, ele está educando e defendendo tanto quanto qualquer outra coisa, enquanto se prepara para uma possível ação militar.

Ele disse isso sobre sua agenda doméstica em 1985 no Great Valley Corporate Center em Malvern, Pensilvânia:

> Nossos cortes de impostos em 1981 tiraram nossa economia – você já ouviu a palavra naquela época – da "malaise" e transformaram-na em quase dois anos e meio de crescimento. Se esses cortes de impostos pudessem levar uma economia doente sofrendo de inflação descontrolada, taxas de juros disparando, investimentos em declínio, moral afundando e iniciativa desabando para transformá-la na economia mais forte, mais dinâmica e inovadora do mundo, pense o que o plano tributário da América pode fazer hoje. Podemos construir o sucesso em cima do sucesso. Podemos acender o segundo estágio de nossos foguetes de reforço e disparar esta economia para novos patamares de realização. Nós podemos fazer isso e vamos fazer.

Neste discurso, Reagan pediu ação, mas também terminou de uma maneira que ilustrou uma de suas crenças mais fortes – que tudo é possível. Seu otimismo culminou em uma palestra que encorajou o ouvinte a pensar que *poderia* fazer ou conseguir qualquer coisa. Reagan sentiu que, se o líder considerasse que o futuro seria brilhante – e convenceu seu público de que isso era verdade – ele estava se unindo e aproveitando uma cidadania mais poderosa para construir esse futuro.

CORAGEM E RISCO SÃO PARCEIROS

Existem diferentes tipos de coragem, sendo moral e física as mais amplamente reconhecidas. John F. Kennedy, aceito nas Forças Armadas na Segunda Guerra Mundial por meio das conexões de seu pai no Departamento de Defesa, apesar de ter sido desqualificado por causa da saúde cronicamente ruim, realizou atos heroicos de coragem física que mais tarde foram politicamente úteis. Quando o barco *PT-109* de casco de madeira[19]

---

19. PT-109, o barco torpedeiro comandado por Kennedy durante a campanha do Pacífico na Segunda Guerra Mundial, afundado em 2 de agosto de 1943 nas Ilhas Salomão. (N. R.)

que comandava foi cortado ao meio por um contratorpedeiro japonês e afundou, ele nadou muitas longas horas em águas do Oceano Pacífico infestadas de tubarões para salvar a vida de alguns de seus tripulantes e chegar a terra. Suas ações lhe renderam um reconhecimento especial dos militares, deram à sua família um nome de respeito muito procurado, e também lhe forneceram capital político genuíno – especialmente quando a história de seu heroísmo se tornou um livro e, em seguida, um filme visto por milhões.

Churchill escreveu que "a coragem é justamente estimada como a primeira das qualidades humanas [...] porque é a qualidade que garante todas as outras". Também ouvi dizer: "A liderança é a entrega da coragem moral". Durante os anos de Reagan dirigindo o Sindicato dos Atores, ele recebeu ameaças de violência física alertando-o de que os comunistas iriam colocar um fim em sua carreira no cinema jogando ácido em seu rosto. Isso não o impediu de trabalhar para o sindicato, mas o levou a tomar medidas para se proteger. Ameaças como essa, embora menos vívidas, ocorreram ao longo de sua carreira, e ele não desistiu das posições públicas que assumiu naquela época.

Reagan teve que invocar sua própria coragem em várias ocasiões. Ele estava, por exemplo, hospitalizado e sofrendo de uma forma rara de pneumonia que o deixou quase morto no dia em que sua esposa, Jane Wyman, deu à luz uma menina chamada Christine. O bebê morreu um dia após seu nascimento. Logo depois, ele foi atingido por um divórcio devastador de Wyman, terminando o que foi promovido como um casamento de conto de fadas. Sua carreira cinematográfica, durante a qual ele tinha obtido um dos melhores sucessos de bilheteria, chegou ao fim após a Segunda Guerra Mundial e ele aceitou um emprego humilhante em Las Vegas como mestre de cerimônia de clubes noturnos para ganhar a vida. Ele perdeu as eleições primárias em 1968 e 1976. Acho que esses desafios para seu orgulho mantiveram Reagan humilde e reforçaram sua confiança bem colocada em um Poder Superior. Ele não estava isento de problemas, mas se levantou e trabalhou para um futuro melhor para si e sua família.

Um subproduto notável dessa coragem é que ele nunca gostou de falar sobre sua adversidade, e não precisava disso para ganhar apoio público. Ele não pretendia ganhar simpatia; pretendia ganhar confiança. Alguns políticos pensam que compartilhar todos os aspectos da deficiência pessoal ou infortúnio é uma maneira de angariar apoio popular. A maioria das audiências vê isso e, se não o faz, seu apoio às vezes é uma curiosidade de curta duração. Como Reagan passou por esses problemas e sobreviveu, ele sabia que a maioria das outras pessoas também tinha problemas, e ele não queria parecer superior a eles apenas porque havia vencido seus desafios e saído como um sobrevivente.

Em agosto de 1981, funcionários públicos que eram membros da Organização Profissional de Controladores de Tráfego Aéreo saíram do trabalho. Vários meses de negociações de contratos e mediação falharam. Reagan assumiu um risco calculado, mas decidiu demitir todos eles. Foi um movimento decisivo e histórico, e ajudou a estabelecer um limite para as pressões inflacionárias de disputas sindicais públicas nos sete anos seguintes de sua presidência. Ele traçou uma linha repudiando o direito dos funcionários públicos – especialmente aqueles críticos para o transporte e outros serviços vitais – à greve. Reagan levou os grevistas até o limite, esperando por um acordo negociado, mas no final ele manteve seu compromisso de demiti-los se eles não voltassem ao trabalho. Ele humanamente deu aos controladores que saíram em greve tempo para mudar suas mentes sem qualquer prejuízo em suas carreiras. No final, eles não voltaram e perderam seus empregos. No rescaldo, levou vários anos para preencher esses cargos com controladores recém-treinados e qualificados. Outro resultado foi que os sindicatos de funcionários públicos aprenderam o que

Reagan queria dizer e que não toleraria que ninguém saísse do trabalho. O que ele ganhou foi muito além de uma vitória com este sindicato em particular, no entanto. Essa decisão melhorou sua posição pública como líder de força, convicção e coragem. Foi um risco que valeu a pena correr devido à sua percepção como uma vitória para o consumidor.

Em outro movimento de tomada de risco, Reagan se afastou de Gorbachev na cúpula de Reykjavik, Islândia, em vez de aderir às exigências soviéticas de que ele interrompesse sua pesquisa sobre a Iniciativa Estratégica de Defesa. Sair abruptamente dessa cúpula foi uma estratégia de alto risco. Incluía uma vontade de aceitar o que foi descrito pela mídia como uma derrota na época. Mas Reagan via de outro modo, mesmo quando estava saindo. Ele sabia que era outra oportunidade para mostrar aos soviéticos que não iria ceder às suas demandas quando eles eram contrários ao interesse público americano de longo prazo e de desejo de paz. Sua saída daquela reunião foi absolutamente crítica para o que ele foi capaz de alcançar mais tarde. No entanto, na época, ele foi submetido a severas críticas, decepções e dúvidas sobre sua liderança. Como se viu, isso fortaleceu sua posição com os soviéticos e também confirmou que ele nem sempre foi controlado por seus conselheiros. A decisão de abandonar Gorbachev foi toda dele. Ele sozinho defendia o que pensava ser estratégica e moralmente correto. Seus objetivos eram os desejos do povo americano e russo por paz e segurança duradouras. Ele estava saindo por eles.

Um empreendimento arriscado que não correu bem para Reagan foi o acordo iraniano de troca de armas por reféns de 1985. Reagan admitiu à comissão que investigava este episódio e ao povo americano em discursos televisivos do Salão Oval que ele autorizou uma empresa para ajudar a libertar os reféns. Sobre o uso de fundos dessas vendas de armas para Israel e, finalmente, para o Irã, ele afirmou que não estava ciente, e não autorizou esse abuso da Emenda Boland, que efetivamente bloqueou o apoio militar ou financeiro aos rebeldes na Nicarágua. Como resultado do inquérito, catorze funcionários do governo Reagan foram indiciados e vários se demitiram, incluindo Bud McFarlane, seu Conselheiro de Segurança Nacional. A Comissão Tower concluiu que Reagan não havia exercido controle de gestão suficiente sobre o Conselho de Segurança Nacional ao permitir que um de seus oficiais superiores, o coronel Oliver North, tomasse decisões sobre os *Contras* praticamente por conta própria.

Em 1982, os Estados Unidos foram atingidos por uma grave recessão. Houve protestos contra as políticas econômicas e sociais de Reagan – muitas organizadas diretamente do outro lado da rua da Casa Branca, no Parque Lafayette e ao alcance da Primeira Família. Meu escritório ficava no lado sul da Casa Branca, onde era relativamente silencioso, mas quando eu estava nos aposentos da família, eu podia ouvir os manifestantes muito bem. Na estrada, enquanto viajávamos, muitas vezes éramos confrontados com piquetes durante esse período. Nesses protestos Reagan, como muitos presidentes antes dele, pôde observar em primeira mão os custos políticos das ações que estava tomando com uma agenda política e econômica que não começou a valer a pena até 1983.

A falta de moradia foi outra questão altamente visível no início da década de 1980 causada em parte por uma política de retirar pacientes crônicos e mentalmente doentes das instituições governamentais ao longo de uma década. O objetivo era reintegrá-los à sociedade e integrá-los às comunidades locais. Foi também um problema que foi exacerbado pela recessão de Reagan. Os estados, em medidas de economia de custos e devido à direção das tendências de bem-estar social, encerraram muitos de seus caros programas institucionais em favor de iniciativas para tratar pessoas com deficiência mental em bairros mais próximos de suas famílias e em centros menores. Isso colocou mais pessoas nas ruas.

Reagan foi culpado por causar esse problema e também por impedir o financiamento de soluções de longo prazo para desabrigados. Na verdade, no entanto, essa tendência começou muito antes de ele chegar a Washington – durante o governo de Gerald Ford (1913-2006) – e era em grande parte uma questão estadual e não federal. No entanto, a América é um lugar onde todos os males e crises da nação recaem sobre a pessoa responsável pelo governo no momento em que acontecem.

A falta de moradia, apesar de ser um problema altamente visível e trágico, nunca foi fácil de resolver, como tantas comunidades descobriram. As soluções de Reagan para isso estavam fundamentadas em sua crença de que os governos locais e estaduais, igrejas e organizações sem fins lucrativos deveriam abordar esse problema crônico em vez de o governo federal. Reagan estava disposto a assumir a responsabilidade de enfrentar a economia e como o desemprego afetava a falta de moradia. Seus parceiros teriam que ser estados e municípios.

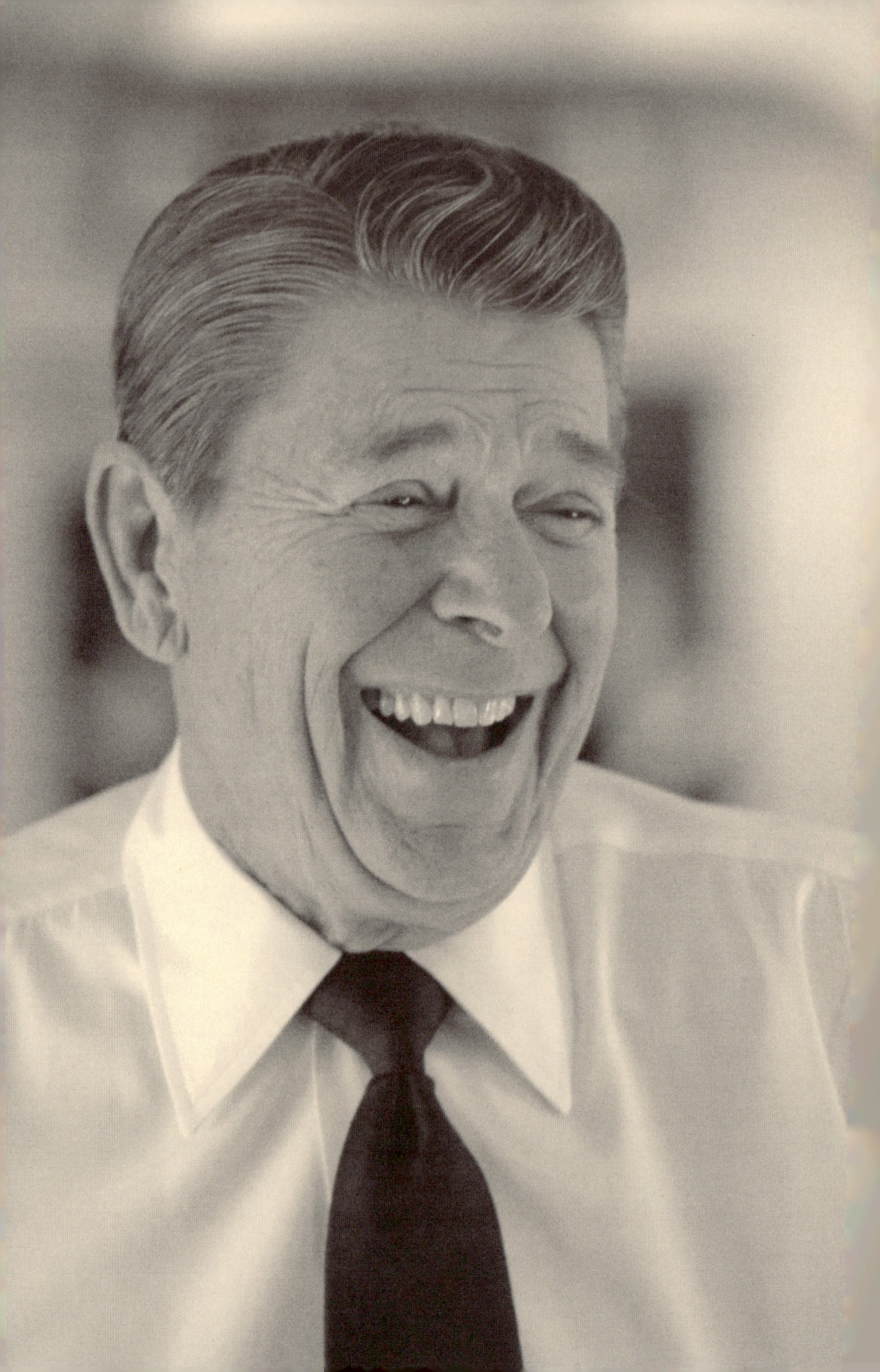

CAPÍTULO 11

EXCEPCIONALISMO AMERICANO E O PAPEL DO GOVERNO

Nos primeiros dias de Reagan como orador público, ele foi convidado a fazer um discurso de abertura em uma faculdade feminina pouco conhecida, então chamada William Woods College, localizada em Fulton, Missouri. Foi a mesma faculdade onde, em um momento anterior em 1946, Winston Churchill proferiu seu longo e agora icônico discurso "Cortina de Ferro". Este discurso deu um nome – a Guerra Fria – à crescente agressão não violenta que crescia. Foi assim que Churchill declarou:

> Os Estados Unidos estão neste momento no auge do poder mundial. É um momento solene para a democracia americana. Pois, com essa primazia no poder, também se junta uma responsabilidade inspiradora para o futuro. Ao olhar ao seu redor, você deve sentir não apenas o senso de dever cumprido, mas também a ansiedade para não cair abaixo do nível de realização. A oportunidade está aqui agora, clara e brilhante, para ambos os nossos países. Rejeitá-la, ignorá-la ou desperdiçá-la trará sobre nós todas as longas censuras do tempo posterior.
>
> É necessário que a constância da mente, a persistência da pureza e a grande simplicidade da decisão governem e guiem a conduta dos povos de língua inglesa em paz como fizeram na guerra. Devemos, e acredito que temos, que provar que estamos à altura dessa exigência severa.

Seis anos depois que Churchill se dirigiu ao corpo estudantil de lá, Reagan começou seu próprio discurso com um apelo à América para nunca abandonar sua responsabilidade de liderança global em meio a crescentes tensões com os soviéticos. Enquanto Reagan falava com os graduados, ele relembrou seus anos em Hollywood no calor dos debates sobre o comunismo. Mesmo assim, Reagan estava entusiasmado com sua convicção de que o comunismo referido por Churchill era uma força ativa e maligna. Isso pode ser o que o motivou a mostrar a esses graduados uma versão inicial de Reagan, o evangelista. Em seu discurso, perdido e desconsiderado por décadas, Reagan começou chamando a América, significativamente, de "menos um lugar do que uma ideia", e continuou respondendo qual seria essa ideia:

> Não é senão o amor inerente à liberdade em cada um de nós [...] [que é] a base deste país [...] a ideia da dignidade do homem, a ideia de que no fundo do coração de cada um de nós está algo tão divino e precioso que nenhum indivíduo ou grupo tem o direito de impor sua vontade ao povo [...] tão bem quanto eles podem decidir por si mesmos.

Quarenta anos depois, Reagan voltou a esse tema de uma nação de ideias e ideais quando, como ex-presidente aos 81 anos, se dirigiu à Convenção Republicana de 1992:

> Houve um tempo em que os impérios eram definidos por massa de terra, povos subjugados e poder militar. Mas os Estados Unidos são únicos, porque somos um império de ideais. Durante duzentos anos, fomos separados por nossa fé nos ideais da democracia, dos homens livres e dos mercados livres, e nas extraordinárias possibilidades que existem dentro de homens e mulheres aparentemente comuns.

Para Reagan, a bondade americana e o excepcionalismo não eram a história toda. Era o histórico e especial propósito da América, sua Constituição, seu lugar na marcha para a frente da civilização e do progresso humano que mais importavam para ele. Ele via a história de uma forma dinâmica e via cada aspecto dela como deliberado e fundamental para o seu futuro. Reagan estava sempre esperançoso, então seria natural para ele pensar que os melhores dias da América estavam sempre à frente e algo para esperar e se esforçar. Eu acho que ele via a história como uma correia transportadora movendo o mundo em direção a dias melhores com melhorias sociais e econômicas, e no grau em que alguém entrava nessa correia transportadora e montava esse motor, eles se beneficiavam de seu progresso futuro. E por que não adotar esse ponto de vista? Pode parecer simplista para alguns, mas para aqueles cujas vidas foram salvas e melhoradas pelo modo de vida americano, e houve muitos milhões que se enquadraram nesta categoria, cada palavra da crença de Reagan tinha significado, mas mais importante, tinha sua prova. Para aqueles que ainda não haviam se beneficiado com isso, era igualmente importante manter a perspectiva de melhoria econômica à sua frente. Essa é uma razão pela qual Reagan teve um alcance e apelo em todo o espectro político e econômico, como visto no número de democratas que votaram nele. As parcerias políticas podem estar à deriva hoje porque fizeram um mau trabalho ao adotar essa abordagem de grande inclusão. Otimismo pode resultar em empoderamento. O próprio Reagan foi um exemplo disso.

    Reagan era um produto da América, e a América estava em seu sangue. Ele poderia ter uma tatuagem permanente em sua testa dizendo: "Made in America". Ele foi criado em uma série de pequenas cidades, em uma cultura cívica semirrural com valores do Meio-Oeste de honestidade, vizinhança e trabalho duro em seu núcleo. No círculo de amigos da família Reagan, todos estavam no mesmo nível econômico: pobres e lutando. Fora do apoio moral de sua família, igreja e comunidade, ele não tinha nada que lhe fora dado. Ele tinha que ganhar todas as oportunidades. Ele também foi criado e influenciado por uma tradição de fé em uma igreja que foi fundada na América. Ele se ergueu profissionalmente e economicamente da pobreza de seus pais, e teve que criar uma nova identidade para si mesmo à medida que avançava.

Enquanto carregava consigo os valores e experiências de sua infância ao longo de sua vida, em cada etapa de sua carreira ele tinha que assumir uma persona ligeiramente modificada para se adequar às exigências dos trabalhos que desempenhava. Ele tinha habilidades naturais de liderança e comunicação e era o segundo de sua família, juntamente com seu irmão mais velho, Neil (1908-1996), a receber uma educação universitária. A primeira casa que seus pais realmente possuíram foi na aposentadoria – a que ele comprou para eles na Califórnia depois que se tornou ator de cinema. Reagan viveu o sonho americano. Ele foi abençoado pela oportunidade que seu país lhe proporcionou, e sabia e reconheceu isso. Ele sentiu que tinha uma dívida com seu país, e queria pagá-la servindo-o. É assim que a maioria dos membros da Grande Geração se sentia sobre a América.

Reagan conhecia as regras e as respeitava, aprendeu a jogar por elas e a usá-las para avançar. Ele nunca esperou que, só porque ele foi criado com poucos meios financeiros, teria que permanecer nesse nível. Sua mãe se certificou de que seu filho Dutch, como ele era apelidado, sabia que havia muitas oportunidades esperando por ele se seguisse o caminho correto e aspirasse a coisas maiores. Acho que nunca lhe ocorreu que alguém que o quisesse e fosse capaz não poderia alcançar como ele o fez. Ele via a oportunidade como um benefício igual para todos. Isso o levou a escrever, anos depois: "O sonho americano não é que cada homem deve ser igual a todos os outros homens. O sonho americano é que todo homem deve ser livre para se tornar o que Deus quiser que ele se torne".

Os americanos geralmente estão cientes das vantagens significativas de seu país e estão cientes de suas deficiências – embora esperem que possam ser remediadas. Mas Reagan olhou para a América e os americanos, e onde alguns líderes poderiam ver as falhas de uma nação e se desculpar por causa delas, ele viu uma grande nação fundada em princípios notáveis, bem como pessoas que eram esmagadoramente gentis, inventivas, vizinhas e inerentemente boas – e não precisavam de desculpas. Ele falou sobre isso em seus discursos antes mesmo de assumir a presidência. Para ele, o futuro era uma promessa para seus cidadãos e suas famílias, e ele começou a dizer aos americanos como eles eram bons e como seu país era grande sempre que podia. Ele viu seu trabalho, em parte, para construir a confiança de uma nação em si mesma, em sua capacidade de alcançar e fazer o bem, em proporcionar oportunidades para todos. O que ele acreditava era no Excepcionalismo Americano. Reagan disse em 1985, em uma cerimônia celebrando Semana da Herança Hispânica:

> Na raiz de tudo o que estamos tentando realizar está a crença de que a América tem uma missão. Somos uma nação de liberdade, vivendo sob Deus, acreditando que todos os cidadãos devem ter a oportunidade de crescer, criar riqueza e construir uma vida melhor para seus descendentes. Se vivermos de acordo com esses valores morais, podemos manter o sonho americano vivo para nossos filhos e netos, e a América continuará sendo a melhor esperança da humanidade.

Reagan falou da América como a *"última melhor esperança do homem na terra"*, que "os melhores dias do nosso país estão à frente", e que a América tem um "propósito especial" na história do mundo. Para ele, esses não eram apenas aforismos reconfortantes e pitorescos de uma época passada. Eles ilustraram o orgulho e a estima em que este presidente manteve seu país. Essa crença não foi apenas uma mudança de frase para Reagan. Ele formou a base para cada política e cada ação que tomou durante o mandato. Ele era um evangelista para a América, não por razões imperialistas, mas por razões idealistas. Ele lutou pela disseminação e expansão das liberdades democráticas em todo o mundo, mas não pela anexação política ou expansão territorial. Ele realmente sentia que as marcas da democracia de estilo americano dariam a cada ser humano na face da terra as liberdades pessoais e a liberdade que mereciam. Ele queria que o mundo inteiro participasse disso. Ele era um idealista impenitente, sem desculpas e otimista. Ele amava seu país.

Reagan não acreditava na superioridade do povo americano, sua cultura, seus negócios, indústria ou arte em relação a outras culturas. Ele acreditava na superioridade dos princípios sobre os quais a democracia americana foi fundada, e na estrutura de sua forma representativa de governo com sua transparência, controles e equilíbrios e queria que estes fossem acessíveis a qualquer nação que os procurasse.

Esta é uma distinção crítica perdida em alguns que debatem a questão do excepcionalismo. Alguns sustentaram que o excepcionalismo significa que os americanos se sentem superiores às pessoas de outras culturas em todo o mundo de uma forma chauvinista ou nacionalista. Isso não apareceu no raciocínio de Reagan. Ele era um defensor dos movimentos democráticos mundiais, mas apenas por causa do que ele acreditava que eles poderiam alcançar para todos no mundo. Um exemplo específico disso foi sua Iniciativa da Bacia do Caribe, que foi projetada para promover a oportunidade econômica e fortalecer as democracias incipientes. Isso beneficiaria as pessoas daquela região e também protegeria os interesses de segurança dos EUA no que era naquela época uma parte politicamente volátil do mundo, perto das costas americanas e de seus interesses econômicos. As pesquisas nacionais revelaram consistentemente que, às vezes, até 80% de todos os cidadãos dos EUA acreditam no excepcionalismo americano. Quando solicitados a defini-lo, no entanto, houve muitas interpretações diferentes dele – variando da superioridade no esporte e na ciência aos valores de liberdade e autodeterminação protegidos pela Constituição dos EUA. Embora o excepcionalismo americano possa ser mal interpretado ou distorcido para fins políticos, essa crença levou o presidente Kennedy a assumir o compromisso de pousar um homem na lua e permitiu que uma geração inteira sonhasse em chegar a esse destino distante. Como observou Russel B. Nye (1913-1993) em seu livro *This Almost Chosen People* ["Este Povo Quase Escolhido"], "A busca pelos americanos por uma definição precisa de seu propósito nacional e sua absoluta convicção de que eles têm esse propósito, fornece um dos fios mais poderosos no desenvolvimento de uma ideologia americana". Os americanos não precisam ir mais longe do que a nossa Constituição nacional para encontrar esse propósito – ver um país fundado em nada além de ideais, cuja amplitude não havia sido vista antes.

Reagan sentiu que, se a luz orientadora do excepcionalismo americano diminuísse, enfraquecesse ou se apagasse inteiramente, o mundo inteiro sofreria com essa escuridão. Ele sentiu que a América não tinha escolha a não ser espalhar sua luz. Para ele, era um ingrediente principal em seus princípios fundadores e uma obrigação da qual ganhava sua justificativa e força como nação. Em outras palavras, para ele a liberdade para os americanos sem a perspectiva de liberdade para cada ser humano pode constituir uma ameaça à segurança das liberdades que os próprios americanos desfrutam. Este foi um ponto chave para Reagan. Isolamento não era uma opção para ele. O intervencionismo global dos ideais americanos era seu objetivo principal, mas ele imaginou os resultados em termos práticos. Reagan manteve um ritmo cadenciado e sem desculpas do que a América representava em todas as suas relações com outras nações, divulgando a capacidade de nossa forma democrática de governo de fornecer oportunidade para qualquer um se erguer da pobreza para a estabilidade econômica.

Para Reagan, o papel dos Estados Unidos no mundo se originou do ensino de que o homem é o guardião de seu irmão, o estado de direito e a responsabilidade de ajudar a promover a liberdade que ele sentia ser o direito inato de todo homem, mulher e criança. Essa política também teve suas ramificações para a segurança dos americanos, porque quanto mais democracia houver no mundo, mais seguros os Estados Unidos podem estar de potenciais agressões, danos e terror. Quanto menos liberdade e democracia, maior a ameaça à segurança americana e seu modo de vida, e maior o custo – em dólares e em vidas humanas – para defendê-lo. Promover e apoiar a democracia e a liberdade no estrangeiro é uma estratégia defensiva eficaz e uma boa política de investimento no nosso futuro.

  Não acredito que Reagan visse a América como o único pacificador unilateral do mundo, embora estivesse cético em relação às iniciativas multilaterais pelas quais os Estados Unidos poderiam perder o controle dos princípios de governo. Acho que Reagan viu os Estados Unidos como um ignitor da paz e em um papel de porta-estandarte. Reagan realizou mais reuniões bilaterais e trabalhou mais no desenvolvimento de relações com os chefes de outros países do que a maioria dos presidentes em tempos de paz. Um número recorde de chefes de Estado veio à Casa Branca durante seus oito anos. A qualquer momento, tínhamos longas listas de pedidos por meio do Departamento de Estado e do Conselho de Segurança Nacional de países que queriam que seus chefes de Estado fossem recebidos por Reagan na Casa Branca. Foi um desafio encaixá-los todos na agenda, e alguns tiveram que receber visitas de "trabalho" de nível menor, em vez de visitas oficiais de Estado, com todas as honras e cerimônias que lhes eram concedidas. As habilidades de diplomacia pessoal de Reagan eram especializadas e críticas para alcançar metas ambiciosas de política externa. Ele era adepto de estabelecer amizades produtivas com outros chefes de Estado. A comunicação com esses líderes era uma alta prioridade para ele, e ele sabia que o desenvolvimento de laços fortes entre eles poderia melhorar a condição mundial e diminuir a ameaça de conflitos.

Os Reagan hospedavam pelo menos um chefe de Estado estrangeiro na Casa Branca por mês. Meu escritório gerenciou muitos elementos dessas visitas e foi minha responsabilidade direcionar aspectos dos eventos ocorridos durante essas visitas. Durante estas cerimônias, trabalhei em estreita colaboração com o presidente. Discutíamos os detalhes antes, durante e depois das visitas de Estado. Vi seu orgulho em apresentar seus convidados à hospitalidade americana e à tradição da Casa Branca. Vi também o seu interesse genuíno pelos seus hóspedes e pelas suas origens, interesses humanos, pontos de vista e, claro, agendas diplomáticas bilaterais e multilaterais. Também pude ver seus convidados se aproximando de Reagan e apreciando seus convites.

Em 1974, Reagan disse:

> Não podemos escapar do nosso destino, nem devemos tentar fazê-lo. A liderança do mundo livre foi lançada sobre nós há dois séculos naquele pequeno salão da Filadélfia. Nos dias que se seguiram à Segunda Guerra Mundial, quando a força econômica e o poder da América eram tudo o que estava entre o mundo e o retorno à idade das trevas, o Papa Pio XII disse: "O povo americano tem um grande gênio para ações esplêndidas e altruístas. Nas mãos da América, Deus colocou os desígnios de uma humanidade aflita".

De certa forma, Reagan era realmente um cavalheiro de uma época anterior, e ele se identificou com os primeiros presidentes americanos muito mais do que seus antecessores mais imediatos. Afinal, muitos desses líderes mais antigos eram, para ele, pensadores e executores lendários que trabalhavam no interesse nacional. Eles vislumbraram as possibilidades que o novo país oferecia e se esforçaram para alcançá-las. Alguns de seus heróis serviram quando a América era nada mais que uma terra subdesenvolvida de oportunidades enfrentando um futuro promissor, mas incerto.

Como Reagan valorizava as vidas e o registro dos Fundadores e dos líderes americanos anteriores, era natural que ele adotasse como sua a imagem da América apresentada por um de seus líderes peregrinos. A metáfora da *"cidade brilhante sobre uma colina"*, pronunciada no convés do pequeno navio *Arabella* no porto de Plymouth por um futuro governador de Massachusetts, John Winthrop, era natural e conveniente para Reagan tomar como sua. Também foi proposital da parte de Reagan. Ele estava empregando uma parábola e as palavras de outra pessoa para transmitir uma mensagem de maneira simbólica e visualmente envolvente. Ao descrever o que ele via como o destino da América, ele também estava desenhando uma distinção entre os Estados Unidos e os governos que não ganhavam seu respeito. Ele sentia que quanto mais as pessoas conhecessem e entendessem o modelo americano de democracia, mais fácil seria para elas abandonar essas formas de governo não baseadas nos ideais de autodeterminação e liberdade individuais.

A citação "cidade brilhante" é uma referência, não apenas a John Winthrop, mas ao Evangelho de Mateus, capítulo 5, versículos 14 a 16. Esses versículos se referem não apenas à luz da cidade metafórica, mas também à responsabilidade do seguidor de carregar e refletir essa luz para o benefício do mundo. Para Reagan, essa ligação entre a luz e o destino americano não era sua própria marca de nacionalismo ardente. Para ele, este dom da liberdade e da luz nunca foi concedido pelo Estado, mas era inerente aos seus princípios fundadores e sustentado pelo espírito do seu povo.

No mesmo discurso de 1992, onde Reagan definiu o excepcionalismo, ele contou ao público uma história sobre otimismo. Depois de se referir à América como um país "jovem para sempre", ele disse: "Um sujeito chamado James Allen escreveu uma vez em seu diário: 'Muitos achando que as pessoas acreditam que a América viu seus melhores dias'". O problema com esse sentimento pessimista, de acordo com Reagan, era que Allen havia escrito isso em seu diário em 26 de julho de 1775! Talvez para James Allen (1864-1912), a Revolução Americana tivesse começado bem em Lexington e Concord, mas em julho os patriotas estavam em desvantagem em terra e no mar. Eles estavam lutando contra o império mais poderoso da Terra, e eles estavam fazendo isso com um bando de homens da milícia e sem uma marinha de verdade. Não era de admirar que Allen fosse pessimista. Mas veja o que aconteceu desde então! Reagan continuou neste discurso para catalogar uma história de realizações, lutas e triunfos que convenceria qualquer pessimista a reverter o curso e se tornar um otimista.

Este discurso de 1992 foi chamado de "Os melhores dias da América ainda estão por vir", e enquanto ele estava encerrando sua própria vida pessoalmente, ele queria comunicar o otimismo que sempre associaria ao seu país e ajudar a imbuí-lo nessa convicção eterna. Ele implorou.

"Os melhores dias da América ainda estão por vir. Nossos momentos mais orgulhosos ainda estão por vir. Nossas conquistas mais gloriosas estão à frente". De acordo com a maneira como Reagan via, ele compartilhava a visão de Ralph Waldo Emerson (1803-1882) de que a América era *"o país do amanhã"*.

Um dos elementos centrais na plataforma de campanha presidencial de Reagan em 1980 foi que o governo serve o povo e não o contrário. Para este fim, Reagan disse:

> Lembremo-nos todos: as ideias importam. Não viemos a Washington para cuidar do poder. Não fomos eleitos para nos tornarmos gerentes do declínio ou apenas para ver se não poderíamos administrar a mesma velha loja e talvez fazê-lo um pouco mais eficientemente. Fomos enviados aqui para mover a América novamente adiante, colocando as pessoas de volta no comando de seu próprio país, para promover o crescimento... para dar aos indivíduos a oportunidade de alcançar seus sonhos,

para fortalecer as instituições da família, escola, igreja e comunidade, para fazer dos Estados Unidos um líder mais forte para a paz, liberdade e progresso no exterior e, por meio de tudo isso, renovar nossa fé no Deus que abençoou nossa terra.

  Para Reagan, a ideia de predomínio, dominação ou controle do governo, especialmente em uma democracia bem estabelecida, comprometida e formal, era um anátema. Em sua mente, era o primeiro passo em direção ao socialismo e à tirania, porque diminuiu a responsabilidade e, assim, a capacidade, o cumprimento e a autodeterminação do indivíduo. Ele sentia que a liberdade era construída e mantida pelos indivíduos e que o governo ganhava sua legitimidade deles coletivamente, não o contrário. Ele sentiu que só por meio da preservação dos direitos e do poder do indivíduo a liberdade e o progresso poderiam ser protegidos e transmitidos de geração em geração. Suas raízes no Partido Democrata e seu confronto com o comunismo no início de sua carreira enquanto servia como chefe do Sindicato dos Atores lhe deram um gostinho de algo que ele via como ameaçador para a democracia e o governo de estilo americano pelo povo.

  O que tornou a perspectiva de Reagan única foi que, para ele, o maior mal de um governo dominante sobre seu povo poderia ser seu potencial para separar um homem de seu Deus e negar o acesso à Providência Divina, substituindo-a por dependência e lealdade a um Estado todo-poderoso. Isso ocorreu durante a época de vida sob os regimes comunistas, onde o ateísmo era a divindade do Estado. Suas experiências em Hollywood após a Segunda Guerra Mundial afetaram diretamente suas crenças sobre bem-estar, regulamentação excessiva do governo e gastos crescentes, e levaram a suas iniciativas políticas projetadas para controlar o tamanho e o alcance do governo.

  Reagan não era um especialista em política. Ele via o governo ou políticas públicas como derivadas e subordinadas à vontade do povo em um contexto democrático. Ele efetuou a política, mas não mergulhou nela. Ele estava mais no negócio de ideias e sua ideia era que o crescimento do governo tinha que ser eclipsado. Ele disse isso ao povo americano em todas as oportunidades que teve. Não foi uma tarefa fácil, no entanto, controlar a expansão e extensão do governo, pois seu sucesso como presidente foi limitado e seus esforços de reforma tiveram resultados mistos. O que a ele pode ser creditado é trazer a ideia para a frente do debate público e manter um ritmo inexorável por esses princípios. Ao empregar esses princípios, ele lançou uma doutrina Reagan que vive, mas não é completamente compreendida ou aderida pelos políticos hoje.

Durante seus dois mandatos, houve comissões e estudos sobre a redução do tamanho do governo, iniciativas para melhorar a eficiência do governo, campanhas para o veto presidencial, e algumas delas tiveram um sucesso modesto. Houve congelamentos de contratação do governo, reduções de tamanho das agências, licenças não remuneradas, RIFs (reduções em contingentes), confrontos orçamentários no Congresso onde o governo foi realmente suspenso e outras táticas específicas para vencer esse problema. Alguma medida do sucesso poderia ser concedida a Reagan, mas o que é lembrado é ele martelando estas posições na história política da América e de sua consciência coletiva. Olhando para trás, sempre se poderia dizer que Reagan representava governo limitado e liberdade individual.

Em seu discurso de despedida do Salão Oval em janeiro de 1989, ele estava pronto para reivindicar uma vitória limitada sobre a expansão interminável do governo. Em seu discurso de despedida, ele disse:

> A nossa foi a primeira revolução na história da humanidade que realmente inverteu o curso do governo, e com três pequenas palavras... "Nós, o Povo" dizemos ao governo o que fazer; não é ele quem nos diz [...]. "Nós, o Povo" somos o motorista; o governo é o carro. E decidimos para onde deve ir, por qual caminho e com que rapidez.

Neste último discurso, Reagan optou por falar sobre a relação de um povo com seu governo, assim como ele teve em seu discurso inaugural de 1981. Antes de fechar suas observações, ele voltou à Constituição e repetiu mais uma vez a frase que deu a essa crença sua força vital: "Nós, o Povo. Nós, o Povo". Ele tinha começado neste primeiro discurso inaugural estabelecendo o desafio: o governo deve

> trabalhar conosco, não acima de nós; deve ficar ao nosso lado, não subir nas nossas costas. O governo pode e deve proporcionar oportunidade, não sufocá-la; promover a produtividade, não diminuí-la.

CAPÍTULO 12

RECONSTRUINDO A FORÇA AMERICANA

Reagan ficou chocado com o que encontrou quando chegou a Washington como presidente. Isso foi especialmente verdade em relação ao que ele descobriu sobre a capacidade militar, moral e prontidão de nossa nação. Ele entendeu o custo da vulnerabilidade militar e viu a ameaça futura do terrorismo anos antes do 11 de setembro. Ele disse em 27 de dezembro de 1983:

> A essência da história deste país é que reconhecemos uma distinção clara entre estar em paz com outros Estados e estar em guerra. Nós nunca antes enfrentamos uma situação em que outros rotineiramente patrocinam e facilitam atos de violência contra nós enquanto se escondem atrás de procurações e substitutos que [...] eles afirmam que não controlam totalmente [...].
>
> Nos próximos dias, precisamos desenvolver sistematicamente nossa abordagem para esse problema, reconhecendo que o pior resultado de todos é aquele em que os terroristas conseguem transformar uma democracia aberta em uma fortaleza fechada [...]. Temos que lidar com o fato de que os terroristas de hoje estão mais bem armados e financiados, são mais sofisticados, são possuídos por uma intensidade fanática que os indivíduos de uma sociedade democrática mal conseguem compreender.

É de conhecimento geral que Reagan presidiu o maior crescimento militar em tempo de paz na história dos EUA. Ele incluiu o desenvolvimento e a implantação de novas plataformas e componentes tecnológicos, projetando e fabricando novas armas de precisão e, também importante, aumento do salário militar. Em seus primeiros cinco anos no cargo, as despesas do Pentágono com gastos de defesa dobraram de US $143 bilhões para US$ 287 bilhões. Esse acúmulo fazia parte do plano de Reagan de derrubar o sistema soviético e sua política de expansionismo global, abordando os problemas alarmantes em nossos próprios militares – o que ele contava como "aviões que não podiam voar por falta de peças de reposição; navios que não podiam deixar o porto; e helicópteros que não podiam ficar no alto". Seu objetivo militar geral para os Estados Unidos era levar os soviéticos à falência em uma corrida armamentista projetada para prender sua atenção e ressaltar a seriedade com que Reagan levou sua liderança e sua campanha para livrar o mundo do comunismo.

Reagan não empreendeu esse acúmulo maciço porque ele queria ir para a guerra. Ele o fez precisamente para que a América *não* entrasse em guerra. Reagan também foi capaz de persuadir um Congresso duvidoso a pagar pelos sistemas de armas que mais tarde foram usados em ambas as guerras do Golfo Pérsico; elas não foram lutadas sob sua supervisão, mas foram vencidas pelo armamento desenvolvido durante ela. Para mencionar apenas algumas realizações do Departamento de Defesa sob Reagan: a Marinha voltou à sua força total (525 navios) por meio de uma campanha agressiva de construção naval e excelente liderança do secretário John Lehman; a Força Aérea desenvolveu a tecnologia furtiva que mais tarde forçou Saddam Hussein (1937-2006) a sair do Kuwait em 1992; a introdução dos tanques M-1 do Exército que eventualmente entraram em Bagdá doze anos depois para derrubar o regime de Hussein; e a apresentação do helicóptero Apache. Muitas nações estavam assistindo a esse acúmulo e avaliando-o em termos de sua própria força militar. Reagan disse, comoventemente:

> A história ensina que a guerra começa quando os governos acreditam que o preço da agressão é barato.

Quando chegou a Washington, Reagan recebeu um Departamento de Defesa que sofria de problemas raciais, de drogas e de álcool, além de dificuldades em recrutar soldados qualificados o suficiente. O número de recrutas que entraram no exército antes da posse de Reagan foi o mais baixo em uma década. Os militares também foram duramente atingidos por anos de negligência da impopular Guerra do Vietnã. O moral estava em baixa. O chefe de Estado-Maior do Exército de Reagan disse que "os militares precisavam ser informados pelo presidente de que eram honrados e apreciados".

Reagan fez isso com grandeza. Ele amava homens e mulheres de uniforme, tinha enorme respeito por eles e assumia uma atitude de humildade e gratidão sempre que um militar o saudava. Quando eu viajei com ele, muitas vezes pousando em bases militares dos EUA em todo o mundo, bem como todas as vezes que o *Air Force One* decolou e pousou na Base da Força Aérea Andrews, nos arredores de Washington, D.C., pude ver que Reagan estava ansioso para mostrar aos militares o quanto os respeitava e os apoiava, e o quanto todo o país apreciava seus extremos sacrifícios. Esta era uma grande parte do caráter de Reagan – seu apreço e devoção aos homens e mulheres que serviam nas Forças Armadas.

Não há uma viagem que eu faça hoje em que encontre homens e mulheres de uniforme ou distintivos oficiais militares aposentados que não compartilhem seu profundo respeito e admiração pelo presidente Reagan. Ele era o homem deles e gerou a confiança deles como líder e Comandante Supremo. Eles sentiram que ele era aquele que iria defendê-los, o que ele fazia constantemente no Congresso dos EUA, assim como eles o defenderiam. Como resultado, houve um respeito mútuo que foi produtivo. Caspar Weinberger (1917-2006), que serviu como secretário de Defesa de Reagan, disse que Reagan "restaurou os militares e mudou o moral quase que da noite para o dia... tivemos mais voluntários do que poderíamos alistar".

Esse acúmulo militar foi parte de um movimento para longe da estratégia de contenção (da agressão soviética) para o que Weinberger chamou de "uma guerra que precisa ser vencida [...]. Para fazer o que tínhamos que fazer, para recuperar nossa força". De certa forma, era quase como se Reagan estivesse tendo outra chance de ver o dever ativo que o havia iludido completamente na Segunda Guerra Mundial – quando ele estava de castigo depois de se alistar por causa da falta de visão. Ele se colocou diretamente com o serviço militar de homens e mulheres. Os militares devolveram o respeito e o investimento de Reagan neles, em suas famílias e em suas condições de luta e preparação, com seu profundo respeito por ele. Reagan disse sobre o acúmulo militar: *"Das quatro guerras em minha vida, nenhuma surgiu porque os Estados Unidos eram muito fortes".* E durante um de seus discursos de rádio em 1987, ele disse: *"Bem, um dos piores erros que alguém comete é apostar contra os americanos".*

A reconstrução da força da América no mundo não era responsabilidade exclusiva do Departamento de Defesa. O Departamento de Estado também estava totalmente envolvido no fortalecimento de sua diplomacia e na tentativa de deixar de se desculpar para falar claramente e dizer a verdade. George Shultz, secretário de Estado de Reagan e amigo de seus dias na Califórnia, foi um parceiro pleno do presidente em sua campanha para causar a queda do comunismo soviético. Shultz trouxe pontos de vista importantes e, às vezes, divergentes para o presidente sobre como seus objetivos seriam mais bem alcançados.

Reagan foi mais capaz de articular como essa campanha seria ganha, e era um plano complexo baseado em fatos e crenças simples, e ele era o líder indiscutível e estrategista-chefe.

Ele manteve seu objetivo à vista e seguiu em uma linha do tempo extenuante e constante. Ele precisava da experiência de todos os apoiadores, como chamaria os reaganistas, mas sabia instintivamente o que tinha que ser feito.

Mesmo os programas de política doméstica que Reagan propôs e apoiou, começando com o programa de Iniciativas do Setor Privado, figuraram no fortalecimento do tecido da democracia para ajudar a acelerar o fim do totalitarismo. Era como se ele estivesse trabalhando em um quebra-cabeça de mil peças e Reagan sozinho tivesse a visão de como seria a imagem final. Reagan reconheceu que precisava não apenas dos reaganistas que haviam assinado contrato para trabalhar para ele, mas de um exército de americanos recém-despertado para o que ele via como ameaças internas e externas à democracia. Ele sabia que precisava fortalecer a fé da América em si mesma, bem como fornecer o armamento físico para manter sua posição no mundo. Reagan sabia, como qualquer líder deve saber, que o acúmulo primário tinha que ser de confiança no sistema interno e, quando isso fosse realizado, forneceria a imunidade mais forte contra incêndios hostis de qualquer tipo. O próprio Reagan foi um recorte do grande tecido americano, e ele sabia que a grandeza da América começou e terminou em casas, bairros e comunidades locais. Esse aumento do moral era tanto de sua estratégia de defesa quanto o zumbido das fábricas de munições.

Outra marca importante de Reagan foi sua adoção do antigo provérbio russo que traduzia para o inglês como "confie, mas verifique". Reagan aprendeu isso com sua excepcional tutora cultural russa, Suzanne Massie, e fez bom uso ao se dirigir aos soviéticos – tanto que Gorbachev reclamou de seu uso excessivo por Reagan. No entanto, o líder soviético entendeu. Esta foi uma declaração natural para Reagan usar. Representava seu caráter perfeitamente. Ele estava naturalmente confiante, mas adotou, por necessidade, um grau suficiente de ceticismo – sobretudo quando relacionado aos soviéticos, porque ele sabia que raramente honravam completamente os tratados e acordos de política externa. Era um adágio apropriado e mais do que supérfluo quando usado em negociações com a União Soviética, porque era uma frase retirada de seu próprio léxico cultural. Agora é uma frase de propriedade e utilizada mais amplamente em teatros de guerra ou em negociações de qualquer tipo. Também estabelece um padrão: garantir a verdade e verificá-la pelo acompanhamento. É o coração (confiança) e a cabeça (verificação) trabalhando juntos. Reagan valorizou essa síncope.

O lema de Reagan, "Paz por meio da Força", era tanto uma bandeira moral quanto militar. Ele justificou um acúmulo militar em uma base moral. Seu objetivo era derrotar um inimigo imoral. A força militar, para ele, era um símbolo da vontade americana de defender o que ele considerava o sistema mais humano de direitos e liberdade individual que o mundo já conheceu. Sua batalha era contra qualquer inimigo que pudesse enfraquecer esses ideais americanos.

CAPÍTULO 13

Homem de filantropia modesta e cordialidade do Meio-Oeste

Antes de ser eleito presidente, e como para mostrar sua fé em seu país, em seus compatriotas e em sua humanidade, Reagan disse em uma Primeira Conferência de Ação Política Conservadora de 1974:

> De alguma forma, a América gerou uma gentileza em nosso povo incomparável em qualquer lugar [...]. Não somos uma sociedade doente. Uma sociedade doente não poderia produzir os homens que colocam os pés na lua, ou que agora estão circulando a terra acima de nós no Skylab. Uma sociedade doente desprovida de moralidade e coragem não produziu os homens que passaram por aqueles anos de tortura e cativeiro no Vietnã. Onde encontramos esses homens? Eles são típicos desta terra, como os Pais Fundadores eram típicos. Nós os encontramos em nossas ruas, nos escritórios, nas lojas e nos locais de trabalho de nosso país e nas fazendas.

Ao longo de seus oito anos na Casa Branca, Reagan foi um filantropo praticante, colocando suas crenças em ação de maneira silenciosa e modesta. Ele lia sobre alguém em necessidade ou sofrendo de adversidades, ou recebia concessões de pessoas com pouca sorte, e enviava uma pequena doação. O presidente frequentemente compunha uma carta manuscrita para acompanhar um cheque pessoal, colocando os dois em um envelope que ele endereçava para ser enviado pessoalmente por Kathy Osborne, sua secretária.

Em seu livro *In the President's Secret Service* ["No Serviço Secreto do Presidente"], Ron Kessler cita Frank J. Kelly (1924-2021), que redigiu as mensagens do presidente:

> Reagan era famoso por despachar jatos da Força Aérea em nome de crianças que precisavam de transporte para operações renais [...]. São coisas que ninguém nunca soube. Ele nunca se gabou disso. Eu levava cheques de quatro mil ou cinco mil dólares para as pessoas que lhe haviam escrito. Ele dizia: *"Não diga às pessoas, mas eu também era pobre"*[20].

Em 1983, o *New York Times* contou a história de um homem que desligou na cara de Reagan seis vezes antes de ser convencido de que era de fato o presidente ao telefone, que estava ligando para oferecer-lhe ajuda. "[Foi] como falar com seu tio favorito", disse Arlis Sheffield (1944-2021), de Wakefield, Rhode Island. Ele também era muito humilde. Você nunca saberia que ele era presidente dos Estados Unidos". Reagan não estava em posição financeira para fazer grandes doações, mas manteve um fluxo constante de contribuições menores onde podia, enquanto promovia e reconhecia o poder de dar ao povo americano.

Reagan achou difícil fazer amigos na infância por causa das mudanças frequentes de casa que a família fazia de um apartamento ou casa alugada para outro. Isso também pode ter afetado sua capacidade de forjar amizades profundas ao longo de sua vida. No entanto, apesar dessa influência, ele realmente gostava de pessoas. Reagan não guardava rancor das pessoas. Ele não tinha isso dentro de si. A vingança, por exemplo, nem sequer teria sido registrada na tela do radar de Reagan como

---

20. Grifos do autor.

algo em que ele se envolveria, embora a política seja muitas vezes infelizmente praticada dessa maneira.

Durante a temporada de Natal na Casa Branca, os Reagan organizaram um fluxo interminável de festas para vários grupos, e eu estava de plantão para a maioria delas. Então, e durante todo o ano, eu observei o presidente de perto quando ele esteve por horas em muitas linhas de recepção. Eu vi de vez em quando como ele expressaria prazer com algum pequeno gesto expresso por um convidado. Todos eram importantes para ele. Mesmo depois de esgotar o dever em uma dessas linhas, o presidente nunca expressou qualquer fadiga ou irritação – mesmo com pessoas que *eram* irritantes, como a mulher inesquecível que apareceu vestida da cabeça aos pés (incluindo um turbante) em um tecido especial de poliéster tecido com o nome Reagan em toda parte em vermelho, branco e azul, e um monte desse tecido sob seu braço para tentar vender ao presidente! Ela tinha certeza de que ele iria querer comprá-lo e ela tinha a mesma certeza de que as pessoas iriam querer usá-lo!

Depois de trabalhar nessas linhas de recepção, Reagan costumava me contar uma história ou piada que alguém havia contado a ele na linha, e ele normalmente tinha um brilho nos olhos ao recontar. Ele gostava do povo americano e deleitava-se com eles – sua humanidade, seu espírito, o que realizavam e o que representavam. De certa forma, ele se identificou com eles. Ele também os admirava. Reagan sempre dizia aos seus concidadãos como eles eram bons. Como se para resumir seus sentimentos sobre seus companheiros americanos na véspera da eleição de 1984, Reagan disse:

> A grandeza da América não começa em Washington; começa com cada um de vocês – no poderoso espírito de pessoas livres sob Deus, nos valores fundamentais pelos quais vocês vivem todos os dias em suas famílias, bairros e locais de trabalho. Cada um de vocês é um indivíduo digno de respeito, único e importante para o sucesso da

América. E só confiando em vocês, dando-lhe oportunidades de subir alto e alcançar as estrelas, podemos servir o sonho dourado da América como o campeão da paz e da liberdade entre as nações do mundo.

Lembro-me de uma noite em que a extraordinária humanidade e a filantropia americana se misturaram em uma força poderosa no Gramado Sul da Casa Branca, quando o presidente hospedou um grupo heroico de jovens olímpicos especiais com deficiência. Esclarecer sua superação de enormes deficiências físicas para competir atleticamente foi inspirador. Eles foram reunidos no Gramado Sul da Casa Branca para celebrar o vigésimo quinto aniversário desta notável caridade da família Kennedy em um piquenique em sua honra. Ao grupo de atletas reunidos, Reagan proferiu as seguintes palavras:

> Eu entendo que, nas Olimpíadas Especiais, sua tocha é chamada de Chama da Esperança. E isso é exatamente o que seus atletas representam hoje. Ao treinar e competir nesses eventos, você está percebendo suas esperanças por uma vida mais plena e produtiva. E você está despertando no resto de nós a esperança de que, por meio do esforço individual, possamos tornar este um mundo mais atencioso.

O presidente foi igualmente generoso em seu elogio e gratidão à família Kennedy por formar e financiar este exemplo de mudança de vida da filantropia americana em seu melhor. Eunice Kennedy Shriver (1921-2009), presidente da fundação da família, me disse pessoalmente anos depois que naquele dia afetou-a profundamente sua percepção de Ronald Reagan, seu caráter, bondade, humanidade e qualidades de liderança.

Um desses atletas únicos e corajosos se aproximou, agarrou Reagan e o segurou em um longo abraço. O presidente adorou. Eu estava ao lado dele quando isso ocorreu, e observei enquanto o Serviço Secreto permitia que isso acontecesse, embora esses abraços corporais fossem fortes e poderosos por corredores e lutadores musculosos. Reagan era tão exuberante quanto os atletas e gostava desse encontro pessoal com eles. Vendo o que a família Kennedy tinha feito para esses atletas inspiradores e a conexão que Reagan fez com eles foi genuinamente emocionante para todos. A humanidade e o calor de estilo americano do presidente Reagan também estavam em exibição quando ele viajou para o exterior, e eles o ajudaram a aumentar uma melhor compreensão e apreço pela cultura americana. Sua notável genialidade era conhecida por pessoas comuns, como os *bartenders* do O'Farrell Pub em Ballyporeen, Irlanda, onde passamos uma tarde – cada detalhe coreografado pelo mestre Rick Ahearn do escritório avançado da Casa Branca durante uma visita oficial de dois dias ao país de ancestralidade de Reagan. Mesmo com a encenação elaborada e centenas de jornalistas da imprensa observando, Reagan foi capaz de se afastar até o meio do bar de madeira longo e bem gasto, enquanto eu o observava do outro lado, bem fora da foto. Ele foi capaz de ganhar um relacionamento imediato com a comunidade local de pubs. Claro que havia muito clamor e uma multidão bastante grande, mas Reagan começou a perguntar a todos sobre a vida na pitoresca aldeia, onde se pensa que muitos O'Regans, os ancestrais do presidente, estão enterrados – tudo enquanto ele era servido de uma cerveja e bebia com seus novos amigos. Sinceramente, ele se sentia em casa e os frequentadores do bar podiam se relacionar com Reagan porque ele era genuíno e tinha uma disposição amigável.

    Reagan era generoso e gentil com as pessoas que conhecia e mostrava respeito – e esses moradores não eram exceção. Ele estava interessado em sua vida cotidiana e em sua história. Acho que ele poderia ter ficado a tarde toda com aquela multidão; no entanto, como todos os chefes de Estado que viajavam, tivemos que seguir em frente muito rapidamente para o gosto de Reagan, tenho certeza. Hoje, o autêntico interior desse pub pode ser visto na Biblioteca Reagan em Simi Valley, Califórnia, como uma homenagem à sua visita histórica a Ballyporeen, graças à generosidade de Fred Ryan, o presidente da Biblioteca.

Reagan não tinha vaidade ou pretensão especial, e uma vez que as pessoas o conheciam, sentiam isso. Ele não precisava competir por atenção. Sua idade também pode ter contribuído para um sentimento de segurança que as pessoas sentiam com ele – como se seu pai ou avô estivesse ali e que tudo ficaria bem, afinal. Então, também, ele estava confortável em sua própria pele, e isso atraiu as pessoas. Em 1983, Reagan apareceu em outro pub – este chamado Eire, em Dorchester, Massachusetts – não exatamente um território Reagan como Ballyporeen, Irlanda, poderia ter sido. Era horário de pico, e Reagan mergulhou com algumas boas histórias e saiu com um bando de admiradores – se não convertidos políticos. Entre eles, Mike Corbett, um trabalhador da construção civil, disse aos repórteres que, embora não compartilhasse das políticas de Reagan, ele ficou impressionado com o quadragésimo presidente e resumiu seus pensamentos dizendo de Reagan que "ele fez um esforço para alcançar as pessoas". Rich Bishkin, outro frequentador do bar, lembrando-se da visita de Reagan, disse: "Ele conquistou muitos".

Após a morte de Reagan, o jornalista Brian Williams comentou em um especial de televisão da MSNBC de 2004 que "há um acordo geral sobre uma coisa: Ronald Wilson Reagan tinha uma capacidade notável de se conectar com pessoas – milhões de americanos em todo o país". Ouvindo esse pronunciamento, me vi me lembrando dele tantas vezes que fiquei parado e observei Reagan com as pessoas. O amor básico de Reagan pelas pessoas e sua capacidade de vê-las como boas e ver o bem nelas, foi a radiação invisível que fez as pessoas pensarem que eram apreciadas por Reagan – e geralmente retribuírem o favor, sobretudo se tivessem a oportunidade de conhecê-lo pessoalmente.

Em junho de 2009, fiz um discurso em Nova York. Quando eu estava saindo do palco, fui abordado por uma mulher com lágrimas escorrendo por seu rosto. Ela me alcançou e, cautelosa, mas emocionalmente, começou a me contar sua história dramática. Ela era uma imigrante russa que veio para os Estados Unidos sob um acordo de 1983 intermediado por Reagan para a libertação de um número limitado de judeus da União Soviética. Durante minhas observações eu tinha falado do presidente e da minha honra em poder trabalhar para ele. "Foram as palavras de Reagan e a maneira como ele as falou de forma convincente e emocional que me deram esperança – a única esperança que eu tinha no mundo – e, finalmente, me levaram para a América", disse ela, comovida. Aprendi com ela mais tarde que ela havia obtido um doutorado em matemática pela Universidade de Moscou e alcançou quase um sucesso noturno como banqueira de investimento ao chegar aos Estados Unidos.

Ela me disse repetidamente que devia sua vida a Reagan e às suas palavras, que ela tinha ouvido transmitidas por intermédio da rádio da Agência de Informação dos EUA, naquela época liderada pelo apoiador e amigo de longa data da Califórnia dos Reagan, Charlie Wick (1917-2008). Ela contou como ouvira as mensagens de Reagan de esperança e liberdade, e sonhara com uma terra onde esses ideais poderiam se tornar realidade. Por causa do que Reagan disse e da sinceridade com que ele disse, ela realmente imaginou a América como "algum tipo de oásis ou paraíso". Em última análise, seu sonho se tornou realidade, e ela até creditou a Reagan por colocar esse sonho em seu coração, dando-lhe a determinação de se candidatar à imigração e abrindo o caminho para que ela deixasse a União Soviética.

O pastor John Boyles, que serviu na equipe ministerial da Igreja Presbiteriana Nacional enquanto Reagan estava no cargo, compartilhou comigo seus encontros pessoais com Reagan. Ele falou sobre sua humanidade e como o presidente a valorizou na vida americana. Boyles foi convidado pelo presidente a estabelecer e presidir uma Comissão de Ética na América, o que ele fez com entusiasmo ao longo de vários anos.

Embora quase esquecido, o comitê incluía teólogos, filantropos e escritores notáveis.

Reagan também enviou o Reverendo Boyles em uma missão particular especial a Moscou em 1982 para verificar a condição dos Sete Siberianos, uma família de cristãos pentecostais que haviam procurado refúgio na Embaixada dos EUA. Durante cinco anos, esta família viveu em um quarto no porão da Spaso House, a Embaixada dos EUA. Boyles me disse que usava uma fivela de cinto de madeira que se transformava em uma cruz, que ele deu a eles para encorajamento. Juntamente com este presente, ele levou uma mensagem pessoal do presidente.

A visão de Reagan da humanidade americana não foi limitada pela raça ou distinção religiosa. Quando ele era um estudante de graduação na Eureka College viajando durante a noite com o time de futebol, ele viu seus colegas de equipe afro-americanos sendo excluídos do motel onde o time estava hospedado. Ele disse abruptamente ao treinador que a equipe estava deixando o hotel, e que seus colegas negros ficariam em sua própria casa e tomariam café da manhã com seus pais. Jack e Nelle Reagan criaram seus dois filhos – que participaram de escolas públicas integradas racialmente – para nunca colocar um pensamento racial em campo. Eles foram proibidos de ver o filme *O Nascimento de uma Nação* (1915), porque glorificava a Ku Klux Klan. O pai de Reagan, durante seus dias de caixeiro-viajante, também não ficaria em motéis onde os judeus não fossem bem-vindos. Na visão de Reagan da América, todos tinham direito a direitos iguais, e, como em grande parte de sua visão de mundo, as origens de suas crenças na igualdade vieram de seu entendimento de que todos os homens são iguais aos olhos de Deus. Ele insistiu, em seu discurso da convenção de 1992:

> Quer sejamos oriundos da pobreza ou da riqueza; quer sejamos afro-americanos ou irlandeses-americanos; cristãos ou judeus, de grandes cidades ou pequenas cidades, somos todos iguais aos olhos de Deus.

Ele acrescentou detalhe importante:

> Mas como americanos, isso não é suficiente. Devemos ser iguais aos olhos um do outro. Não podemos mais julgar uns aos outros com base no que somos, mas devemos, em vez disso, começar a descobrir quem somos. Na América, nossas origens importam menos do que nossos destinos, e é disso que se trata a democracia.

No final da Segunda Guerra Mundial, Reagan falou na Taça Municipal de Santa Ana para protestar contra a hostilidade contra os veteranos nipo-americanos. Ele disse:

> A América é única no mundo – um país não baseado na raça, mas em um caminho e um ideal. Não apesar de, mas por causa de nosso fundo poliglota, tivemos toda a força do mundo.

A própria família de Reagan, com o apoio irlandês-católico de seu pai, fazia parte daqueles poliglotas de quem ele falava. Em um momento posterior e em uma rara gravação pública da raiva de Reagan, ele estava participando de uma conferência como governador da Califórnia, quando reagiu com indignação à sugestão de que ele era de alguma forma intolerante. Na verdade, ele deixou a conferência com raiva e teve que ser persuadido a retornar à reunião mais tarde. Posso entender por que ele reagiu dessa maneira – porque ele não era intolerante. No entanto, é uma história elucidativa sobre seu senso de humanidade que, de todas as coisas de que ele foi acusado, reagiu tão fortemente a essa acusação particular.

Reagan se referiu ao assunto da raça publicamente em 1983 no mesmo discurso que se tornou conhecido esmagadoramente como o discurso do "Império do Mal". No entanto, a passagem relacionada à raça foi pouco observada em virtude do assunto principal, e foi negligenciada. Eu acho que é significativo que antes de chamar o império soviético como o mal ele apontou o dedo para o seu próprio país, os Estados Unidos. Ele disse:

> Nossa nação, também, tem um legado do mal com o qual deve lidar [...]. Nós nunca devemos voltar. Não há espaço para racismo, antissemitismo ou outras formas de ódio étnico e racial neste país [...]. O mandamento que nos foi dado é claro e simples: "Amarás o teu próximo como a ti mesmo".

Isso mostra como ele valorizava a humanidade americana, mas não era cego à sua desumanidade. Para ele, a filantropia era uma tática eficaz para ajudar a descobrir e promulgar soluções criativas do setor privado para resolver as deficiências da América. Ele mostrou o valor que colocou nessas soluções abrindo o primeiro escritório da Casa Branca para se concentrar na expansão de soluções filantrópicas criativas para problemas públicos e fazer com que ele se reporte diretamente, como poucos programas realmente fizeram, a ele como presidente. Conseguimos promover a liderança filantrópica em várias áreas políticas. Durante os dois mandatos de Reagan, ele viu a quantidade e a variedade de ativismo filantrópico aumentarem substancialmente, em grande parte por meio de uma economia em crescimento. Ele assinou um decreto presidencial exigindo que as agências do Gabinete gastassem 10% de seu financiamento discricionário na promulgação de parcerias público-privadas para descobrir e acelerar soluções eficazes e criativas para problemas públicos. Usando este programa como um preceito, as agências do Gabinete ainda conduzem programas como esse hoje em dia.

Uma das coisas mais únicas, úteis e práticas sobre Reagan não poderia ser reivindicada por nenhum outro presidente. Ele era membro e tinha trabalhado para um sindicato moderno por vários anos, bem como também trabalhou ao lado da gestão de uma corporação global multinacional. Ele também tinha sido um eleitor democrata de carteirinha antes de mudar de partido político para se tornar um republicano. Esta é uma mistura mais diversificada de experiência política e do setor privado do que a encontrada na maioria dos que trabalham no serviço público. Essa mistura também deu a Reagan a credibilidade para falar sobre iniciativa individual e trabalho duro – porque ele fez o trabalho duro e veio da própria pobreza relativa. Enquanto ele estava crescendo, a família de Reagan foi até despejada de alguns apartamentos por não pagar o aluguel no prazo. Ele foi para a faculdade com bolsas de estudo e pagou o saldo com seus empregos de verão. Ele poderia apreciar os milhões de outros que fizeram o mesmo e eles poderiam se relacionar com ele por causa disso.

Durante a maior parte dos anos em que foi presidente, Reagan não possuía uma residência principal. Ele tinha seu rancho, mas a casa do rancho era uma casa de adobe de dois quartos surpreendentemente modesta que foi construída por seu próprio trabalho físico junto com algumas mãos do rancho. A única expansão que aconteceu durante a presidência foi a adição de um trailer e posto avançado do Serviço Secreto. Por mais modesto que fosse, era aqui que Reagan estava mais feliz e para onde ele queria viajar sempre que possível. Esse é o tipo de histórico que deu a Reagan a credibilidade de enfrentar o público diretamente e afirmar: "O melhor programa social possível é um emprego". Seus oponentes sempre colocavam Reagan ao lado de seus amigos muito mais ricos em termos de dinheiro. Ele nunca esteve no nível de recursos financeiros deles, mas apreciou a generosidade deles em ajudá-lo a chegar à presidência e avançar em sua plataforma.

Duas das metas políticas de assinatura de Reagan relacionadas aos valores de autossuficiência e trabalho estavam diminuindo o tamanho da reforma governamental e tributária. Ambos os programas domésticos visavam, em última análise, melhorar as condições de trabalho e elevar os rendimentos para os pobres e a classe média, estimulando a economia a produzir mais empregos e limitando a capacidade do governo de receber mais dinheiro do salário de um trabalhador. Estes eram objetivos da classe trabalhadora. Quando Reagan assumiu o cargo em 1981, as taxas de juros eram de 15% ou mais para a hipoteca de uma casa – se você pudesse se qualificar para uma – e as principais taxas de imposto individuais eram de 70%, o que desencoraja o trabalho e o investimento. Isso levou Reagan a afirmar que "toda vez que o governo é forçado a agir, perdemos algo em autoconfiança, caráter e iniciativa" e a dizer, brincando: "Os republicanos acham que todos os dias são 4 de julho e os democratas acham que todos os dias são 15 de abril"[21].

Suas realizações na reforma tributária foram muito maiores do que no encolhimento do tamanho do governo e isso o levou a chorar, "o governo não é a solução. O governo é o problema".

Os dois mandatos de Reagan também inauguraram uma temporada de reforma do bem-estar[22] que continuou e atingiu o pico durante os anos de Clinton.

Ele sentiu que "o propósito do bem-estar deve ser se eliminar". Ele era um líder mais focado no crescimento e na oportunidade do que na restrição e conservação da política econômica de seu antecessor. Sua política fiscal foi projetada para inflamar e sustentar o crescimento que criaria empregos, e a expansão que resultou dessas políticas durou pelos mandatos de seus três sucessores até a recessão de 2008. Suas políticas foram fundamentadas na crença de que a economia do setor privado era o melhor sistema conhecido para tirar as pessoas da pobreza, e ele referenciou sua própria vida como um excelente exemplo. Ele entendia que as pessoas não deixavam os testes de bem-estar em nada além de autodeterminação, oportunidade, habilidades e trabalho árduo, e encorajava esses princípios em todos os lugares onde ia sem exigir, pregar ou implorar. Estes

---

21. Como sabemos, 4 de julho é o Dia da Independência americana. Já o 15 de abril é a data-limite para a entrega das declarações de imposto de renda. (N. R.)
22. A o autor se refere ao estado de bem-estar social, também conhecido como *welfare state*. (N. E.)

foram os princípios sobre os quais ele aprendeu mais, testou, escreveu e falou durante seus anos trabalhando para a General Electric. Eram os valores do trabalho duro e da recompensa no setor privado. Ele nunca levantou o ideal econômico mais alto do que afirmar que era o melhor sistema conhecido pelo homem que sustentava os direitos do indivíduo.

Os resultados desse foco são vistos nos números. Durante suas administrações, o número de empresas de propriedade de negros aumentou 40% e as empresas de propriedade hispânica aumentaram 81%; o número de negros matriculados na faculdade aumentou 30% e, para os hispânicos, esse número foi de 45%. A renda média real para famílias negras aumentou 17%, com um aumento de 40% nas mesmas famílias (negras), ganhando mais de US$ 50 mil por ano, enquanto o desemprego para homens negros diminuiu quase 10%.

Em 1981, Reagan começou seu trabalho em Washington com um discurso inaugural, e neste discurso ele convidou seus concidadãos a exercer suas inclinações filantrópicas para ajudar uns aos outros. Foi assim que ele se sentiu e se expressou naquele dia:

> Refletiremos a compaixão que é uma boa parte do que vocês são. Como podemos amar nosso país e não amar nossos compatriotas; e amá-los, estender a mão quando eles caem, curá-los quando estão doentes e fornecer oportunidades para torná-los autossuficientes para que sejam iguais de fato e não apenas em teoria?

Reagan passou os oito anos seguintes tentando tornar esse objetivo uma realidade para o maior número possível de americanos, criando um motor econômico que levantou todas as rendas e oportunidades, e celebrou a iniciativa individual.

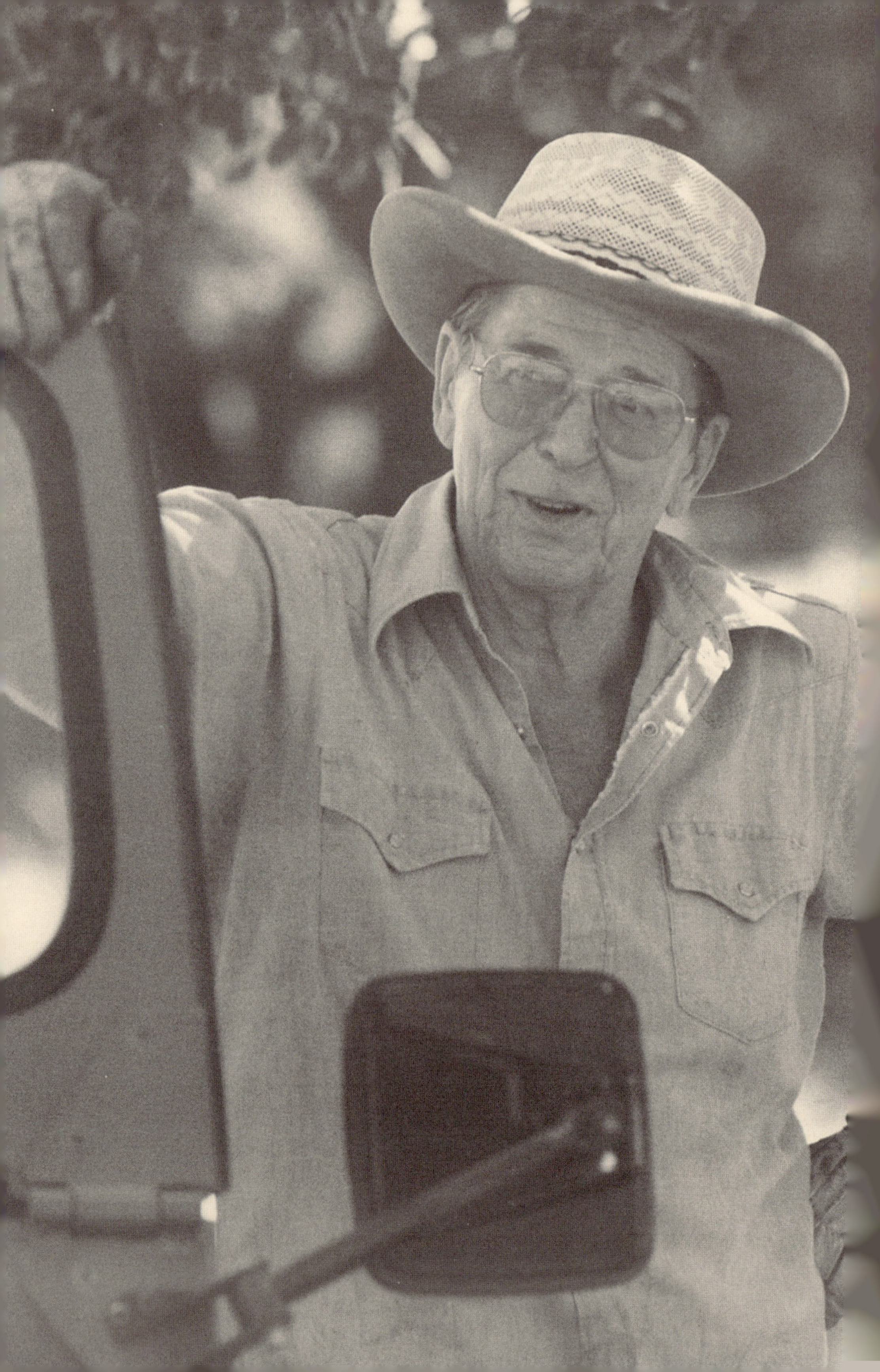

CAPÍTULO 14

OS AMERICANOS ERAM SEUS HERÓIS

O presidente Reagan inspirou com palavras e instruiu pelo exemplo – quase sempre o exemplo dos outros. Ele sabia que as ações falam mais alto do que as palavras, e ele sabia que não deveria ensinar ou repreender seus concidadãos, ou se sustentar pessoalmente como um modelo. Como vimos, seu uso de outras pessoas como modelos em discursos – especialmente os heróis no discurso anual do Estado da União perante o Congresso – foi um golpe de mestre, porque adicionou diversidade e textura à apresentação. O povo heroico que Reagan descobriu e falou também inspirou o próprio presidente e deu-lhe energia.

Todos os heróis que foram convidados nos discursos do Estado da União de Reagan foram memoráveis; no entanto, houve alguns que nunca esquecerei. Um em particular foi Lenny Skutnik – que mergulhou voluntariamente no Rio Potomac congelado para resgatar vítimas do voo 90 da Air Florida, que havia caído em condições geladas em 1981, logo após a decolagem do que agora é conhecido como Aeroporto Nacional Ronald Reagan de Washington. Sua história havia dominado a capital da nação, e sua presença no discurso do Estado da União criou uma certa emoção naquela noite. Todos os heróis que Reagan apresentou à nação sobre estas noites anuais no Capitólio compartilham uma característica comum. Eles eram americanos comuns que tinham feito coisas extraordinárias para os outros e para o seu país. Isto era teatro caseiro e puro Reagan. Ele adorou, assim como o grande público na sala, bem como os milhões de telespectadores.

Essa estratégia funcionou tão bem que começamos a explorar outras maneiras de homenagear os heróis americanos, e eu estava sempre de olho neles. Lembro-me, em particular, de ter sido apresentado a uma americana extraordinária, Harriet Hodges, numa viagem para ajudar a negociar a próxima visita de Estado dos Reagan a Seul, na Coreia do Sul. Descobriu-se que a sra. Hodges tinha feito o trabalho de sua vida para encontrar e enviar crianças coreanas para os Estados Unidos para cirurgias de coração aberto, que não estavam então prontamente disponíveis naquele país. Fiquei impressionado com seu compromisso extraordinário e autossacrifício, e eu sabia que o presidente também ficaria. Então eu propus que ela se juntasse a nós com dois de seus pacientes pediátricos no *Air Force One* no retorno aos Estados Unidos de Seul, na conclusão da visita do presidente. O presidente ficou encantado com essas crianças fofas e muitas vezes falava sobre o trabalho dessa mulher para salvar suas vidas. Ambos os Reagan brincaram com as crianças no voo de volta para Washington. Na chegada, eles levaram as crianças diretamente para o Gramado Sul da Casa Branca e à cerimônia formal de chegada, desembarcando no *Marine One*, o helicóptero do presidente.

Reagan desenvolveu seu respeito natural e interesse pelos heróis do dia a dia em tenra idade. Ele mesmo queria ser um. Como um pré-adolescente em seu quarto do refúgio do sótão, leu os livros que caracterizaram personagens heroicos. Essas histórias também alimentaram sua imaginação e deram a ele um instinto de que tudo era possível. Ele estava procurando personagens para imitar fora de sua própria família, e isso provavelmente também foi um fator motivador na escolha de seu trabalho inicial como salva-vidas no rio Rock em sua cidade natal de Dixon, Illinois. Ele acabou passando sete verões lá em um trabalho que pagava bem e lhe dava um forte senso de orgulho, especialmente nas vidas que ele relatou ter salvado – histórias todas contadas no jornal local.

Ele poderia ter pensado em si mesmo como um herói para aqueles a quem resgatou, e certamente encontrou satisfação em sua apreciação.

Depois dessa experiência de trabalho de verão, seu primeiro emprego em tempo integral foi sobre a criação de heróis no campo esportivo. Como um narrador em tempo real no campo de beisebol para uma audiência de rádio que não podia ver qualquer ação, Reagan verbalmente deu vida a heróis em ação. De acordo com suas avaliações de trabalho, ele foi excelente em fazer o público sentir que eles estavam bem nas arquibancadas do Estádio Wrigley. Uma vez que ele se mudou para a representação de tela, ele procurou papéis heroicos clássicos e conseguiu pelo menos dois quando interpretou George Gipp (1895-1920) em *Criador de Campeões* e o segundo como o agente do Serviço Secreto Brass Bancroft no filme de 1939, *Código do Serviço Secreto*.

Neste segundo filme, seu papel era caçar espiões e sabotadores estrangeiros, e seu personagem sempre salvava o dia. Quando as crianças foram ver esses filmes, conseguiram obter cartões de membros do Clube do Serviço Secreto Júnior. Em uma reviravolta interessante do destino, um daqueles garotos aspirantes que foram ver o filme e se inscreveram para o Junior Club realmente se tornou um Agente do Serviço Secreto e estava, notavelmente, de plantão no dia em que Reagan foi baleado em 1981. Jerry Parr (1930-2015) era o chefe da equipe de segurança do presidente; e quando observou o sangue saindo da boca de Reagan, empurrou o presidente para o banco de trás da limusine e ordenou que fosse ao hospital. Parr sentiu que tinha sido chamado para salvar a vida do presidente, e depois de se aposentar do Serviço Secreto, ele se tornou um ministro ordenado. Enquanto governador, e depois como presidente, Reagan não gostava de nada além de encontrar e celebrar americanos comuns que faziam coisas extraordinárias e heroicas, e Jerry Parr era um herói muito importante para Reagan.

Os Reagan foram os primeiros a receber prisioneiros que retornavam da Guerra do Vietnã em sua casa em Pacific Palisades, Califórnia. O grupo incluiu o futuro senador John McCain (1936-2018), e isso deu início a um vínculo especial com a família McCain. Na verdade, toda essa experiência com esses veteranos do Vietnã causou uma profunda impressão em Reagan e ele falou sobre essa noite muitas vezes. Ele foi movido pelo autossacrifício dos outros, e ele viu isso como um ingrediente vital em uma sociedade na qual a iniciativa individual, a autoconfiança e a coragem foram todas tecidas juntas para apoiar um sistema de governo que garantisse liberdade e autodeterminação para todos os cidadãos.

Sempre me lembrarei do dia em que Madre Teresa (1910-1997) visitou os Reagan na Casa Branca. Enquanto eu estava por perto, ouvi Madre Teresa dizer ao presidente que depois que ele foi baleado, ela e sua ordem passaram dois dias orando por ele. Ela disse a Reagan, com significado e sinceridade não afetados: "Você sofreu a paixão da cruz e recebeu a graça. Há um propósito nisso. Por causa de seu sofrimento e dor, você agora entenderá o sofrimento e a dor do mundo. Isso aconteceu com você neste momento porque seu país e o mundo precisam de você".

Embora eu não ache que Reagan alguma vez tenha se visto como pessoalmente heroico ou excepcionalmente corajoso, no entanto, esse era o tipo de pronunciamento que faz a pessoa se encolher e encontrar humildade. O que Reagan sentiu, e talvez tenha sentido em maior medida após o tiroteio, foi um relacionamento mais próximo com americanos comuns. Sabemos que o tiroteio também acelerou seu passo no que diz respeito à conclusão de sua agenda política – especialmente como dizia respeito ao seu trabalho pela paz. Sabemos disso porque ele nos contou e contou ao mundo.

Heróis não são exclusivos da América. Estão presentes em todas as sociedades e culturas. A América, no entanto, pode ser exclusivamente dependente deles. Os heróis ajudam a manter a cultura americana unida e ajudam a defini-la, e os heróis estão entre os defensores de um forte setor privado porque são feitos por iniciativa individual. Os governos não são heroicos; as pessoas são.

A cultura americana celebra o indivíduo, não o Estado. Era assim que Reagan queria. Se houvesse um clube de heróis, entre os milhões de membros estariam aqueles que Reagan reconheceu em seus discursos anuais sobre o Estado da União. Esses indivíduos sentaram-se na galeria de visitantes e no local onde as câmeras podem gravá-los ouvindo e reagindo ao discurso do presidente, e sabiam que não eram únicos, mas responderam de modo único a uma crise. Eles estavam lá para dar um exemplo desse credo de Reagan: "Isto PODE ser feito". Tê-los na plateia era um dispositivo teatral para ilustrar, dramatizar e impor um bom propósito. Afinal, Reagan havia começado assim, em seu primeiro discurso inaugural, com uma declaração que apontava para o que poderíamos esperar dele nos próximos oito anos:

> Temos todo o direito de sonhar sonhos heroicos. Aqueles que dizem que estamos em um momento em que não há heróis, eles simplesmente não sabem para onde olhar.

Reagan sabia para onde olhar, e se viu cercado por heróis de todas as formas e tamanhos. Eles lhe deram a inspiração para fazer seu trabalho da melhor forma possível e ajudar a iluminar o caminho para outros que seguiram seus passos. Acho que Reagan via os heróis como os precursores daquele futuro brilhante.

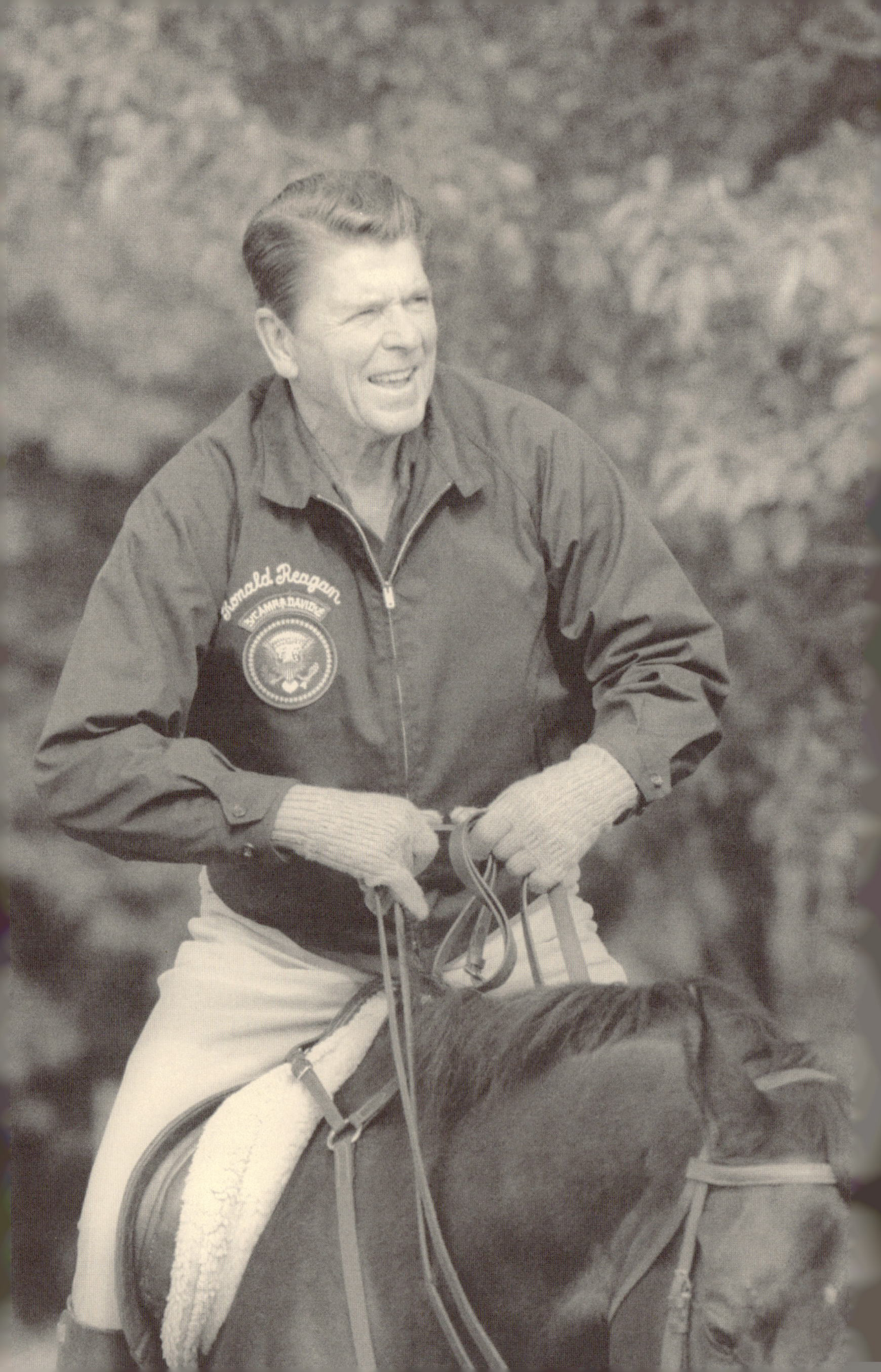
Ronald Reagan

CAPÍTULO 15

A MANEIRA COMO ELE DISSE ADEUS

É um traço humano comum se perguntar o que as pessoas dirão sobre você em seu funeral – e além. No caso de Reagan, o que foi dito em seu funeral e quem disse que foi algo inesperado. Enquanto estava sentado na vasta e monumental Catedral Nacional de Washington, observando e ouvindo elogios de vários líderes mundiais e, mais importante, ouvindo o tamanho do respeito prestado pela nação, senti como se muito estivesse sendo dito que deveria ter sido dito enquanto ele ainda estava vivo. Enquanto estava no cargo, Reagan apresentou um ponto de vista ardente e articulado que era o alvo constante de seus oponentes políticos. Na morte, ele não apresentou tal ameaça. Como resultado, a crítica durante a semana funerária assumiu um tom adulatório, como se os comentaristas estivessem vendo Reagan sob uma nova luz – a uma distância da política partidária e em um lugar onde poderiam estar seguros em dizer mais do que poderiam ter quando ele estava no cargo.

No tempo desde sua morte, a posição pública de Reagan, ou o índice de aprovação, aumentou consistentemente. Isso pode ter ocorrido porque a distância e o tempo geralmente aumentam o legado de uma pessoa, pois as disputas passadas e as arestas duras, aparentemente mais urgentes na época, são deixadas de lado e esquecidas. Outra razão para sua crescente popularidade é que Reagan se compara particularmente bem em relação aos presidentes que o sucederam; ainda outra razão é a mudança do cenário do que a liderança eficaz é considerada hoje.

Seu legado também foi mantido vivo por republicanos que buscam se beneficiar de sua popularidade duradoura na morte, embora tenham sido incapazes de reproduzir seu caráter ou qualidades precisas entre os sucessores de seu partido. Os democratas usaram o legado Kennedy da mesma forma, literalmente mantendo uma chama viva e figurativamente referindo-se aos anos Kennedy como uma Camelot dos tempos encantados na América. Os republicanos se referem aos anos de Reagan como "Manhã na América" – quando a força americana foi restaurada no mundo, o comunismo soviético foi derrotado e a economia começou sua recuperação sustentada mais longa da história.

Na morte, Reagan também foi um pouco mais bem definido do que na vida – embora alguns observadores tenham prontamente admitido que as lacunas permanecem na compreensão do caráter do homem. Onde os primeiros biógrafos ficaram perplexos, escritores e analistas mais recentes do legado de Reagan descobriram novas informações sobre sua vida e evidências de que Reagan era diferente do homem que foi retratado nos primeiros esboços biográficos e enquanto estava no cargo. A maneira como Reagan deixou seus compatriotas americanos em sua última comunicação formal – por meio de uma carta manuscrita endereçada ao povo americano – foi uma conversa agridoce e sincera, na qual um bom amigo conta a outro um segredo dramático. Foi dito que compartilhar um segredo concretiza uma amizade. Se isso for verdade, então a amizade de Reagan com seus compatriotas americanos foi levada a outro nível de respeito com a publicação dessa carta.

Recentemente, em uma tarde, sentei-me e relembrei com chá gelado e biscoitos a sós com Nancy Reagan na biblioteca da casa que ela compartilhava com seu amado Ronnie depois que eles deixaram Washington. Passando a mão suavemente sobre a mesa onde estávamos sentados, ela disse suavemente: "Você sabe que esta é a mesa onde os médicos deram a ele seu veredicto médico". Eu perguntei: "Como ele reagiu – ouvindo o que eles tinham a dizer?". Ela respondeu com um pouco de emoção: "Ah, do jeito que sempre fez. Mesmo assim, ele estava animado e otimista".

Durante seus anos como presidente, não havia evidência aparente de que Reagan estivesse pensando muito sobre seu legado ou como ele seria visto pela história. Na verdade, em 693 páginas de diários presidenciais, Ronald Reagan nunca usou a palavra *legado*. Em seu discurso de despedida da Casa Branca em 1989, ele disse:

> Na década de 1960, quando comecei, parecia-me que tínhamos começado a reverter a ordem das coisas – que, por meio de mais e mais regras e regulamentos e impostos confiscatórios, o governo estava tomando mais do nosso dinheiro, mais das nossas opções e mais da nossa liberdade. Entrei na política em parte para levantar a mão e dizer: "Pare". Eu era um cidadão-político, e parecia a coisa certa para um cidadão fazer.

Na medida em que Reagan pensou em seu legado, ele esperava ser lembrado como um cidadão-político que ajudou a América a "redescobrir [...] nossos valores e senso comum e retornar à ordem adequada das coisas".

Como Reagan teve uma visão longa da história e por causa de sua educação teológica, criação e disposição, eu afirmaria que ele se via na história como um de seus atores comissionados e significativos. Ele assumiu a posição de que, afinal, nada nunca acontece sem um propósito ou uma razão. Isso significaria que ele teria visto nesta luz todos os acontecimentos ocorridos durante a sua presidência. Se ele tivesse tido um ego, poderia ter falado sobre seu impacto duradouro, mas, em vez disso, seguiu uma abordagem mais modesta. Como o jeito que ele fazia tantas coisas, ele se mantinha escondido e por dentro. Na Convenção Republicana de 1992, ele compartilhou isso sobre seu legado:

> Qualquer outra coisa que a história possa dizer sobre mim quando eu me for, espero que fique registrado que eu apelo às suas melhores esperanças, não aos seus piores medos; à sua confiança, e não às suas dúvidas.

Reagan terminou seus oito anos no cargo lembrando seus constituintes sobre a situação que ele herdou quando foi empossado. Também era importante para ele lembrá-los do que havia realizado. A maneira como Reagan fez o balanço de seu governo não era para seu engrandecimento pessoal ou para promover seu legado. Foi por seu próprio orgulho e reconhecimento do que eles – o povo americano – haviam realizado durante seu mandato.

Em um discurso de novembro de 1984 para a nação, Reagan renovou suas imagens favoritas sobre a América:

> Ao falar esta noite dos valores tradicionais e da filosofia de governo da América, devemos lembrar a marca mais distintiva de todas na experiência americana: para um mundo cansado e desiludido, sempre fomos um Novo Mundo e, sim, uma cidade brilhante em uma colina onde todas as coisas são possíveis.

Como presidente que estava de saída, Reagan voltou a essas imagens novamente em sua palestra de despedida do Salão Oval de janeiro de 1989:

> Nos últimos dias, quando estive naquela janela no andar de cima, pensei um pouco sobre a brilhante "cidade em uma colina". A frase vem de John Winthrop, que a escreveu para descrever a América que ele imaginou. O que ele imaginava era importante, porque ele era um peregrino primitivo – um "homem livre" primitivo. Ele viajou até aqui no que hoje chamamos de um pequeno barco de madeira, e, como os outros peregrinos, ele estava procurando uma casa que seria livre.

Falei da cidade brilhante toda a minha vida política, mas não sei se já comuniquei o que vi quando disse. Mas, em minha mente, era uma cidade alta e orgulhosa, construída sobre rochas mais fortes do que os oceanos, varrida pelo vento, abençoada por Deus e repleta de pessoas de todos os tipos vivendo em harmonia e paz – uma cidade com portos livres que zumbiam com comércio e criatividade, e se tivesse que haver muros da cidade, as paredes tinham portas e as portas estavam abertas para qualquer pessoa com vontade e coração para chegar aqui. Foi assim que eu a vi, e ainda a vejo.

Nesta última conversa da Casa Branca, Reagan era contemplativo e pessoal e atraia as pessoas. Era como se alguém quisesse dizer *adeus* ou *boa noite*, mas, em vez disso, demorasse um pouco para compartilhar alguns pensamentos com você sobre a jornada que ele está terminando. Era memorável e tinha o tom certo de respeito e calor. Também foi uma ideia brilhante trazer à tona a alusão à "cidade brilhante" mais uma vez e selá-la em nossa memória nacional. Essa referência também ilustrou o que mais significava para ele, e era uma prioridade para ele compartilhar com as pessoas que liderou por esses oito anos.

Reagan teve mais uma despedida para dar ao povo americano, e esta foi inesperada. Nos anos seguintes à sua saída da Casa Branca, Reagan foi obedientemente ao seu escritório no topo de Century City, em Los Angeles, se exercitou, viu amigos e ex-colegas, fez discursos e, em geral, desacelerou. Por fim, era hora de compartilhar com a nação sua condição mental em deterioração, descoberta pela primeira vez durante seu exame físico anual de 1994 na Clínica Mayo. A maneira como a notícia foi entregue e o conteúdo de sua carta aberta foram atenciosos com as pessoas a quem ele estava escrevendo. Foi totalmente explicativo, final, apreciativo e cheio de graça. O fato de ter sido escrito em sua própria mão tornou transparente que ele estava ciente de seu conteúdo. Seu sentimento representa sua vida em suas próprias palavras. Reagan saiu em seus próprios termos, usando uma forma de comunicação pela qual ele foi celebrado. Aqui está um pouco do que ele escreveu em sua carta de 5 de novembro de 1994:

Meus compatriotas americanos:

Recentemente, disseram-me que sou um dos milhões de americanos que serão afetados pela doença de Alzheimer. Ao saber dessa notícia, Nancy e eu tivemos que decidir se, como cidadãos privados, manteríamos isso um assunto privado ou se levaríamos essa notícia a público...

No momento eu me sinto bem. Pretendo viver o resto dos anos que Deus me dá nesta terra fazendo as coisas que sempre fiz. Continuarei a compartilhar a jornada da vida com minha amada Nancy e minha família. Planejo aproveitar o ar livre e manter contato com meus amigos e apoiadores...

Para finalizar, deixe-me agradecer a vocês, o povo americano, por me dar a grande honra de me permitir servir como seu presidente. Quando o Senhor me chamar para casa. Quando quer que seja, partirei com o maior amor por este nosso país e o eterno otimismo pelo seu futuro.

Começo agora a jornada que me levará ao pôr do sol da minha vida. Eu sei que para a América sempre haverá um amanhecer brilhante pela frente.

Obrigado, meus amigos. Que Deus sempre os abençoe.

Sinceramente, Ronald Reagan.

EPÍLOGO

HÁ UM FUTURO PARA RONALD REAGAN?

O que escrevi aqui sobre Ronald Reagan é baseado na minha própria experiência subjetiva e individual em primeira mão na Casa Branca e nas minhas observações pessoais sobre ele – o que vi, o que ele me disse e o que pude intuir sobre o homem para quem trabalhei, observando-o de perto. O que me manteve acordado à noite enquanto escrevia este livro, no entanto, foi que quanto mais eu examinava seus discursos e cartas e lembrava minhas discussões com ele, mais ele parecia ser uma pessoa muito mais impactante e importante para a história do que eu imaginava que ele fosse quando eu estava na Casa Branca.

Naquela época, eu sabia que estava trabalhando para um extraordinário líder político que via a história e o seu lugar nela principalmente através de uma lente espiritual. Examinando-o agora, com o benefício da retrospectiva e em comparação com a qualidade da liderança no mundo de hoje, Reagan parece uma figura muito mais profunda cuja influência provavelmente crescerá quanto mais ele for compreendido.

Reagan não seguiu um padrão tradicional de ascensão política. Em vez disso, ele marchou no seu próprio ritmo e liderou de acordo com os ditames de suas próprias crenças pessoais e de ninguém mais. Isso fez dele um porta-estandarte único, forte e intransigente. Mas, ao escrever este livro, fiquei mais curioso sobre por que há tão poucos indivíduos com o caráter e a estatura de Ronald Reagan entre nossos políticos de hoje.

Existem maneiras, agora que estamos aprendendo mais sobre suas convicções, crenças e fé privadas, de compartilhar esses traços de caráter mais amplamente com a próxima geração de líderes – sobretudo neste tempos em que as pessoas ainda estão perguntando: "O que Reagan faria?".

O que o tempo de Reagan no cargo significa para nós agora e para as gerações futuras? *Por que* isso importa? Afinal, estamos vivendo em uma construção muito diferente agora do que quando Reagan era presidente. Sofremos com prognósticos terríveis e com disrupções avassaladoras e complexidade. Para fazer de Reagan um homem deste século e do próximo – bem como do século anterior – temos que identificar os pontos fortes mais básicos ou fundamentais de sua liderança e aplicá-los à situação atual.

Aqui estão cinco de seus muitos preceitos atemporais para a liderança como eu os vejo. Estes começam a responder à pergunta: por que Reagan importa? Encorajo o leitor a adicionar a esta lista com seus próprios motivos.

1. Ele relacionou tudo o que fez, falou, escreveu e sentiu a um contexto histórico maior e de mais longo prazo;
2. Ele estava empenhado em denunciar e derrotar o mal onde quer que o detectasse. E ele o fez;
3. Ele nunca deu o controle ao inimigo. Ele nunca subordinou os interesses americanos aos de nossos aliados e certamente não aos de nossos inimigos;
4. Ele nunca abandonou seu compromisso com a liderança americana em nenhum lugar do mundo onde as pessoas sofram com a falta de liberdade. Ele evangelizou a democracia globalmente para compartilhar os seus frutos mundialmente e proteger os americanos;
5. Ele estava convencido de que os princípios da democracia americana representavam a melhor forma de governo humano que o mundo já testemunhou, e acreditava em seu destino divino.

Minha esperança é que eu tenha transmitido a essência de Ronald Reagan de forma clara e honesta e de uma forma que será útil para o leitor. Eu não procurei fazer de Reagan algo que ele não era ou impor muito ao leitor o que eu pensava por mim mesmo estar acontecendo dentro de seu âmago silencioso. É por isso que citei tanto os seus próprios discursos – para deixá-lo se revelar com suas próprias palavras ao leitor. Desde o início, meu objetivo era contribuir a definir as facetas do caráter de Reagan que ele próprio não conseguiu demonstrar e que têm sido desafiadoras para os biógrafos e o público em geral entenderem. Eu também procurei vincular as características de sua força interior ao que se desenrolou na história como consequência – tanto durante quanto após seus oito anos no cargo.

Quanto mais eu analisava o que ele representava, o que ele pensava, dizia e realizava, mais impressionado eu ficava com suas contribuições excepcionais – moral, espiritual, política e historicamente. Minha esperança é que os líderes atuais e futuros em todos os setores da sociedade se beneficiem com este livro – e, o mais importante, com a vida de Ronald Reagan – e o usem para melhorar seu próprio trabalho em nosso abençoado país, um farol de luz muito importante para os outros povos do mundo. Que essa luz brilhante, essa cidade em uma colina, a maneira como Reagan a viu e compartilhou conosco, "não seja oculta".

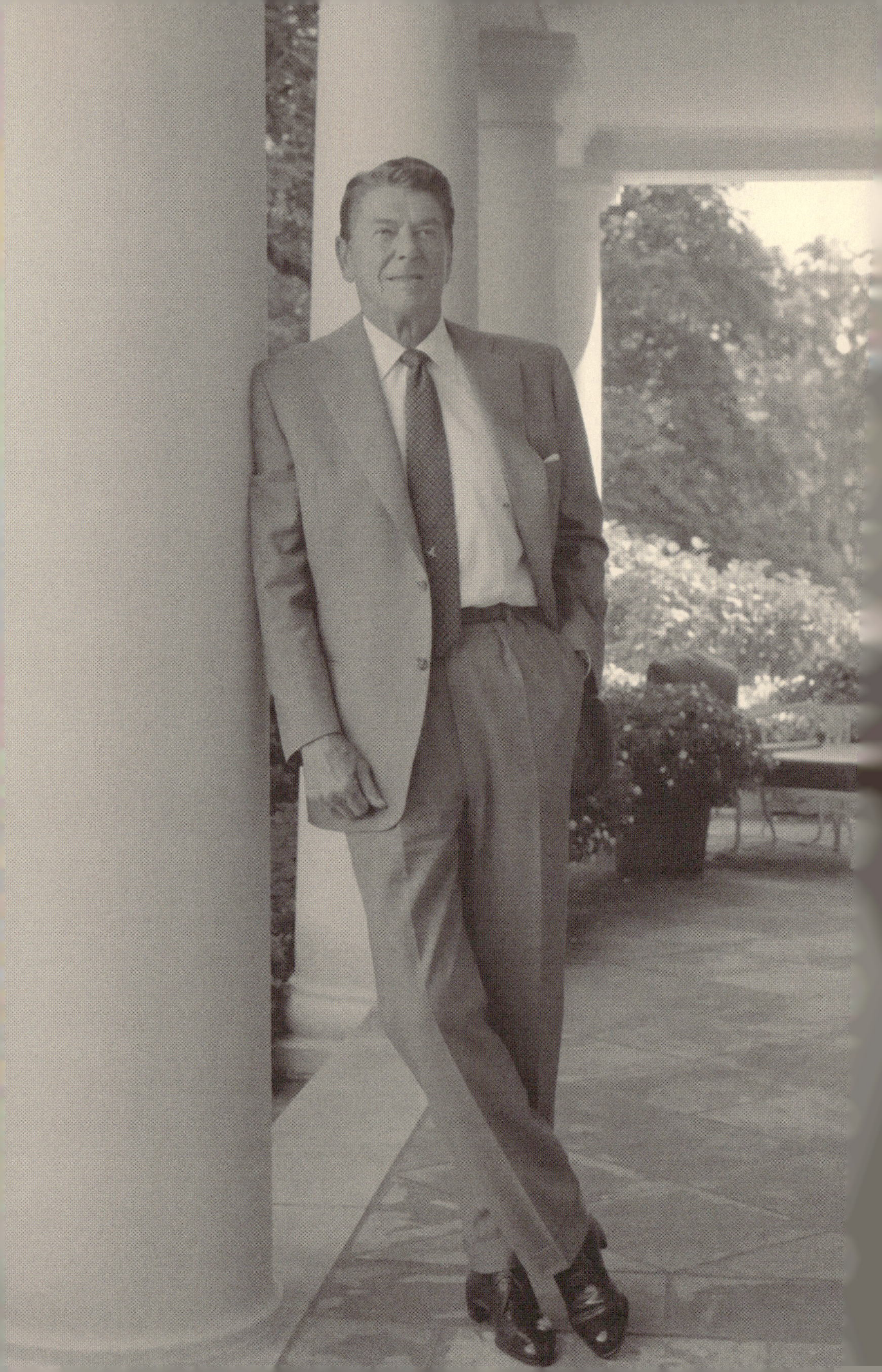

Agradecimentos

Qualquer agradecimento em um livro como esse teria que começar com minha profunda gratidão ao presidente e à sra. Reagan por me convidarem para trabalhar para eles, pela fé que puseram em mim e pelas oportunidades extraordinárias que eles me deram. Essa foi a maior honra que alguém poderia ter. Somado a isso está o meu genuíno respeito pelo presidente e pela sra. George H. W. Bush, que sempre deram a mim e à minha família carinho e encorajamento durante e após o meu período na Casa Branca. Os meus sinceros agradecimentos vão também para Craig Fuller, que serviu tão habilmente os presidentes Reagan e Bush, por pavimentar o meu caminho para trabalhar na Casa Branca. Sem sua amizade e apoio, eu não teria tido essa oportunidade. E pela confiança que Mike Deaver depositou em mim nos vários papéis aos quais ele me atribuiu. As relações de coleguismo e as amizades que começam na equipe da Casa Branca geralmente são para o resto da vida e eu reconheço o valor de todos os vários indivíduos excelentes e generosos com quem eu trabalhei e viajei ao redor do mundo. Seria preciso um livro para escrever sobre todas estas pessoas com quem eu tanto aprendi. Para citar apenas algumas, eu teria que incluir: o juiz William Webster, a embaixadora Selwa Roosevelt, o embaixador Max Rabb, o dr. Carlton Turner, Ed Meese, James Baker, Fred Ryan, David Fischer, Jim Kuhn, Kathy Osborne, Larry Kudlow, Joe Wright, John Lehman, Jay Moorhead, Michael Castine, Bernyce Fletcher, Landon Parvin, Gahl Burt, H. P. Goldfield, Tina Karalekas, Jane Erkenbeck e tantas outras.

Também foi um grande privilégio ter trabalhado com os muitos homens e mulheres que trabalham na residência da Casa Branca, no Gabinete do Ministro da Casa Civil e na central telefônica da Casa Branca como também com o pequeno exército de pessoas especiais que permanecem de governo a governo para cuidar da Mansão do Executivo.

O crédito por este livro também vai para Donnie Radcliffe, um jornalista muito capaz e trabalhador do *Washington Post*, que me disse que era meu dever publicar o que eu tinha visto e ouvido durante meu tempo na Casa Branca. Lembrei-me dessa exigência com frequência enquanto eu escrevia. O escritor prolífico, pesquisador incansável e renomado biógrafo de Ronald Reagan, Paul Kengor, foi um conselheiro muito perspicaz e gentil para mim e uma fonte de apoio moral à medida que este livro progredia em sua jornada até a publicação.

Ao meu amigo empresário de Hollywood, Ben Press, o qual me apresentou a Paul Fedorko, o agente literário mais capaz e solidário que levou este livro para a editora perfeita, a divisão Center Street da Hachette; e para a excelente editora-executiva, Kate Hartson; um copidesque muito detalhista e completo, Mark Steven Long; e a *backstop* diária mais solidária, a experiente Alexa Smail.

Foi extraordinariamente útil ter uma família amorosa me apoiando até o fim com este livro, mas é duplamente benéfico ter uma esposa que também é uma editora talentosa e sem pudor de usar a caneta vermelha e fazer sugestões úteis – sempre me inspirando até a linha de chegada.

James Rosebush,
Washington, D.C.

Acompanhe o Ludovico nas redes sociais

🌐 https://www.clubeludovico.com.br/
📷 https://www.instagram.com/clubeludovico/
📘 https://www.facebook.com/clubeludovico/

Esta edição foi preparada pela LVM Editora e por Décio Lopes,
com tipografia Playfair Display e Source Serif Pro,
em março de 2023.